중동시장에서
국부창조의 지름길

중동시장에서
국부창조의 지름길

임은모 지음

이담
Books

프롤로그

전 세계 언론매체들은 한결같이 올해의 경제 화두를 '위기대응'과 '위기관리'로 꼽았다. 그 좋던 세계 경제가 두 차례의 글로벌 금융위기를 겪으면서 미증유의 안개 경제로의 진입에 처했기 때문이다.

우선 경제 대국 미국의 경제 위기 돌파용 카드는 이미 소진 상태이고, 일본은 부흥과 재건이라는 슬로건에 치우쳐 다른 곳에 신경을 쓸 여력이 없다. 세계의 공장이라는 중국은 두 자리 숫자의 경제 성장세가 한 자리로 강등되고 있다. '수출 머신' 독일 역시 올해 1/4분기에는 마이너스 성장을 기록해 세계 경제의 먹구름은 예상을 넘어 이제 현실화로의 수순을 밟고 있음이 여실해졌다.

여기다가 오일머니로 대변되는 중동지역도 예외가 아니다. 2011년 튀니지의 재스민 혁명으로 촉발된 아랍의 봄이 아직도 진행형이기 때문이다. 그러나 호스니 무바라크 이집트 대통령의 실각과 무아마르 카다피 리비아 국가원수의 타계 등으로 중동시장은 새로운 경제 질서가 형성되기 시작했다. 기존의 경제 질서와 경제 관행은 새로운 정부의 출범과 함께 뒷전으로 물러났고, 따라서 이 시장의 변화와 변혁

은 예측불허에 처했다. 하지만 자원빈국 코리아에는 무역 1조 달러 시대를 넘어 2조 달러로 가기 위해서라도 이 시장의 중요성이 더 높아졌다.

한마디로 정리하자면 '국부창조(create of national wealth)'를 위해서는 이들을 다시 보듬어야 하는 과제를 안고 있다. 기획재정부는 올해 한국 경제를 위협하는 요인으로 유럽 재정위기를 비롯하여 선거 리스크와 북한 위기, 이란 경제제재 등 중동 위기로 정리해서 발표했다.

그동안 '고용 없는 성장'에 고민하던 한국 정부는 흑룡의 해라는 임진년을 맞아 '위기관리와 신성장동력을 통한 해외시장 확대'로 국정과제의 가닥을 잡아가고 있다. 신성장동력 발굴에 따라 중동시장 확보에 대한 첫발은 내전을 겪으면서 크게 파손된 리비아와, 오랜 전쟁으로 황폐화된 이라크 등이 과녁이 되면서 한국 기업의 진출을 요구하고 있다.

물론 유럽의 공장이었던 대체기지 마그레브(모로코+알제리+튀니지+리비아)에다 광의(廣義)의 미나지역(중동+북아프리카)까지 아우르는 것도 배제(排除)하지 않았다. 따라서 중동지역에 필요한 여러 가지 접근정책과 함께 대응정책이 설왕설래(說往說來)하고 있다. 하지만 변혁에 처한 중동시장을 다시 보듬기 위해서는 우선적으로 기존의 상거래를 바탕 삼아 현실감 있는 대응책이 나와야 한다.

이를 위해 이 책은 기획 단계부터 중동시장에서의 국부창조(國富創造)를 콘셉트로 정해서 그 지름길을 대안으로, 단행본이 요구하는 수준에 걸맞게 모두 7개 주제로 나누어 이를 현실 가능한 부문에 초점을 맞춤과 동시에 체계적으로 정리했다.

제1장은 재스민 혁명 이후 아랍의 봄을 맞고 있는 중동시장의 변혁에 대한 개요와 함께 이 시장의 중요성에 대한 소개로 채웠다.

제2장은 갈수록 시장원리가 작동하는 중동시장에서의 선점의 기회 확보와 미래전략이라는 두 가지 화두를 국부창조 차원으로 정리했다.

제3장은 중동시장을 통한 한반도의 경제영역 넓히기로서 네 가지 주제를 채택해 이를 구체화시켰다.

제4장은 아랍연맹(AL)에 속한 22개 나라를 모두 아우르기보다는 국부창조에 실익이 될 수 있는 다섯 나라를 선정해서 이들을 선택과 집중으로 공략하는 방안을 각개전투식으로 제안했다.

제5장은 2012년 현재 한국의 기술력으로 중동시장을 제패(制霸)할 수 있는 여섯 가지 아이템을 집중 소개했다. 예를 들면 사막지대에서 가장 필요로 하는 담수화기술과 석유 메이저가 되는 기술적 프로젝트인 시비시(深海底) 선박 등이 그것이다.

제6장에서는 중동시장에서 국부창조의 지름길로 나서야 하는 명분론으로서 범국가적 어젠다를 조명한 다음 이를 체계적으로 제시했다.

　　마지막 제7장은 자원빈국 코리아가 전술적 의미로서 고민하고 접근한 다섯 가지 방향을 제안함으로써 변화하는 중동시장을 선점하는 과업을 제시했다.

　　특히 중동시장에서 한국의 국부창조에 큰 도움이 될 다섯 국가의 평가리포트를 부록으로 꾸몄다. 물론 객관적인 신뢰가 담보된 금융기관의 자료라는 점은 도움말이 된다. 곁들여서 이런 부록은 세계 경제의 불투명을 그대로 드러내고 있어 단행본 부록의 압권에 속할 수 있다.

　　이렇게 무딘 글이지만 출판의 기회를 주신 채종준 한국학술정보(주) 대표이사님께 엎드려 감사를 드린다. 끝으로 이런 단행본이 나오기까지 '출판공학'을 앞세워 나의 등을 두드려주신 '이담북스' 드림팀의 좌장 김영권 이사님을 비롯하여 강태우 차장님과 새롭게 이 팀에 참가하신 지성영 님의 협조와 그 은덕을 가슴 깊이 새기고 있다. 왜냐하면 중동지역을 단행본으로 정리하기에는 아직도 한국 출판시장이 문을 닫고 있는데, 이 책까지 모두 열두 권의 단행본을 서가에 상재한 이 세 분들이 필자를 믿고 이렇게 집필의 영역을 넓혀주신 점에 대한 감사다.

2012년 5월 5일

임은모

adimo@hanmail.net

Contents

Chapter 1

변혁의 물꼬가 되고 있는 아랍의 봄

중동시장이 변화의 물결을 타기 시작하다

대부분의 역사학자들은 사건의 발단과 함께 전개과정을 중요시하고 있다. 사회학자 역시 예외를 두지 않고 과정에 비중을 둔다. 반면 경제학자들은 전개과정보다 결과에 따른 시장(market)의 변화를 크게 주시한다. 경제교과서에서 흔하게 접하는 시장우위전략에서도 언급된 대목이다.

최근 시장우위전략의 가능성에 대한 시험대가 아랍의 봄을 발전시킨 튀니지에서 일어나고 있다. 급변하는 중동시장에서 변화의 조짐을 증폭시키고 있어서다. 지난 2011년 1월 5일 튀니지의 민초들은 처음 시위에 나섰다. 아랍의 봄으로 발전한 튀니지의 재스민 혁명은 2011년 11월 22일 역사적인 제헌의회의 닻을 올렸다. 10개월 만의 일이다.

튀니지의 수도 튀니스 외곽에 위치한 바르도 궁(宮)에서 열린 첫 제헌의회는 세계의 이목을 집중시키기에 조금도 부족함이 없었다. 중동시장의 변혁을 확인시켜주고 있는 튀니지의 바르도 궁은 역사적인 관점에서 세계사적 의미가 진하게 배어 있었다.

1956년 3월 20일 프랑스 정부가 튀니지의 독립에 서명하고 5일 뒤 시작된 선거는 85%에 육박하는 참여율을 보였다. 튀니지 국회는 그해 4월 8일 바르도 궁의 왕실에서 처음으로 개회되어 부르기바를 국회의장에 추대했다. 그리고 1959년 6월 1일 부르기바는 헌법의 자유주의와는 정반대의 강력한 대통령 중심제를 채택하는 헌법을 공포하기에 이른다.

역사는 52년이 다시 흘러 바르도 궁은 제헌의회에 참석한 의원 및 고위 인사들의 표정에 스스로의 힘으로 민주주의를 열었다는 자부심이 가득했다. 하지만 바르도 궁은 벤 알리 전 대통령 독재시절의 '거수기' 의회가 열리던 곳이기도 하다.

튀니지의 민주선거로 제헌의회 닻이 오르고

하지만 이번 총선에서 최다 의석을 차지한 엔나흐다당의 라체드 간누치 대표는 "알라와 민주화 운동의 순교자, 그리고 이 역사적인 날을 위해 싸운 모든 분에게 감사한다"고 말했다.

전체 217석의 튀니지 의회는 새 헌법을 제정하고 차기 총선까지 나라를 이끌 총리와 내각을 지명한다. 총선에서 승리한 온건 무슬림 성향의 엔나흐다당은 세속주의를 표방하는 정당인 공화의회당(CPR)과 중도좌파를 표방한 애티카톨당과 이미 연정에 합의했다. 이에 따라 엔나흐다당의 하마디 제발리가 국정 전반을 책임지는 총리를, CPR의 몬세프 마르주키가 실권이 없는 상징적인 자리인 대통령 자리를 각각 맡기로 가결했다. 물론 의회 의장에는 이날 에티카톨당의 무스타 벤 자파가 선출되었다.

특히 2010년 12월 경찰 단속에 항의한 분신자살자로 재스민 혁명에 불을 지핀 젊은 노점상(露店商) 무함마드 부아지지 어머니의 모습도 보였다. 무함마드 부아지지의 분신은 실업과 고물가 등에 시달리고 있는 1,060만 명의 튀니지 국민을 자극했다. 부아지지가 대학을 졸업했지만 일자리를 찾지 못해 과일 노점상을 했다는 사실이 알려지자 부아지지는 가난한 국민을 대변하는 순교자로 불렸다.

이런 상황에서 벤 알리 대통령 일가의 부정축재 사실이 폭로 전문 웹사이트인 위키리크스를 통해 알려지자 반정부 사태는 걷잡을 수 없는 상황으로 치달았다. 23년 독재자 벤 알리는 결국 2011년 1월 14일 사우디아라비아로 야반도주했다. 시위대 5,000명이 수도 튀니스에서 대통령의 퇴진을 요구하는 대규모 시위를 벌이자 생명의 위협을 느껴 도피의 길을 택한 것이다. 당시 외신들은 벤 알리가 군을 동원해 시위를 진압하려고 시도했지만 튀니지 군부가 이에 협조하지 않았다고 전했다.

재스민 혁명은 아랍의 봄을 지폈고, 결국 중동시장은 요동을 치고

잘 알려진 대로 튀니지발(發) 재스민 혁명은 이웃나라 이집트로 옮겨가면서 리비아를 강타하더니 변혁의 물꼬로 작용해 이제는 중동시장 전체가 요동치기 시작했다. 이 물꼬는 중동지역의 일반화된 독재정권이 민초의 시위에 의해 와해되면서부터 변화와 담을 쌓고 있던 중동시장의 기존 판도와 시장 질서에 변화의 동인으로 작동하고 있다.

바로 이 대목에서 경제교과서에서 가르치고 있는 시장우위전략은 대강 세 가지로 요약할 수 있다. 하나는 선점(先占)의 기회포착이다. 둘은 거래실적의 극대화다. 셋은 국부창조의 확보이다. 이러한 시장우위전략은 이제 중동시장에서 그대로 작동되고 또 통용되는 시장변화에 바로미터가 되고 있다.

예를 들면 '포스트 카다피'를 잇기 위한 관련국가와 석유 메이저와 왕성한 식욕을 보이고 있는 주식회사 중국(중동시장에서 중국을 지칭하는 관점)은 중동시장 변화에 발맞추어 새로운 시장우위전략에 돌입하고 있다. 기존의 거래 관행과 거래 방법의 수정이 불가피한 형태로 발전하고 있다는 절박감이 묻어 있기 때문에 여기에 대한 대응책으로 중동시장 변화와 밀접한 관계 설정이 이루어졌다. 따라서 자원빈국 코리아도 여기에 상응하는 중동시장에 필요한 시장우위전략을 새롭게 정립하지 않으면 안 되는 절실한 시대에 처해 있다.

이미 세계 경제는 아랍의 봄을 거쳐 월가의 가을에 이어 유로존의 강추위로 험난한 2012년을 맞고 있다. 이 때문에 한국은 제2의 중동 신화를 기대하기 위해서도 시장우위전략이 요구하는, 이를테면 중동시장의 변화는 곧 선점의 기회 포착이라는 시장우위전략의 충분조건을 되새길 필요가 생겼다.

국부창조(國富創造-create of national wealth)의 기회와 대응

한마디로 급변하는 중동시장에서 아랍의 봄에 의한 새로운 국부창조(國富創造-create of national wealth)를 완성시키기기 위해서다. 우연의 일치겠지만 튀니스의 바르도 궁에서 열린 첫 제헌의회가 있었던 바로 그날 서울 여의도 한국 국회의사당에서는 '한·미 FTA 비준안 본회의 통과'가 있었다. 비로소 4년 8개월 동안 끌었던 한·미 FTA가 국회 통과되면서 유럽에 이어 미국 시장까지 확대된 시장우위전략을 펴는 계기가 생긴 셈이다.

내친김에 중동시장의 핵심인 걸프협력회의(GCC) 권역 6개국과의 한·GCC FTA를 성사시키는 미션까지 해결해야 한다. 그래야만 급변하는 중동시장에서 국부창조의 신화를 쓰는 선점의 기회 포착이 가능하다.

따라서 이런 범국가적 노력과 대응책 구비만이 변혁의 물꼬가 되고 있는 아랍의 봄에서 자원빈국 코리아가 얻어낼 수 있는 국부창조의 열쇠임을 직시하는 일이 매우 중요한 과제로 떠오르고 있다.

2

거래 변화의 예고편을 쓰고 있는 리비아 사이프 알이슬람

아랍에서 발생한 일련의 민주화 혁명에서 가장 비참한 최후를 맞은 독재자는 무아마르 카다피(Muammar Qadhafi)다. 그는 2011년 2월 반정부가 시작된 이후 8개월 이상을 버티다가 결국 고향 사르테의 한 하수구에서 죽임을 당했다. 42년간 리비아에서 절대 권력을 휘둘렀던 카다피의 사망으로 리비아는 시장질서의 변화를 예고하고 있다.

2011년 11월 19일 카다피의 차남 사이프 알이슬람이 리비아 남부 도시 우바리에서 서쪽으로 50km 떨어진 사막에서 시민군에 체포될 당시의 상황은 리비아 시장의 변화를 적나라하게 드러내고 있다.

"나를 풀어주면 20억 달러를 주겠다."

리비아 내전 초기 시민군을 향해 "피의 강물을 이루게 할 것이다"라고 위협하던 알이슬람의 기세는 전혀 찾아볼 수 없었다.

당시 러시아 이타르타스통신에 따르면 사이프는 자신을 체포한 시민군에게 풀어주면 20억 달러(약 2조 2,000억 원)를 주겠다고 했다.

아버지 카다피가 "쏘지 마"라고 생명을 구걸하며 거액의 돈을 주겠다고 한 것처럼 아들 사이프도 거액을 제시하며 협상을 시도한 것이다.

바로 이 대목에서 향후 중동지역의 시장질서와 거래 방식이 함께 변화할 수밖에 없는 사건과 맞닥뜨리게 된다.

석유정치학적으로 바라본 카다피의 부정축재

시위 이전 리비아의 석유 생산은 하루 170만 배럴에다 외환보유액은 998억 달러[2011년 세계국가편람(145쪽 참조)-한국수출은행 발행]에 달했다. 단순 계산하면 하루 170만 배럴의 석유생산은 한 달 통계로 약 50억 달러의 수입이 보장된다. 이는 연간 600억 달러에 달한다.

42년 동안 카다피 정권은 이를 사유화할 수 있었다. 그리고 마음대로 석유 메이저와의 거래를 선택했고 이를 통해 막대한 비자금을 조성해 운용하는 데 어려움이 없었다. 따라서 카다피는 돈으로 생명을 구걸했고, 아들 사이프 역시 20억 달러의 금액을 제시했다. 카다피의 후계자로 선정된 사이프가 궁지에 몰리면서 돈으로 시민군을 회유한 사실은 그동안 얼마나 카다피 일가가 미국 달러를 소지하고 이를 사유화했는지를 극명하게 드러냈다.

역사에서 '만약에'가 통용된다면 사이프가 제시한 20억 달러는 리비아 민초들에게 부잣집 돈 잔치를 구경하는 아웃사이드에 해당한다. 만약에 이 거금이 평소 리비아 민초들에게 고르게 분배되었다면 카다피의 독재정권의 말로가 이처럼 비참했을까.

국제형사재판소(ICC)에 회부된 사이프 알이슬람으로부터 카다피 정권의 부정축재 규모가 벌써부터 흘러나오고 있다. 특히 석유메이저의 유착관계는 42년 동안 부정축재의 도구로서 석유정치학의 치부를 그대로 노출시키고 있다.

이를 인지한 압델 라힘 알카브 리비아 국가과도위원회(NTC) 총리는 이를 국고에 환수시켜 내전으로 파괴된 리비아 재건사업비의 재원으로 충당할 것을 천명했다.

오디세이의 새벽은 나토를 등에 업은 이해 당사국가의
거래선 연장의 기회

지난 42년 동안 리비아 카다피 정권과 거래의 밀월을 즐겼던 이해 당사국과 석유메이저는 최근 리비아 국가과도위원회(NTC)를 오디세이 새벽을 통해 적극 협조했다. 카다피 정권에 등을 돌린 일부 군인을 기반 한 시민군이 막강한 군대를 유지하던 정부군을 초토화시킨 그 배경에 리비아의 젖줄인 석유가 아니었다면 나토군이 과연 이들을 도왔을까? 이들에게 그 많은 전쟁비용을 쏟아 부었을까?

나토군의 이유 있는 군사개입과 국가적 협조는 곧 기존 석유채굴의 연장을 위한 자구책이나 다름없다. 프랑스와 이탈리아와 미국이 앞장서서 카다피 독재를 막았고 아들 사이프까지 생포하여 새로운 리비아 정부의 출범을 가능하게 했다. 그렇다면 새로운 국부창조가 필요한 한국의 입장은 어떤가? 어떻게 시위 이전의 상황으로 원대복귀가 가능할까?

하긴 한국해외건설협회의 발표에 따르면 시위 이전 한국 건설업체의 리비아 공사수주 실적은 1977년부터 2011년 2월까지 물경 366억 달러에 달한다. 그래서 향후 리비아를 포함한 중동시장에서의 거래

질서에 대한 예고편은 리비아의 복원에 의해 달라진 양상으로 영글어갈 것이 예단된다.

3
카타르 왕실 주도형 민주주의는 성공할까

아랍의 봄은 묻는다. "과연 독재 그림자를 지울 수 있을까?" 분명 그렇다. "그러기 위해서는 민초의 요구를 관철하는 일에 적극 나서야 한다"라는 조언이 곧바로 돌아온다. 나라마다 각기 다른 물리적 조건에 의해 제한을 받기 때문이다.

아랍의 봄 과정에서 돈으로 해결할 수 없는 수많은 귀중한 민초들의 사상자 속출은 우리 모두의 가슴을 아프게 한다. 하지만 재스민 혁명 이후 들불처럼 번진 아랍의 봄과 그 임무의 완수를 향한 노도는 이들의 고귀한 희생정신이 아니었다면 가능할 수 있었을까 하고 되묻게 된다. 그렇다고 해도 이를 강력하게 지시하는 세력이 준동하기 마련이다.

우선 급변하는 중동시장에서 새로운 국부창출을 가장 가시적으로 보인 것은 강소국 카타르이다. 오는 2022년 월드컵 개최지로 선정된 인구 180만의 카타르는 아랍의 봄을 완수시키는 데 매우 적극적이다.

카타르가 속한 걸프협력회의(GCC)의 다른 회원국들이 이집트의 무바라크 정부를 지지했다. 그러나 하마드 빈 칼리파 알타니 카타르 국왕은 무바라크 이집트 대통령이 사임을 발표하자 기다렸다는 듯이 "카타르 정부는 이집트 국민의 선택을 존중한다"라고 발표했다.

카타르는 튀니지에서 시작해 중동 전체로 번지고 있는 반정부 시위를 사실상 배후 조종한 것에 대한 부인도 긍정도 하지 않았다. 다만 카타르는 이집트의 독재자 무바라크와 오랜 앙숙 관계였고 동시에 사우디아라비아와 국경분쟁으로 갈등을 빚어 왔었다. 이 때문에 카타르 정부가 주인인 '중동의 CNN'을 통해 이집트 카이로 타흐리르 광장의 시위 장면을 24시간 생중계했다. 이집트 혁명은 결국 알자지라의 생중계를 막지 못해 이집트 민초들에게 공분의 명분을 주고 말았다. 리비아 사태에서도 카타르는 시민군 편에 섰다. 알자지라방송은 리비아 사태를 보도하면서 정부군에 살해된 시민군을 '순교자'로 표현했다.

아랍국가에서 처음으로 리비아 군사작전에 참여

카타르는 아랍국가에서 처음으로 리비아 군사작전에 참여했다. 아랍의 봄은 다시 묻는다. 다목적 전투기 '미라주 2000' 4대를 동원하는 등 적극적인 군사개입을 주저하지 않고 참여한 배경을…….

서방 언론의 객관적인 시각은 카타르가 아랍의 봄을 통해 아랍권 외교권 확대를 꾀하기 위해 펼친 정책적 대응이라고 평가했다. 하지만 이라크의 독재자 후세인은 쿠웨이트 침공 당시 지근의 거리에 위치한 카타르에서 숨죽인 채 이라크의 포격에 가슴을 졸였었다.

1995년 취임한 하마드 빈 칼리파 알타니 카타르 국가지도자는 서방 세력과 손을 잡으면서 국력을 키웠다. 이제는 1인당 국민소득이 8만 달러에 달하고, 카타르의 수도 도하는 이제 명실상부한 현대화 도시로 발전해가고 있으며, 이로 인해 아랍 국가 가운데 최초로 월드컵 개최지로 선정되었다.

아랍의 봄을 완수시키기 위해 정치 일정 발표

카타르가 천연가스 생산으로 부국을 이루자 잇단 파격적인 발표로 세계 언론의 주목을 받기 시작했다. 그 백미가 향후 정치 일정의 발표다. 카타르는 의회도 정당도 없다. 그런데도 카타르는 아랍의 봄에 대한 기대를 향해 중동시장을 다시 바라보고 있다. 카타르의 국력을 과시해서 존재감을 국민에게 심어주는 일이 필요해서다. 맞을 매는 먼저 맞고, 카타르 정부에 일어날 시위를 사전 예방하는 차원에서 선수를 칠 필요성을 느낀 결과다.

그 중요 정책이 바로 정치 일정의 발표다. 2011년 11월 1일 칼리파 알타니 카타르 국가지도자는 "오는 2013년에 카타르 사상 처음으로 첫 의회 총선거를 치르겠다"고 공약했다. 이 공약이 나오자마자 국제사회에서는 '돈 많은 걸프 왕정(王政)' 가운데 한 나라에 불과했던 카타르를 다시 보게 되었다. 아랍의 봄으로 중동시장을 요동치게 만든 2011년을 마감하는 시기에 민주화 시위와 관계가 없는 무풍지대인 카타르의 국가지도자가 자발적으로 정치개혁안까지 내놓고 있는 것이다.

카타르 왕정은 튀니지의 재스민 혁명이 일어나자마자 지방선거에서 처음으로 여성 투표권을 허용했다. 이어서 각종 임금과 급료와 연금 수준을 60%까지 올려서 실시하고 있다. 올해 들어 카타르의 군사·외교 정책은 더 급진적이다. 사우디와 이란 등 중동의 전통적인 강국들이 국내 문제로 휘청거리는 동안 인구 170만 명의 카타르는 세계를 향해 '중동 민주화 모델'을 제시하여 주목 대상 국가에 등극했다.

여기에 대한 서방 언론은 여러 가지 시각을 내놓았다. 미국 타임은 "카타르 왕실이 벌이는 '개혁의 쇼'는 한계가 있다"고 지적한 반면 이코노미스트는 "카타르는 무기·현금·자원·군사력·언론 파워에 '자체 개혁'이라는 카드까지 꺼내며 세계에 존재감을 알리고 있다"고 논평했다.

두 가지 상반된 내용의 진위는 당장 판가름하기는 어렵지만 카타르 왕실의 메시지는 분명하다. '개혁의 쇼'이든, '자체 개혁'이든 급변하는 중동시장에서 왕실 주도형 민주주의가 성공할까에 대한 의문과 기대는 이제 시험대에 올랐다. 따라서 한국 정부는 여기에 따른 새로운 국부창조를 위한 다각적인 대응책 강구가 필요하게 되었다. 이를 간과하거나 남의 동네 일로 치부하는 어리석음은 이제는 전설로 남지 않을 터다.

4

중동시장의 새로운 장터가 되고 있는 이집트 라파 검문소

이미 예상되고 있는 중동시장의 변화는 여러 가지 형태로 발전하고 있다. 지금까지 우리가 리비아의 거래 방식 변화와 카타르 왕실이 자진 발표한 정치일정 등에서 살펴보았듯이 급변하는 중동시장의 변혁은 이집트 라파 검문소 일대에서 새롭게 문을 연 장터가 매우 상징적이다.

이집트와 팔레스타인을 잇는 유일한 통로인 라파 검문소는 재스민 혁명 이전에는 1,500달러를 내야 땅굴을 이용할 수 있을 정도로 통행이 엄격하게 통제되던 국경지대였다. 팔레스타인 가자지구에서 이집트로 연결된 라파 검문소가 처음 열린 것은 지난해 5월 28일었다. 4년 동안 굳게 닫힌 라파 검문소는 무바라크의 실각에 따라 이집트 과도 정부가 들어서면서부터 가자지구로 연결하는 통로를 개방한 이후 지금은 큰 시장이 생겨났다. 빈번한 출입국이 이루어지면서 두 나라 사이를 두고 생긴 라파 시장은 향후 중동시장의 변화의 한 단면을 드러낸 상징적 의미가 깊다.

이집트 수도 카이로에서 아리사까지 버스로 5시간을 달려 도착해, 다시 택시를 타고 1시간 남짓 달려가면 라파 국경 검문소에 도착한다. 이제 팔레스타인인들은 이집트 라파 지구 출입국 사무소에서 입국 허가서를 받아들고 그 길로 이집트로 향할 수 있다.

국경 대신 땅굴 왕복에 1,500달러가
지금은 200이집트파운드로 통과

재스민 혁명 이전 라파 검문소 왕래는 엄격하게 통제가 된 곳이다. 환자라든가 의약품이라든가 식량이 아니면 이집트와 가자지구의 통행은 불가능했었다. 그러나 이제는 무바라크 정권의 붕괴에 따라 새로운 시장 풍속도를 만들고 있다.

실제로 이스라엘은 2007년 6월 팔레스타인 무장정파 하마스가 가자를 점령하자 이집트로 향하는 국경을 봉쇄하였다. 친이스라엘 노선을 선택했던 무바라크 정부도 이에 동조하여 라파 국경 통과를 통제하였다. 그래서 출입국 절차는 매우 엄격하게 실시했다. 팔레스타인이 이집트를 방문하는 것은 현실적으로 불가능에 속했다. 매우 엄격한 출입국 절차를 밟아야 했다. 우선 이집트 방문 희망자가 하마스에 서류를 제출하면 하마스는 이를 이집트에 보내 최종 심사를 받아야만 국경 통과가 가능했기 때문이다. 소요 기간만도 수개월이 걸리는 것이 통례였다. 하지만 무바라크 실각 이후 이집트의 과도정부가 친(親)아랍으로 기울면서 라파 검문소가 다시 열리게 되었다.

라파 검문소가 봉쇄된 예전에 가자지구 주민들은 이집트에 들어가기 위해 지하에 굴을 뚫어 이집트를 오갔다. 길이 1~2km의 땅굴 수십 개가 이들이 이집트로 드나드는 통로였다. 이 땅굴 통로를 이용하려면 땅굴 조직에게 1,500달러를 내는 일이 공공연하게 묵인되었다. 지금은 국경이 개방되어 3개월 비자를 받는 데 200이집트파운드만 내면 통과비용으로 가늠할 수 있다.

라파 검문소 개방이 이루어지면서 출입국 관리소 일대는 이집트로 가려는 팔레스타인인을 실어 나르기 위해 이집트 택시기사들이 대거 몰려들었다. 이어서 각종 의약품과 생필품을 파는 좌판이 형성되는가 싶더니 지금은 큰 시장으로 발전해 성업 중이다. 이 라파 검문소 시장에 등장한 상품군도 다양화되면서 거래 규모도 크게 늘어 새로운 중동시장의 변화를 그대로 연출할 수준에 이르렀다.

한편 이집트 과도 정부의 친아랍 노선에 긴장하고 있는 이스라엘은 라파 국경 개방에 크게 반발하고 있다. 라파 검문소 개방에 따라 하마스를 돕는 사람과 무기가 드나들면 하마스의 테러리스트를 강화시킬 수 있다는 판단에서다.

하지만 세상은 바뀌고 있다. 봉쇄된 국경 지대가 자유스러워지면서 자연스럽게 시장 좌판은 시장 규모로 발전하는 것이 이제 일반적인 통례이자 상식이다. 비록 경제는 찬바람이지만 아랍의 봄은 시장 변화에 따라 민초의 역동적인 삶이 그대로 드러나기 시작했다.

5

요동치는 세계 경제와 맞물린 중동시장

2012년 세계 경제는 안갯속이다. 그야말로 오리무중(五里霧中)과 같다. 세계 어느 곳을 들여다보아도 경제지표에는 온통 빨강 일색이다. 그만큼 전 세계는 실물경제의 아픔에 하나도 온전하지 못하다.

우선 미국은 2011년 8월 국가신용등급 한 단계 감등 이후 글로벌 금융위기를 자초하면서부터 달러 약세화와 국가 부채로 심각한 갈등을 겪고 있다. 일본 역시 '잃어버린 10년'을 되찾기에 안간힘을 쏟는 동안 동일본대지진 발생에다 후쿠시마 원전 사고까지 겹쳐 '잃어버린 20년'을 되찾기 위해 국력을 모으고 있다.

새로 출범한 노다 정부는 이를 위해 '국가 재건'과 '국가 부흥'을 화두로 삼아 일본 경제를 추스르기에 바쁘다.

이름값도 못하는 유럽연합과 유로화

여기다가 중동시장과 밀접한 관계를 유지하고 있는 유럽연합이 그리스 국가 부도에 안간힘을 쏟는 사이에 국가 부도는 남유럽으로 번져 결국 이탈리아까지 경제 한파가 엄습하고 말았다. 국가 부도설에 자유롭지 못한 이탈리아 국채금리가 계속 7%대로 급등하는 등 유럽 재정위기는 해결될 기미가 보이지 않고 있다.

실제로 올해 초 이탈리아는 2년 만기 새 국채 20억 유로어치를 연 7.8% 금리로 발행했다. 지난해에 비해 3%포인트 급등이다. 스페인의 단기국채 낙찰 금리도 사상 최고치인 5.11%를 기록했다. 두 달 만에 두 배가 넘게 올랐다.

이처럼 유럽연합 소속 국가들은 성격상으로 경제위기에서 금융위기로 진화하고 있다. 이를 방증시키듯 유로화 가치와 주가가 폭락하고 동시에 유럽 국가들의 신용등급이 미국처럼 줄줄이 감등되어 총체적인 난국에 빠져드는 모습니다. 위기의 충격파는 남유럽 경계를 넘어 서유럽 우량국가까지 뒤흔들고 있다.

이 때문에 세계 경제계는 이름값을 못하는 유럽화(貨)에 의한 미래에 대한 불안과 기우에 신경을 곤두세우고 있다. 이미 영국은 유로존 와해 다음의 금융 시나리오를 발표할 정도로 유럽연합의 경제 침체는 곧 유로존의 미래를 더욱 불투명하게 만들고 있어서다.

세계 경제의 'G2'로 대접을 받고 있는 중국도 예외가 아니다. 매년 두 자리 숫자의 경제성장률을 자랑하던 중국은 올해부터 한 자리 숫자인 9% 내외로 줄어들고 있다. 경제적 성장통(成長痛)을 앓기 시작했다. 이래저래 세계 경제는 험난한 2012년을 맞고 있는 셈이다.

세계 경제와 중동시장의 경제적 변화 함수 관계

이를 간접 증언하듯 재스민 혁명에서 아랍의 봄을 거치는 동안 중동시장은 시장질서에 많은 변화를 가져왔다. 앞에서 여러 차례 언급했듯이 독재정권의 붕괴로 시장질서와 시장운영에 변수로 작용한 결과다.

우선 지금까지 중동시장에 참여한 국가들의 이해관계에 따라 상응한 접근방식의 변화가 감지되고 있다. 예를 들면 리비아 사태로 초래된 '오디세이 새벽'에 참여한 나토군의 참가 명분이 그렇다. 하루 수십만 달러의 전투비용을 마다 않고 나토군에 앞장선 프랑스와 이탈리아의 경우가 이를 잘 얘기해 준다. '포스트 카다피'를 위한 리비아 석유산업에 대한 지분 연장과 확보에 대한 것 이외에는 별로 명분이 없다.

중동시장에서 한국의 국부창조 얻기

바로 이 대목에서 급변하는 중동시장을 통한 한국의 국부창조에 명분론이 생기게 된다. 아니 국부창조와의 회우(會遇)가 가능하다. 크게 세 가지로 요약할 수 있다.

첫째는 세계 경제 대국들은 입으로는 '자유무역주의'를 입에 바르고 있다. 하지만 시장 내면을 들춰 보면 철통과 같은 '보호무역주의'로 자국 산업과 자국 기업 보호에 경제정책의 기조를 이루고 있다. 미국이 그렇고, 일본이 그렇고, 또 독일이 그렇다.

특히 수출입국으로 지금과 같은 경제를 이룩한 한국에는 좁은 내수보다는 해외로의 국부창조가 사회학적으로나 경제학적으로는 정답이다. 미국과 같은 경제 대국들이 각종 사회간접자본이나 인프라 건설에 보호무역주의로 굳어짐과 동시에 각종 건설시장이 문을 닫고 있다. 그러나 아랍의 봄을 맞고 있는 중동시장에는 그래도 한국 기업의 진출에 '틈새'가 도사리고 있다. 내전 복구에 천문학적인 자원이

소요되는 리비아를 비롯하여, 전후 복구에 올인하고 있는 이라크가
그 대표적인 사례다.

둘째는 아랍의 봄을 거치면서 제2의 무바라크나 제2의 카다피의
전철을 밟지 않기 위해 산유국 국가지도자들의 민초들에 대한 선심
정책은 이제 정책적 운영의 기본이 되고 있다. 카타르가 그렇고 사우
디아라비아가 여기에 속한다.

셋째는 중동시장에서 의식주 문화는 예전과 다른 패러다임이 적용
되고 있다. 할랄 푸드와 같은 웰빙문화에 지갑을 열고 있다. 문화유산
에 대한 자긍심이 한층 높아지고 있다.

지금까지 서방언론에 의해 재단되고 평가된 아랍문화의 실상을 제
대로 알리고 그들의 편견과 오해를 불식하려는 움직임이 간단없이
목격되고 있다. 이러한 세 가지의 중동시장 변화는 '아랍의 봄' 이전
과 이후를 명확히 가르고 있다. 이를 인지하고, 기회로 삼아 명실상부
한 국부창조의 길을 찾아간다면 자원빈국 코리아는 새롭게 제2의 중
동신화를 다시 열 수 있다.

다음 제2장에서는 급변하는 중동시장의 변화에 따른 파장과 변혁을
시장의 기회로 업그레이드시켜서 이에 대한 여러 가지 대응책 및 제
안을 제시할까 한다. 중동시장의 변혁의 물꼬는 미래가 아닌 지금에서
진행형이기 때문에 여기에 한국 경제 주체(국가·기업·소비자)의 의
미 있는 연구와 조사가 많을수록 국부창조는 큰 힘을 받게 된다. 이를
위해 범국가적인 액션플랜의 뒷받침이 절실하게 요구되는 시점이 바
로 지금이다. 그래서 차제에 국가와 기업과 개인 모두는 이를 금과옥
조(金科玉條)로 삼아야 하는 당위성에 합일(合一)을 갖추어야 한다.

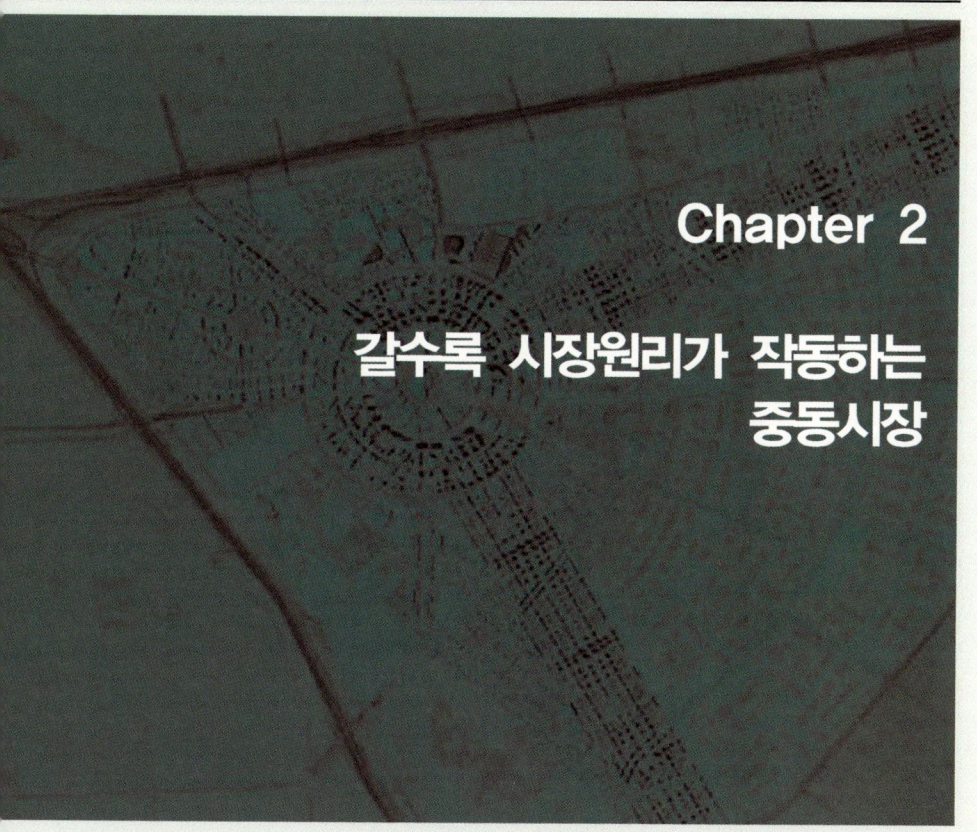

Chapter 2

갈수록 시장원리가 작동하는
중동시장

1

중동시장에서 국부창조의 지름길은 타이밍

　우리는 흔히 위기는 곧 기회라고 말한다. 이는 하나도 틀린 말이 아니다. 경제교과서마다 규정한 바이블이다. 따라서 급변하는 지금의 중동시장에서 국부창조의 지름길을 가기 위해서는 기존의 시장질서인 기회와 위협의 양자합일이 요구되는데 이에 있어 중요한 것이 바로 타이밍이다. '타이밍'이 영어여서 어렵다면 '시기(時機)'라고 부언 설명해도 의미나 개념은 마찬가지다. 그만큼 지금의 중동시장에서 국부창조로 승자가 되기 위해서는 우선적으로 시기의 선택과 실천력의 제시가 큰 힘이 된다. 선택의 시기에 힘을 받으면 중동시장에서 통하는 시장의 기회와 위협의 발견에서 제대로 위력을 발휘해 국력이 생기고, 국가 경쟁력을 얻고, 동시에 국부창조의 지름길과 회우하게 되기 때문이다.

　이미 마케팅 프로세스에서 적용되는 시장 원리는 동일한 사실에 대해서 그것을 위협으로 보는 기업이 있는가 하면 기회로 보는 기업이 존재한다. 양자택일에서 경쟁우위를 구축할 수 있도록 하기 위해 시장의 환경과 변화의 흐름을 어떻게 해석할 것인가가 더 중요해진다.

경쟁요소의 중요성을 발견하는 과정을 풀어 보면 마켓 리더(market leader)의 시장 경쟁을 비롯하여 시장 추종자(market follower)와 틈새시장 공략자(marker nicher)로서 상종가를 치는 기회시장을 만들 수 있어서다.

이 세 가지를 경쟁시장의 원리로 인정하는 가운데 경쟁시장 전략의 정석(定石)인 도전자(challenger)로서 틈새시장(nicher) 개념을 등에 업고 중동시장에 뛰어들면 진정한 마켓 리더(market leader)가 될 수 있다. 동시에 추종자(follower)를 따돌리고 덤으로 시장의 기회 포착과 위협의 발견 등 두 마리 토끼를 잡을 수 있다.

최근 이러한 경쟁시장 원리를 중동시장에 적용하여 중동시장 연구자 사이에 초미의 관심 기업이 점차 늘고 있다. 그 가운데 하나가 월가의 강자 골드만삭스다.

골드만삭스가 이라크로 간 이유

2011년 11월 중순의 일이었다. 그해 12월이면 예정된 이라크 주둔 미군의 최종 철군이 임박한 가운데 글로벌 투자은행(IB)들의 이라크 진출이 러시를 이루었다. 그 당시 이라크 진출에 가담한 투자은행의 면면을 보면 급변하는 중동시장 진출의 영화 예고편을 보는 착각에 빠진다. 글로벌 투자은행의 간판스타 골드만삭스를 비롯하여 모건스탠리와 BNP 파리바 등이 포함되어 있어서다. 특히 골드만삭스는 이라크 진출에 즈음하여 주주에게 보낸 통신문을 통해 이렇게 기술하고 있다.

'우리는 1차적으로 이라크 국가신용등급 자문에 나설 것이다. 또한 현지 기업의 상장(上場)과 사회기반시설의 프로젝트 파이낸싱을 통해 수익창출을 기대하고 있다. 다음은 이라크의 첫 국채 발행을 주관하는 것까지 염두에 두고 있다.'

이처럼 급변하는 중동시장을 선점하기 위해 골드만삭스가 타이밍을 맞추어 이라크 시장을 찾는 이유가 이제 분명해졌다. 물론 여기에는 이라크의 풍부한 석유자원까지 보유하고 있고 막대한 전쟁 복구가 필요한 각종 국가재건산업이 매력적일 수 있다. '이제 이라크는 아랍의 봄에서 보자면 신대륙(新大陸)과 같다'는 영국 파이낸셜타임스의 논평이 의미심장하게 들린다.

그래도 거쳐 가야 할 걸림돌은 많다. 이라크의 정정 불안과 복잡한 정차 관계와 치안 문제 등이 도사리고 있어 비즈니스 여건은 우호적이지만은 않다. 하지만 이라크는 향후 성장가능성이 크기 때문에 가장 돈맛에 길들여진 글로벌 투자은행 측면에서 보면 신대륙을 건너뛰어 골드 비즈니스 박스에 해당한다.

우선 급변하는 중동시장 측면에서 이라크를 평가하자면 하루 원유 생산량이 270만 배럴에 달하고 인프라스트럭처에 관한 재건비용이 5,000억 달러에 이를 것으로 내다보고 있다. 특히 골드만삭스가 내놓은 자체보고서에 따르면 이라크 증권거래소의 상장기업 85개 시가총액이 35억 달러로 향후 이 시장이 더 성장할 것을 예견했다는 점이다.

국부창조가 필요한 한국의 대응

그렇다면 국부창조가 필요한 한국 정부와 한국 기업 등이 이라크에서 얻어낼 수 있는 메뉴는 과연 있을까? 있다면 어느 것일까? 앞에서 언급한 골드만삭스의 이라크 진출에 관한 내용에다 BNP 파리바가 이라크에서 공을 들이고 있는 내용을 결합시키면 밑그림은 그릴수 있다.

최근 BNP 파리바는 이라크 3개 통신업체 기업공개(IPO)에서 극명하게 드러나고 있다. 지난해 8월 말 이라크 증권거래소에 상장을 신청한 이동통신업체 자인이라크를 BNP 파리바는 씨티그룹과 함께 자문회사로 선정되었다.

이처럼 발 빠른 글로벌 투자은행들의 이라크 러시에서 한국의 대응은 우선적으로 복원된 정부 차원의 외교 채널의 가동이다. 2013년 새롭게 출범할 정부가 챙겨야 할 과제는 해외자원 확보이기 때문이다. 해외자원은 곧 국가 안보와 직결되어 이를 위한 인맥 중시 정책은 시급을 요하고 있다. 물론 관련 기업 사이드에서도 이를 직시하고 여기에 상응한 역동성 발휘는 필수에 가깝다는 점을 깊게 고민해야한다.

2

아랍의 봄은 전체가 아닌 국가별 대응이 최선

통상 아랍연맹에 가입한 국가는 모두 22개다. 이를 통틀어 중동시장으로 간주해 국부창조로 묶기에는 한계가 있다. 이번 아랍의 봄이 전개되는 과정에서 자연스럽게 노출된 이들의 전개과정이 그렇게 설명해주고 있어서다.

예를 들면 맨 처음 재스민 혁명을 완수시킨 튀니지의 경우 완전한 정권교체가 이루어졌다. 튀니지의 독재자 벤 알리는 24년 동안 상대적으로 약한 군대 의존도를 보이면서 정권을 유지한 반면 리비아의 카다피 철권정치는 강한 부족 군대로 42년 동안 리비아를 관리했다. 반면 호스니 무바라크는 30년 동안 군인 장교출신답게 1952년부터 철저하게 군대를 통한 기득권 유지에 만전을 기했다.

이렇게 각기 다른 정치 형태와 더불어 혁명 완수도 서로 다른 방식으로 전개되었음에 유의해 살펴보면 전체가 아닌 개별 국가로 구분해서 대응책을 강구하는 것이 최선의 선택이다.

튀니지 · 이집트 · 리비아식(式)

서방 언론들은 아랍의 민주화와 서구식 민주화는 각기 다른 뿌리로 나눠서 진행됨을 예고하고 있다.

이를 극명하게 구분시킨 인물이 바로 아프가니스탄 출신의 미국 저널리스트 타밈 안사리이다. 그는 최근 그의 저서 □이슬람의 눈으로 본 세계사□에서 서구와 무슬림이 서로 다른 형태의 민주주의를 지향하고 있다고 진단해서 공감을 사고 있다.

'여기 거대한 세계 둘이 나란히 존재한다. 놀라운 점은 두 세계가 서로를 얼마나 모르는가이다.'

우선 아랍의 무슬림들은 혁명을 통해 얻고자 하는 것이 서구식 민주주의가 아니라 이상적인 무슬림 공동체라고 규정하기를 기대하고 있다. 그래서 아랍의 봄이 완성될 이제부터 세계사(世界史)는 언제나 '우리'가 어떻게 지금 여기까지 왔는가에 대한 이야기이므로 '우리'가 누구를 의미하며 '지금 여기'가 무엇을 뜻하는가에 따라 역사를 기술하는 모양새가 달라짐을 지적했다.

전통적으로 서구의 세계사는 '지금 여기'를 민주주의 산업으로 간주한 반면 아랍의 세계사는 무슬림 공동체를 위한 민주화 운동으로서 민초들의 빵과 일자리에 대한 해결을 우선시한 그런 아랍의 봄이라는 점이 다를 수밖에 없다고 예단했다.

이 저널리스트는 자신의 저술에서 여러 차례 강조하고 있듯이 서구 사회의 탄생을 그리스와 로마의 탄생으로 보고 있는 반면 무슬림은 예언자 무함마드가 메카에서 메디나로 옮겨 무슬림 공동체가 생겨난 해를 '문명화'의 시작으로 보는 식이다.

실제로 서구의 세계사는 술탄제국의 시대를 거쳐 몽골의 침략과 3대 제국의 시대를 거쳐 서양의 동양 침투 등으로 이어지는 무슬림식 네거티브는 수많은 무슬림들에게는 낯설고 어색하게 느껴지게 만들었음까지 지적하고 있다.

중동시장에서 새로운 국부창조의 지름길은 전체가 아닌 국가별로

나는 제2장을 열면서 갈수록 시장원리가 작동하고 있는 중동시장을 기술하면서 시장기회 선점의 개념인 타이밍을 전술적 가치의 으뜸이라고 정의했다. 같은 맥락에서 급변하는 오늘날의 중동시장에서 국부창조 다음으로는 이 거대 시장을 전체로 묶기보다는 개별 국가단위로 나누어서 시장 선점과 시장 공략을 수행하는 가치가 존재함을 언급했다.

한마디로 시장 타이밍과 개별 국가단위의 대응책을 결합시키는 '운영(運營)의 묘(妙)'를 강조한 이유이기도 하다. 그렇다면 어떤 방향에 어떤 방식을 통한 운영의 묘가 제격일까? 국가적 대응을 위한 처방은 우선 세 가지 차원에서 이를 규명해 적용시키는 일이다.

첫째, 선택과 집중은 기본이고 더 나가서 지속가능한 국가를 간추려서 동반성장을 도모하는 일이다.

둘째, 현대 중동시장은 잉크로 쓴 역사가 아니다. 석유로 쓴 역사라는 점에서 이를 직시해야 한다. 그래서 여기에 따른 서구열강을 비롯하여 최근 신흥국가로 떠오른 중국과 인도 등 주변 국가와의 함수관계까지 추스르는 몰입의 운영이어야 한다.

셋째, 국가지도자의 리더십에 대한 주문이다. 현대 외교의 본질이 정상외교로 치닫고 있는 추세다. 국가를 책임지고 있는 국정 운영자 사이에 맺은 리더십과 신뢰를 바탕으로 정상 외교에 대한 기대를 키우는 일이다.

전 세계적으로 자본주의와 세계화에 대한 반성이 높아감에 따라 중동시장은 여기에도 그대로 작동하기 시작했다. 그래서 비싼 기름을 들이면서도 국가지도자의 전용기를 발진시키는 일이 다반사로 이루어지고 있다. 때문에 중동시장에서 국부창조의 지름길은 국가 원수들에 의한 원원을 최우선적으로 고려해야 하는 명제가 도사리고 있음을 알아야 한다.

3

전략적 최선은 틈새와 차별성 그리고 경쟁력 강화

나는 여러 차례 중동시장의 국부창조는 '시장의 선점을 통한 타이밍'과 '개별 국가의 대응책 강구'를 으뜸으로 제시했다. 그렇다면 전술적 전략의 최선은 과연 무엇이 있을까? 무엇이 우선시되어야 할까? 이 물음에 답하기 전에 '지금 중동시장에서 한국만이 러브콜의 주인공'이라는 생각은 희망사항이자 자기만족에 불과하다는 전제가 붙는다.

오늘과 같은 아랍의 봄을 맞은 중동시장은 앞에서 소개한 대로 글로벌 투자은행 골드만삭스가 이라크 시장을 향해 진군나팔을 불고 있을 정도로 이미 성숙된 시장의 분위기가 역력하다. 그럼에도 불구하고 전략적 대응책을 제시하는 이유는 그래도 틈새가 도사리고 있기 때문이다.

또 전제가 붙는다. 경쟁시장 전략에서 필요한 틈새시장 개념이 전술적 가치로 등극하기 위해서는 시장 세분화(market segmentation)와

표적 시장을 아우르는 마케팅 프로세스가 중요하다.

왜냐하면 아랍의 봄이 오기 이전의 중동시장과 아랍의 봄 이후의 중동시장은 확연한 구분이 존재하기 때문이다.

중동시장 마케팅 프로세스 2.0

중동시장에서 한국의 마케팅 프로세스 1.0은 해외건설이라든가 해외플랜트가 주류를 이루고 있다. 그러나 시장 진입의 타이밍과 개별 국가의 진입을 고려한 마케팅 프로세스 2.0은 상당한 차이가 존재한다. 시장 세분화와 표적 시장에 필요한 현대 마케팅 이론인 시장 세분화 변수가 도사리고 있기 때문이다. 이 세 가지 변수의 이해부터 출발점을 삼아야만 중동시장 마케팅 프로세스 2.0의 진수(眞髓)와 맞닥뜨릴 수 있다.

이는 먼저 지리적 변수로부터 시작해 인구적 변수와 행동주의적 변수를 고려해야 하는 중동시장 특유의 시장질서가 특별함에서 비롯된다. 중동시장의 일반적인 시장개념은 정교일체의 나라답게 정치와 종교가 큰 뼈대를 이루면서 무슬림 공동체로 발전한 나라여서 특별하다.

더 깊게는 중동시장은 태생적으로 제조업과는 거리가 멀다. 전 국토의 태반이 사막지대에다 열사의 나라답게 기온이 매우 높아서 생산 활동에 많은 지장을 받고 있기 때문에 처음부터 모든 생필품을 수입하는 편이 싸게 치인다.

산유국의 프리미엄까지 겹치면서 중동시장은 세계열강의 장터로 발전(또는 변질)되었다. 미국은 막강한 국방력에 힘입은 국방장비에다 석유 메이저를 등에 업고서 이미 중동시장의 터줏대감이 되었다.

지난 10세기 이래 향신료 무역으로 다져진 인도와의 교역이 기존 시장 질서에 큰 획을 그은 것과 마찬가지로 최근에는 위안화(貨)를 기축통화로 대접해달라는 중국까지 가세하여 그야말로 무역 열강이 피를 말리는 국제경쟁시장으로 발전하여 오늘에 이르렀다.

이런 중동시장은 아랍의 봄으로 인해 독재자가 몰락함에 따라 기존의 시장질서가 새로운 시장질서로 바뀌고 있다. 이른바 중동시장 마케팅의 현주소가 이렇게 열리고 있고, 그렇게 전개되는 마당에서 한국은 기존의 해외건설이라든가 해외플랜트로 보았을 때 이 시장에서 주역이 아닌 조역으로 만족할 수밖에 없을 터다.

이를 한마디로 정리한 개념이 바로 중동시장에서 필요한 국부창조의 지름길에 해당하는 시장원리에 편승한 시장질서에의 동참이다. 따라서 우리가 간과할 수 없는 마케팅 프로세스는 틈새와 차별성, 그리고 경쟁력 강화이다.

앞에서 소개한 대로 광의의 중동시장은 아랍연맹(AL) 소속 22개 국가를 상대하기보다는 국가우위전략상 우선 다섯 국가를 상대해서 선택과 집중을 펴야 한다. 그 전술적 방법이 바로 틈새와 차별성, 그리고 경쟁력 강화로 요약될 수 있다. 최근 새롭게 등장한 경영 화두인 몰입과 니치를 다시 음미하면 그 지름길은 보이기 시작한다.

자국의 이익과 부합된 정책적 운영에 길들여진 세계 경제에서 아군과 적군의 구별은 별의미가 없다. 있다면 원원(win-win)을 전제한 경제협력과 동반상승 기조를 다지는 데 혈안이 되고 있기 때문에 항상 주변 국가와 강대국의 정책 변화를 예의주시하는 일이 숙제로 남게 된다. 바로 다음 장에 소개할 미국과 중국의 경우가 여기에 포함된다.

중동시장에서 미국 정책의 변화와 중국의 대응

    지금 중동시장을 바라보는 잣대는 미국의 정책변화와 중국의 대응에 대한 견해로 요약할 수 있다. 이를 일찍이 간파한 조지 W. 가버 미국 조지아공과대 국제관계학 교수의 저술인 □중국과 이란□은 이 두 나라의 관계설정을 기반하여 미국의 대응을 시의적절하게 녹여냈다.

    이미 중동의 화약고로 지칭되고 있는 호르무즈 해협의 평온과 포화에 대한 미래를 미국의 개입이라는 변수로 정리한 점이 압권이 되었다. 우선 이란 핵무기개발 저지를 위한 미국의 이란 경제제재는 자원빈국 코리아의 경제까지 암울하게 만들 경제적 불안으로 예측된다. 이란으로부터 수입한 석유의 감축 기준이 18%로 정해짐과 동시에 해외자원 다변화는 이제 발등에 떨어진 경제현안이 되고 있기 때문이다. 2009년 기준 한국은 중동산 석유수입 비중이 77%에 달했다. 이를 불식시키기 위해 이명박 정부는 해외자원 다변화 정책을 폈지만 이를 무시하듯 결국 2011년 기준 87%로 높아진 점은 중동산 석유 의존도의 심화를 방증시키고도 남는다.

이러한 불균형의 심화를 가속화시킨 나라는 중국이다. 최근 브라인 스페걸 월스트리트저널(WSJ) 기자의 보도처럼 '중국의 쇼핑 아이템 1위는 석유'(2012년 1월 20일자 참조)가 빈말이 아닐 만큼 중국의 석유 탐욕은 호르무즈 해협의 큰 변수로 작용함이 적나라하게 드러났다.

미국의 이란 경제제재에 대한 국제사회의 여론에 대해서 반대의견을 내세운 중국의 속내는 이란산 석유의 필요성을 직접 겪고 있어서다. 이를 통해 중국은 이란과의 교역 규모가 날로 커가고 있다. 지정학적 관계로 살펴보아도 이란의 대부분 생필품이 중국산으로 통용되면서 두 나라의 사이는 어느 때보다 긴밀한 경제협조체제로 거듭나고 있음이 필연적이다.

호르무즈 해협의 석유 파고는 미국 정책까지 바꾸고

지금까지 미국의 중동시장용 정책은 크게 세 가지로 구분할 수 있다. 석유와 이스라엘 안보와 중동지역 패권 다툼의 조정 등이다. 그러나 오바마 행정부가 들어서면서부터 힐러리 클린턴 미국 국무장관에 의해 중동시장 관련 정책은 조금씩 경제 클릭으로 이동되고 있다. 그 변동의 메뉴는 석유와 경제 클릭과 군방장비의 판매를 염두에 둔 국가안보 협력 등으로 변화됨이 가시화되고 있다.

분명 여기에는 지난 1월 5일(현지시각) 오바마 대통령이 국방예산과 병력 감축을 골자로 하는 새 국방전략 발표와 맥을 같이하고 있다. 미국이 지난 10년간 4조 달러 이상을 쏟아부은 이라크와 아프가니스탄 전쟁을 마무리한 뒤, 앞으로 더는 이 같은 대규모 및 지상군 전략을 수행하지 않고 여기서 아끼는 재원을 아시아와 태평양으로 돌린다는 방침을 천명한 언저리에는 중동시장에 관한 정책적 변화도 경제클릭을 중요시하는 배경과 일치한다. 미국의 국방비 감축은 미국 방위산업의 대들보인 록히드마틴과 보잉 등 군수산업체들이 자진해서 해외 무기판매 확대로 이어짐을 묵인하는 형태로 발전함이 그렇게 보이고 있어서다.

실제로 이들 대표는 2012년 1월 말 실적발표회에서 '중국과 이란의 위협'을 거론하며 "해외 무기 수출을 확대하면 국내 수요 감소분을 충분히 만회할 수 있다"고 주주들을 안심시키는 일에 매우 적극적이었다.

특히 이날 짐 맥너니 보잉 회장은 "우리는 국제 무기시장의 대단한 성장 잠재력을 예상하고 있다"면서 "몇 년 이내에 해외 판매를 30% 이상 늘려 국내 매출 감소분을 만회할 수 있다"고 주장했다.

이를 실증적으로 가시화시킨 내용은 최근 미국이 사우디아라비아에 판매를 배가시킨 최신예 F15 전투기 84대 수출계약실적이 대표적인 케이스다. 이번 계약은 기존 F15 전투기 70대의 성능 개선과 탄약과 부품과 훈련 유지비 등을 포함한 총 294억 달러(35조 2,800억 원) 규모다. 이를 통해 미국은 5만 개의 일자리 창출과 함께 연간 35억 달러의 경제효과를 얻을 수 있다. 이러한 통계적 수치야말로 중동시장 변화에 따른 미국의 선제적 대응책이 아닐 수 없다.

이란을 통한 중국의 영향력 확대

반면 중국은 원자바오 총리를 중심으로 이란과의 교역 확대와 석유자원 확보라는 두 마리 토끼를 잡는 이란의 러브콜로 내심 표정관리에 바쁘다.

오랫동안 미국이 이란의 핵무기 개발에 제동을 걸자 중국은 핵 협력 대신 대형 댐 건설이나 지하철 프로젝트 같은 경제 분야 지원으로 방향을 바꾸면서 두 나라의 경제 관계를 굳게 다져 왔었다.

미국과 유럽연합을 대표하는 서방과 이란이 대치하는 복잡한 호르무즈 해협의 숙명적 관계가 평온으로 가느냐 아니면 포화로 뒤덮여 제3차 오일쇼크로 전 세계 경제가 파탄이 되느냐는 갈림길에서 중국은 중동시장의 정책 변화에 기민성 있게 대처하고 있다. 중동시장에 대한 중국의 정책 변화는 시장원리가 새롭게 작동하는 범위 안에서 경제우선주의가 우위가 되고 있다. 따라서 자원빈국 코리아는 이들 사이에서 국부창조의 지름길이 되기 위해 어떻게 대응하느냐가 국가적 과제가 된다. 우선 미국과 중국의 대응 정책을 주도면밀히 살펴서 여기에 상응한 대책 마련이 우리에게 큰 과제로 떠오르고 있다.

5

셀링 마케팅에서 바이어 마케팅이 대세

촌스럽다. 촌스러움이 극에 달한다. 내가 생각해도 응당 중동시장에서의 국부창조의 화두는 매머드급 대형 해외플랜트가 제격이기 때문이다. 이를 외면한 나는 정말로 촌스러움을 자초하면서 지극히 원초적인 마케팅 프로세스를 금과옥조로 삼아서 연구와 제안을 제시하고 있다. 이유는 간단명료하다. 대답은 이미 준비해두고 있다. 갈수록 시장원리가 작동하고 있는 중동시장 2.0 모드가 과거의 경험에서도 신선한 핵심가치로 다가오고 있어서다.

본심은 최근 국내 경제전문지가 헤드라인으로 뽑은 '세계로 뻗은 건설-거침없이 영토 확장으로 개척자의 길을 계속하다'와 비슷한 해외건설 수주를 얘기하고 싶다. 하지만 그게 다가 아니라는 점에 공감하게 되었다. 이는 국부창조의 지름길이 추구하는 중동시장의 새로운 시장원리와 거리가 있기 때문이다.

이제는 셀링 마케팅 개념 대신 바이어 마케팅이 대세

반복하자면 해외건설이라든가 해외플랜트산업에만 치중한 중동시장 접근이라면 이런 마케팅 프로세스는 사치에 해당한다. 이를 잘 알기 때문에 현재 작동 중인 시장원리의 미래를 위해서는 기본적인 마케팅 프로세스가 가치가 있고 영구성을 담보할 수 있다는 믿음이 강하다. 다시 말해, 중동시장 자체가 변혁의 파고에 휩쓸린 동안 새로운 시장질서가 생기고 있다는 점을 감안한다면 기존 한국 업체들이 생각했던 '중동특수=건설공사'의 등식은 버려야 할 버전일 것이다.

다양한 측면에서 중동시장이 한국에 러브콜을 보내고 있다. 기존의 중동신화를 썼던 건설특수에서 진일보된 제조업과 금융업, 그리고 헬스케어 코리아로 가는 여러 가지 아이템이 틈새시장 개념에 따라 이들의 요구에 부응할 수밖에 없는 비즈니스 아이템이 늘고 있다. 이 때문에 기존의 건설특수에 통했던 시장원리인 사는 입장이 아닌 파는 입장의 마케팅은 이제 용도폐기에 내몰렸다. 사용자의 입장에 서서 그들이 요구하는 대로 바이어의 제안에 따라 그들의 니즈를 채우는 일에 마케팅 프로세스를 알파와 오메가로 삼아야 한다.

셀링 마케팅(selling marketing)과 다른 개념인 바이어 마케팅(buyer marketing)이 정답이다. 거듭 얘기하자면 중동시장의 버전 2.0이 그렇게 바꾸어가고 있어서다. 따라서 여기에 상응한 마케팅 대응에서 바이어 마케팅은 고려 대상을 넘어 절대적 핵심가치로 통용되고 있다.

중동시장을 위한 액션플랜은 한국 해외금융이 맡아야 한다

이를 위해서는 한국 해외금융 산업을 활성화해야 한다. 산업의 혈

맥이 금융이듯이 모든 해외사업의 근간에는 금융자본의 도입과 운용에 의해서 결과가 판이해지기 마련이다. 중동지역 국가들이 한결같이 각종 사회간접자본 확충을 위해 사업을 발주하면서 사업비 조달, 즉 파이낸싱을 사업 수주조건으로 내걸고 있다. 때문에 중동시장에 진출하고 있는 한국 기업들에 가장 힘든 과제가 관련 기술의 확보에 앞서 파이낸싱의 원활한 공급유무다.

중동시장에 진출한 한국의 한 기업체 사장은 "외국 경쟁업체들은 자국 은행에서 사업비 90%를 조달받는데 한국은 그 비중이 50% 정도에 그치고 있다"면서 "일본 은행과 손을 잡고 대형 사업을 수주하는 일본 기업들이 부럽다"고 설명하기도 한다.

기획재정부에 따르면 2020년까지 세계 플랜트·인프라스트럭처 시장은 21조 달러에 이를 정도로 엄청나다(<매일경제> 2012년 1월 20일자 참조). 그러나 한국은행 등 경쟁력이 약해서 수주에 차질을 빚고 있다는 볼멘소리가 끊이지 않고 흘러나오고 있다. 실제로 국내 은행 가운데 외환 조달 금리가 가장 낮다고 하는 수출입은행도 경쟁 은행보다는 높다. 수은은 5년 만기 외화표시 채권을 발행할 때 조달 금리가 리보(런던 은행 간 금리)에 1.37포인트를 가산한 수준이다. 일본 JCB는 자산금리가 0.33%에 불과하고 중국의 EIBC도 0.98%로 수은보다 매우 낮다. 캐나다의 EDC는 오히려 리보보다 0.17포인트 낮은 금리에 달러를 조달하고 있다.

그러나 이 같은 한계가 있다고 해서 무작정 해외수주 물량을 포기하는 것은 국익에 반하는 행위가 된다. 가능하면 차제에 국내 은행들은 원화를 지렛대로 활용해 자금을 지원하는 방법을 동원하는 데서 해외수주를 위한 기업 금융 활성화의 물꼬를 터야 할 것이다. 차선책으로 금융지원이 중동시장 사업수주에서 필수조건이 되고 있기 때문에 한국 금융산업의 낮은 경쟁력을 탓하기보다는 금융지원에 대한 한계를 벗어나는 일을 찾아야 한다. 이를 통해야만 대형 해외사업 수주가 외국 기업의 잔치로 끝나는 일에 종지부를 찍을 수 있다. 이를 불식하지 않고는 국부창조의 길은 사막의 신기루처럼 저 멀리에만 있을 것이다.

갈수록 시장원리가 작동하는 중동시장에서 승자가 되기 위해서는 바이어마케팅 개념과 함께 금융산업의 액션플랜 유무에서 그 성패가 갈라짐을 우리는 금과옥조로 삼아야 한다. 중동경제에서는 기적이 없기 때문에 더욱 그렇다. 오일머니는 그들만의 잔치로 가늠해서 우리의 기술력과 자금력, 그리고 실천력을 제대로 살려내서 국부창조의 지름길로 삼는 것 이외는 명분론에 그칠 뿐 실질적 국익과는 거리가 멀다는 점에 주목할 수밖에 없다.

Chapter 3

중동시장에서 한반도 경제영역 넓히기

2012 코리아 빅 모멘텀은 중동 해외플랜트가 맡는다

글로벌 시대에 국력의 핵심은 한국의 혼(魂)을 해외로 뻗어나가는 일에서 국운(國運)의 열쇠를 찾는 일이다. 급변하는 중동시장에서의 새로운 시장질서도 여기에 포함된다.

2012년 세계 경제는 2008년과 2011년의 두 차례 글로벌 금융위기로 직격탄을 맞으면서 비틀거리는 가운데 어느 지역 어느 나라에만 국한된 경제 현상이 아니라 중동시장까지 일반화되고 있다는 점이 비극이다. 이를 돌파하는 가장 좋은 선택은 한국의 한계를 먼저 인지해서 중동시장에 적응시키는 역(逆)발상의 전환이 요구되는 시점과 일치하고 있음은 우연보다는 필연에 가깝다.

비극과 일치의 합일에 대한 해법은 제1의 중동신화를 등에 업고 다시 제2의 중동신화를 써야 하는 가장 핵심 카드가 해외건설이고 해외플랜트산업이다. 아랍의 세계를 바꿔 놓고 있는 아랍의 봄은 결국 중동시장의 변혁과 민초들이 이를 자각하면서부터 생긴 2012년 빅 모멘텀으로 발전되고 있기 때문에 중동시장에서 한반도 경제영토 넓히기의 주목과 기대는 자원빈국 한국에 희망의 메시지나 다름이 없을 터다.

New Middle East & Dynamic Korea

2012년 중동시장은 새로운 시장질서의 탄생에 원년이 되고 있다. 다이내믹 코리아(Dynamic Korea)의 기세는 중국처럼 급부상하는 가운데 상대적으로 미국의 달러와 유럽연합의 유로화는 점차 기세가 감소되고 있다. 산유국의 프리미엄으로 석유자원의 혜택에 안주하던 중동지역 국가들 역시 아랍의 봄에 대한 기대에 의해 커진 국민의 요구로 시장질서의 재구성과 민초들에게 더 많은 정책적 배려가 제자리를 잡아가고 있다.

이처럼 중동시장의 새로운 트렌드는 기존의 국가 수입의 변화마저 바뀌지 않으면 안 되는 시대적 배경에 의해 자의반 타의반으로 중동지역 국가지도자들이 동의한 몸짓이 역력하다.

지난 시절의 낡은 패러다임의 안주가 이제는 불가능한 수준에 도달했다. 각종 석유자본과의 뒷거래부터 국가계정에 이르기까지 임의의 운용이 자체적으로 불가능하다는 인식이 짙어지면서 오늘의 중동시장 변화야말로 다이내믹 코리아에는 제2 중동신화의 르네상스가 예상되고 있다. 이를 가시화시킨 아이템이 바로 한국의 혼이 깃들어 있는 해외건설과 해외플랜트산업이다.

새로운 건설기술을 통한 중동시장의 동참

해외건설은 무역통계학적으로 파악되는 각종 경제지표에 반영된다. 한국해외건설협회 발표에 따르면 2010년 해외건설 수주액은 715억 달러에 달했다. 2011년은 재스민 혁명의 여진에 따라 리비아 사태 등이 돌출되어 600억 달러에 머물렀다. 빅 모멘텀이 가시화되고 있는 2012년은 2010년의 715억 달러를 뛰어넘는 750억 달러로 예상하고 있다. 각종 무역수치가 제시하고 있듯이 다이내믹 코리아로 우뚝 서기 위해 해외건설에 거는 기대는 예전과 차이가 있다는 것부터 매우 다이내믹하다.

2012년 연초부터 건설 승전보(勝戰譜)가 국내외 언론매체에 이슈로서 반갑게 얼굴을 내밀고 있다. 변화된 아이템은 건설기술 발전에 힘을 받아 생긴 탄력이다. 굳이 과거와 지금의 차별성을 찾자면 수주금액의 곡선이 가파르게 오른 만큼 수주 아이템에도 변화의 조짐이 그대로 묻어 있음이 우선 다르다.

사업영역 역시 강점이던 복합화력발전 플랜트 시장과 환경플랜트와 신도시건설 프로젝트 등으로 포트폴리오를 다각화하고 있다. 한국 건설업체들이 2011년 한 해 동안 올린 수주액 415억 달러 가운데 256억 달러가 중동에서 나왔다. 2010년 715억 달러 전체 수주액 가운데서도 472억 달러가 중동의 몫이었다. 각종 플랜트를 비롯한 한국 해외건설 텃밭은 여전히 중동건설시장이다

발주 규모면에서도 여전히 다른 지역을 압도하고 있고 이라크와 리비아의 재건사업도 진행 중이다. 중동시장은 발주 물량이 절대적으로 많은 데다 다른 폐쇄적인 시장과는 달리 경쟁입찰을 실시해 한국 건

설회사들이 진입하기가 용이하다.

이런 중동지역 건설현장에서 향후 장밋빛 청사진을 이어 가려면 더 이상 가격을 무기로 내세울 수 없는 원천기술 개발을 비롯하여 기자재 국산화와 설계능력 제고 등 선결과제를 풀어야 한다.

다음으로는 고부가가치 플랜트로의 전환과 함께 금융경쟁력 확보 등이 시급을 요한다. 날로 경쟁자들의 출현이 늘어나는 추세다. 최근 들어 중국과 인도 등 후발주자들과의 출혈경쟁도 불가피해 수익성을 갉아먹고 있다.

하드웨어 건설기술을 소프트웨어 건설기술로 전환

여기에 대한 대응책과 대비책에는 초심으로 돌아가는 지혜가 필요하다. 제1의 중동신화를 썼을 당시 중동시장에서 통했던 '기술+가격+시간'의 경쟁력 3박자로 묶어낸 결과 중동시장을 사로잡았던 그 일을 지칭한다.

바로 이 대목에서 한국건설의 지존인 '모래바람쯤이야'를 읊조린 기세로 중동건설시장에 다시 진입하여 제2의 중동건설 신화를 열어야 한다. 이를 위한 방법론으로 으뜸은 지난해 11월 한국토지주택공사(LH)가 사우디아라비아 정부에 1만 가구 규모 신도시 건설 시범사업을 제안했다. 2011년 3월 주택부를 신설하고 2014년까지 670억 달러를 투입해 주택 50만 가구를 건설한다는 계획을 세워놓고 있는 사우디아라비아 주택부는 한국의 러브콜에 응답했다.

지난해 9월 권도엽 국토해양부장관 일행이 직접 사우디아라비아 주택부를 방문하여 구체적인 사업제안에 물꼬를 텄다. LH의 사업제안에는 신도시 계획단계부터 마스터 플랜수립과 감리에 이르기까지 신도시 주택사업 일체를 일괄 수주해 시범사업으로 추진하는 방안을 포함시켰다.

　이러한 사업제안은 그동안 한국이 시행했던 신도시 건설 노하우를 정리해 해외건설의 새로운 이정표(또는 아이템)로서 사우디 건설시장을 노크하고 있는 것이다. 기존의 하드웨어 건설기술을 맞춤형 소프트웨어 건설기술로 격상시켜 이를 추진하는 일에서도 '2012 코리아 빅 모멘텀'이 여간 반가운 일이 아닐 수 없다.

중동시장에서 3.0버전으로 풀어가는 제조업 르네상스

아무리 미화해도, 아무리 포장해도 중동지역에서 한국 제조업 관련 기업들에는 이 시장진출이 무리수에 해당한다. 성공사례를 찾기조차 어렵다. 그렇다고 이 지역에는 변변한 제조업체가 없다는 얘기가 아니다. 다만 3.0버전이 통하는 제조업체가 상대적으로 많지 않다는 점에서 제조업의 르네상스가 가능하다.

기존의 제조업 1.0버전과 수출우선주의 제조업 2.0버전은 우리에게 낯이 익다. 그러나 아랍의 봄 이후에 등장한 3.0버전은 정보통신기술(IT)과 바이오기술(BT)과 문화기술(CT) 등이 결합된 융합제품으로 묶여 있기 때문에 결과물이 다르다.

중동시장에서 한반도 경제영토를 넓히기에 충족시킬 수 있는 제조업 3.0버전으로 중동시장 진출은 제조업의 르네상스에 승자가 될 수 있을까? 단 하나의 전제조건이 붙는다. 중동시장에서 제조업에 관한 버전의 구분을 이해하는 데 동의해야 한다. 우선적으로 생소한 개념이기 때문에 그렇다.

쉽게 얘기하자면 중동시장에서 통하는 기존의 제조업 1.0버전 대신 3.0버전은 남이 모방할 수 없는 품질과 성능을 구비한 명품이라든가 우수한 기술과 기획력을 바탕으로 새로운 아이디어 상품인 히트 상품이라든가 HDTV처럼 새로운 발명에 의해 정보통신 기술이 융합된 차세대 제품과 확연하게 구분된 제품(또는 상품)으로 묶여 있다. 이 때문에 지금의 중동시장에서 제조업으로 진출하기 위해서는 우선적으로 3.0버전에 대한 진출을 가시화시켜야 한다. 예를 들면 중동지역 국가들이 가장 공들인 제조업의 결정판 석유화학을 비롯하여 시멘트와 철강 등의 기간 중화학공업 부분과 섬유와 의류와 식음료 등의 소규모 생필품 제조업으로 구분해 육성하고 있다.

사우디아라비아의 국내산업 보호 및 진흥법(National Industries Protection and Encouragement Law)

사우디아라비아 정부는 1997년 '국내산업 보호 및 진흥법'을 제정하여 자국 기업에 대한 산업설비를 비롯하여 원자재 수입관세 면제와 경쟁수입품에 대한 고율관세 부과 등을 규정하여 제조업 육성에 임해 왔다. 하지만 석유 관련 산업에 치중한 결과 일반 제조업은 답보상태를 면하지 못하고 제자리걸음에 그쳤다.

가장 큰 이유는 제조업 발전을 이루는 기후조건이 여의치 않은 데다 원자재와 관련 기술과 기술자의 태부족에 기인한 결과다. 여기다가 10세기부터 해양실크로드를 개척하여 유황을 가지고 인도양까지 진출하여 각종 향신료를 가져와서 국부를 축적한 전례에 의해 유통에 따른 이익에 맛이 들어 제조업 기반은 상대적으로 뒷전이었다. 이게 1,000년 동안 이어지면서 자연스럽게 유통을 통한 재미에 맛이 들린 관계로 점차 제조업을 기피하는 것으로 굳어진 역사적 배경에도 적잖은 영향력을 끼쳤다.

하버드대학의 반성

최근 미국 지성의 요람인 하버드대학은 미국 발전에 크게 기여한 19세기 제조업이 몰락하는 대신 20세기 금융산업으로 트렌드가 바뀌는 과정에서 두 번의 글로벌 금융위기를 겪자 여기에 대한 자성의 목소리를 내고 있다. 하버드대학생 가운데 제조업에 관한 학생 수는 점차 줄고, 그 자리에 금융공학을 공부하는 학생이 늘어나는 추세가 과연 하버드대학의 미래인가를 고민하고 있다.

아랍의 봄에 이어 월가의 가을을 실제로 경험한 하버드대학의 반성에서 우리는 새롭게 중동시장에서 제조업을 통한 국부창조에 거는 기대가 미국 하버드대학을 비롯한 상아탑의 연이은 동참 러시로 이어지고 있다는 사실을 교훈 삼아야 한다. 지난해부터 하버드대학은 금융 관련 학과를 축소하고 대신 제조업 관련 학과를 신설하는 기민성을 보였다.

2.0버전의 제조업으로 새로운 진출 메뉴

그러나 '아랍의 봄'이라는 변혁의 물결을 거치면서 중동지역 국가들은 민초(소비자의 다른 표현)에게 절대적 복지를 제공하는 데는 매우 적극적이다. 크게 구분하면 '3대 요구'로 통하는 일자리 제공과 빵

문제의 해결, 그리고 민주화의 정착 등이다.

갈수록 고용조건이 어려워진 이유도 있지만 중동지역 산유국들의 고민은 젊은 층이 취업과 밀접한 일자리에 별로 기대하지 않고 살아도 생활에 전혀 불편하지 않게끔 했던 과잉보호의 문제에 있다. 그냥 놀고먹어도 되는 젊은 층의 생활 패턴에는 미래가 없다는 데 문제의 심각성을 느끼자 뒤처진 제조업 육성의 카드를 국가정책의 우선순위 속에 포함시켰다.

가장 선호하는 공무원 직종은 이미 포화상태가 되었고 고용문제에서 벗어나 있다. 최선의 대안은 제조업의 르네상스다. 하지만 8월 염천의 중동지역 수은주는 항상 40도를 웃돌고 있다. 언감생심 제조업의 진출은 생태적으로 어렵고 동시에 규모의 경제와 범위의 경제로 보아도 한국의 제조업 진출은 애당초 답이 없다. 더구나 한국 제조업의 상당수는 이 시장을 자사 제품의 수출지역으로 인지해서 여기에 대한 진출만을 고집하고 있다. 직접 이 시장에 진출하는 것은 고려대상에서 비켜 서 있다.

내가 언급한 3.0버전 제조업은 수출과 거리를 둔 현지 진출이다. 그게 말처럼 쉽지 않다는 점은 잘 알려져 있고 이해도 되지만, 한국의 제조업을 이끌고 있는 간판 대기업과 중소기업, 너나 할 것 없이 모두의 공통 과제라 해도 제조업 르네상스는 한국 기업에 있어서 영토 넓히기의 최적 기회라 할 수 있다.

앞에서 여러 차례 언급한 대로 '셀링 마케팅'에서 진일보된 '바이어 마케팅' 개념에 따라 현지의 에미리트와 함께 제조업에 진출하는 것이 여기서 내가 제안한 제조업 3.0버전의 실체다.

Q · C · D 3박자 갖춘 건 한국제조업뿐

최근 **KOTRA**가 발표한 자료에 따르면 중동시장에서 한국 제조업
이 구비한 3대 필수적 우위사항인 Q(품질) · C(비용) · D(납기) 등에서
가장 좋은 점수를 얻고 있다. 실제로 중동시장에서는 제조업 강국 일
본에서 두 달 걸린 제품을 한국 제조업은 2주 만에 납품할 수 있어
납기에서 가장 으뜸이라고 평가하고 있다. 특히 이 발표 자료에 소개
되었듯이 한 · 일 · 중 세 나라 제조업 특징과 경쟁력을 비교하면 이
게 우리의 자산이자 큰 메리트가 된다.

제조업 강국 일본이 '모노즈쿠리(집착의 함정)'라면 중국은 '품질을
못 갖춘 세계의 공장' 수준이다. 반면 제조업 2.0버전으로 중무장한 한
국은 '모방과 창조'에 기반한 융합기술의 리더라고 평가되고 있다.

3.0버전의 제조업 진출을 위한 기회발생과 아이템

이제 결론으로 지금과 같은 융합기술의 발달 속도라면 3.0버전의
제조업 아이템은 스마트폰과 스마트시대의 기대주 스마트TV와 리튬
배터리를 정착한 전기자동차 등이 포함된다.

한국은 이 세 가지 아이템을 생산하는 몇 나라에 속한다. 이것이
가능한 기업에서의 중동지역 진출은 미지수다. 대신 3.0버전에 해당
하는 제조업 진출로서 바이어 마케팅 개념에 합당한 아이템이 최근
중동시장에서 주목을 받기 시작했다. 크게 세 가지가 중동시장에서
러브콜을 받고 있다.

첫 번째는 인도에서 중동시장을 뜨겁게 달아오르게 한 '햇빛의 혁
명'으로 포장된 태양열 아이템이다. 인도에너지개발공사(PEDA)가 심

혈을 기울여 성공시킨 3.0버전의 하나다. 인도는 중동지역과 비슷하게 태양열의 수혜지역이다. 무한대에 가까운 태양열을 가지고 조리기계 시스템을 개발하여 지구도 살리고 동시에 무비용의 태양열을 이용한 솔라의 힘을 제품개발에 기반으로 삼아 국부를 창조하고 있다. 이름 하여 '연기 없는 공장'에 대한 프리미엄이다. 모든 식품공장에 솔라 시스템을 구비시켜 괄목할 만한 성적표를 쌓고 있기 때문에 한국의 신재생에너지 기술로는 이들의 추격은 기술이 아닌 시간문제일 뿐이다. 이명박 정부의 브랜드 파워인 '저탄소 녹색성장'의 이름값을 중동시장에서 3.0버전으로 묶는다면 금상첨화는 따로 없다.

두 번째는 '포스트 무바라크 시대'를 완수하기 위해 2011년 12월 실시한 총선에서 선거 관련 시스템 미구비로 이집트 군부가 홍역을 치렀다. 이를 해결하기 위해 한국의 선거관리 시스템과 선거에 필요한 인력과 자재(개표설비와 선거용 봉투)를 주목하고 있다. 향후 아랍의 봄 완수를 위해서는 이러한 3.0버전은 갈수록 공급에서 상종가를 치게 된다. 여기에 대한 준비와 대응이 절실해지고 있어서다.

세 번째는 16억 무슬림의 먹을거리인 할랄 푸드를 기반한 제품 개발과 출시이다. 이 대목에서도 할랄 푸드의 수출보다는 현지에 공장을 세워서 그곳에서 직접 제품을 생산하는 3.0버전다운 역발상 대응책이 최선이 될 수 있다. 이 부분은 이 책 제5장에서 자세하게 소개하겠다.

혹자는 중동시장에서의 한국 제조업 현지 진출은 기후조건과 기술자 부족의 어려움에 그치지 않고 이어서 이 지역의 제조업 운영자들이 부가가치의 진정한 의미부터 이해하지 못한 점을 지적하고 있다.

그렇다고 외면하거나 비켜 가면 제2의 건설기술로 다져진 중동시

장에서 한국의 영토 넓히기는 갈수록 어려워진다는 점을 하버드대학
처럼 반성해서 곱씹어야 한다. 가능하면 선점의 기회시장을 달성하기
위해 우선적으로 중동시장에 필요한 선제적 과제의 하나임을 인지해
야 한다.

한국 금융업의 중동시장 진출은 지금이 최적기다

금융현장(1)

2011년 11월 26일.

서울 여의도의 새 랜드마크로 떠오르고 있는 국제금융센터(IFC) '오피스 1' 오픈. 이 건물은 한국 금융산업의 미래를 그려낼 랜드마크로서 관련 업계의 주목을 받기 시작했다. 먼저 오픈한 '오피스 1'은 높이 55층으로 벌써부터 여의도 야경을 화려하게 수놓기 시작했다.

금융현장(2)

최근 증권거래소는 한국이 파생상품시장에서 거래량 기준으로 세계 1위에 랭크되었다고 발표했다. 그러나 파생상품의 어둠은 레버리지의 극대화에 따른 효과 때문이다. 지수선물은 15%의 증거금만 내면 거래를 할 수 있어 거의 7배에 가까운 레버리지 효과가 있고 FX 마진거래는 증거금이 5%나 20배까지 사고팔 수 있다. 이렇게 보면 주식파생상품은 모두 돈을 빌려 주식투자를 하는 것과 동일하다. 돈을 빌려 주식투자를 하는 바람에 깡통계좌가 속출했고 이는 한동안 사회문제가 되었다. 지금도 '오피스 1'에서는 2008년 리먼브라더스로 촉발된 글로벌 금융위기 때와 하나도 다르지 않다.

금융현장(3)

중국 상하이거래소의 외국기업 상장(上場)이 2011년 12월부터 시작되었다. 상하이는 2020년까지 글로벌 금융센터가 되겠다는 강력한 의지를 보이면서 해외기업들을 적극 유치하고 있다. 미국 코카콜라와 유니레버 등 이미 쟁쟁한 기업들이 가입했다. 그런가 하면 일본 도쿄증권거래소는 한국 온라인 게임업체인 넥슨 영입에 성공했다. 이처럼 국내외 증시 영토확장은 끝이 없이 목하 진행 중이다.

이를 통해 세계 주요 증시의 시가총액(2011년 6월 말 통계)은 미국 뉴욕증권거래소의 경우 13조 7,911억 달러로 가장 많고 이어서 미국 나스닥은 4조 675억 달러에 달한다. 영국 런던거래소는 3조 8,494억, 일본 도쿄거래소는 3조 6,554억인 반면 한국증권거래소는 1조 1,999억 달러에 이른다.

금융현장(4)

하나은행은 2007년 12월 인도네시아 현지 은행(빈탕마눙갈)을 인수해 인도네시아 현지법인(PT BANK HANA)을 세웠다. 2011년 5월 인도네시아 경제지 『인버스터(Investor)』는 총 자산 10兆 루피아(1조 3,000억 원) 이하 은행부분에서 하나은행을 '2010년 최고의 은행'으로 선정해 발표했다. 고객의 88%와 영업의 67%가 현지인과 현지기업이라는 점이 고려되었다.

금융현장(5)

월가의 가을이 서울의 추위로 확대되면서 각종 은행 수수료가 인하되었다. 은행 ATM 수수료 평균 38% 인하를 비롯하여 보험해지환급금 10% 이상 인상과 중소가맹점 범위 2억 원까지 확대 등이다. 이런 변화 뒤에는 2011년 3월 보험소비자연맹에서 확대 개편한 금융소비자연맹(금소연)의 역할이 컸다.

최근 이성구 금소연 회장이 정리한 한국 금융의 문제점은 대강 네가지였다. 먼저 폐쇄적인 관리감독 체계를 꼽았고, 이어서 전문성을 과시하며 소비자 목소리를 무시하는 태도, 그리고 투명하고 효율적인 정보공개 소홀을 지적했다. 마지막으로는 소비자 권한 강화에 대한 의지 부족을 이야기했다.

금융현장(6)

중동시장의 진출에서 가장 선결과제인 '무슬림금융법'이 통과는커녕 한국 국회에서 계속 낮잠을 자고 있다. 돈과 표에 약한 한국 국회는 이 법을 통과시킨다며 이를 통과시킨다면 무리수로 인정해 기피하는 분위기가 아직도 팽배하다.

말레이시아는 무슬림금융으로 도시국가 싱가포르를 능가하는 금융강국으로 등장하면서 국부창조에서 독보적인 위치에 올랐다. 이를 금융과 거리가 먼 나도 아는데 여의도 야경을 화려하게 수놓고 있는 '오피스 1'에서 전 세계 금융거래를 꿰뚫고 있는 전문 금융인들의 가슴은 계속 타들고 있을 터다.

금융현장(7)

국부펀드(SWF)가 세계 금융시장의 큰손으로 떠올랐다. 국부펀드는 국가가 자산을 운용(運用)하기 위해 설립한 특별 투자펀드다. 각국가가 국부펀드를 만들어 운용하는 것은 재정수입의 변동성을 줄여재정의 안정화를 꾀하고 외환보유액의 수익률을 높이기 위해서다. 중동 산유국이 운용하는 국부펀드는 미래의 세대를 위한 개념에 무게를 두고 있다.

주요 국부펀드의 현황은 아부다비투자청이 6,270억 달러로 가장많고 쿠웨이트투자청(2,600억)과 카타르투자청(850억), 그리고 리비아투자청(700억) 등이다. 2005년 설립된 한국투자공사의 운용기금은370억 달러로 집계되어 있다.

중동시장의 혈관 무슬림금융

'수쿠크'로 대변되는 무슬림금융은 중동시장 진출에 필요한 금융혈관이나 다름이 없다. 전 세계 무슬림금융의 규모에서도 3조 달러에달해 이를 한국 정부와 한국 기업이 활용하는 시대가 오면 국부창조의 지름길은 '절반의 성공'은 가능할 수 있다는 전망이 여의도 금융가에서는 계속 흘러나오고 있다. 그러나 이게 경제적 논리가 아닌 정치적 논리에 의해 지체되는 것은 곧 한국금융의 발전에 하나의 걸림돌이나 마찬가지이다. 왜냐하면 전쟁에서 승리하기 위해서는 무기에못지않게 무기에 필요한 실탄이 구비되지 않으면 백전백패이기 때문이다.

역시 무역전쟁에서 중동시장 진출 아이템이 2.0버전이라든가 3.0버

전이라고 해도 금융혈관인 무슬림금융과의 밀월(蜜月)이 없거나 무시
된다면 사상누각(沙上樓閣)이나 마찬가지이기 때문이다. 그런데도 '무
슬림금융 = 9·11테러 자금'이라는 11년 전 공식이 그대로 통용되는
것이 가슴을 저리게 한다.

무역 1兆 달러 신화 창조

2011년 12월 5일.

1974년 한국은 무역 규모가 처음으로 100억 달러를 돌파했다. 한국
전쟁의 폐허를 딛고 20여 년 만에 이룬 성과였다. 그리고 서울올림픽
이 개최된 1988년 무역 규모가 1,000억 달러를 넘어선 뒤 23년 만에
이날 '1兆 달러 클럽'에 가입하게 되었다. 이게 자원빈국 코리아의 저
력이 아닐 수 없다.

수출은 한국 경제에 구세주였다. 1988년 국제통화기금(IMF) 외환
위기와 2008년 글로벌 금융위기 때 기업 투자와 가계 소비는 급감했
지만 수출이 큰 폭으로 늘어 다른 나라보다 빨리 위기를 탈출하는 데
성공했다.

하지만 수출국가가 미국과 중국과 일본 등에 국한되어 있어서 수
출 다변화할 수밖에 없는 한국 경제의 딜레마가 항상 도사리고 있다.
이를 불식하기 위해서는 한국 경제 영토 넓히기로서 중동시장 진출
이 가장 최적의 대안이라는 점이 설득력을 얻고 있다. 우선 세월이
쌓이면서 과도의 수출 의존도마저 오히려 한국 경제 구조를 대외 충
격에 취약하게 만드는 부메랑이 되고 있다. 실제로 수출에 가린 또
다른 성장축인 내수의 장기 부진으로 한국 경제의 아킬레스건이 되

고 있어서다.

하지만 무역 1兆 달러 신화를 창조하는 이날 한국무역협회는 "자유무역협정(FTA) 확대전략이 무역 2兆 달러 시대를 앞당길 수 있다는 점에서 한국 경제성장에 크게 기여할 것이다"라고 전망하였다.

포스트 이명박 정부를 위한 무슬림금융의 밀월 기대

올해 4월 총선과 11월 대선을 거치면 한국국회가 기피한 '무슬림금융채권법'의 19대 국회 통과가 가시화될 조짐이 여러 곳에서 발견되고 있다. 갈수록 자유보호무역이 득세하는 지금의 세계 경제 운용마저 계속되고 있기 때문이다.

우선 규모의 경제를 이룰 1兆 단위의 각종 공사와 해외플랜트 공사 수주가 연이어 발표되고 있다. 이는 중동시장을 더 이상 외면할 수 없는 이유이기도 하다. 따라서 앞에서 열거한 일곱 가지 금융현장을 새롭게 음미해 보면 분명한 사실에 긍정이 앞설 것이다. 한국 금융업의 중동시장 진출은 다음이 아니라 바로 지금이 최적기라고.

헬스케어 코리아는 다이내믹 코리아로 가는 지름길

"나 여기 있소!"

중동시장에서 한반도 영토 넓히기에 관한 네 번째 주자(走者)의 외침이다. 해외 플랜트를 비롯하여 3.0버전의 제조업과 그래도 보듬고 가야 하는 한국 금융업에 이어 중동시장에서 먹을거리에 단연 한 축을 이룰 아이템이 바로 헬스케어 코리아다.

아랍의 봄을 맞고 있는 중동시장에서 가장 필요로 하는 민초의 건강복지, 한국의 다이내믹 코리아의 미래와 직결된 헬스케어는 곧 국부창조로서 가치와 기대를 함께 지니고 있다.

국부창조의 물꼬를 튼 빈객 아부다비보건청

지난해 11월 22일 국부창조의 길을 열어주는 빈객(賓客) 일행이 서울을 찾았다. 이날 한국국회는 '한·미 FTA 비준안 국회 본회의'를 통과하는 과정에서 최루탄 가스로 얼룩지고 있었지만 감사하게도 아부다비 빈객의 방한은 그래서 더욱 돋보였다.

국내외 언론매체에 대서특필될 만큼 아부다비보건청 일행의 서울 방문은 그야말로 헬스케어 코리아가 이제 진가를 발휘하는 시금석의 시험대로 오른 것과 같은 의미이자 같은 급이다. 그래서 그런지 이날 신문의 헤드라인은 이렇게 정리하고 있었다.

'오일머니 나라 아부다비는 부자 환자 한국에 보내 치료를 맡기다' 덧붙여 11월 25일 한국 보건복지부와 아부다비보건청은 환자치료에 관한 첫 MOU를 맺었다고 전했다.

자세한 MOU의 내용은 올해 1월부터 아부다비는 지금까지는 태국과 오스트리아에 보냈던 일부 환자를 매년 3,000명 수준으로 서울에 보내는 것을 골자로 하고 있다. 이를 위해 자이드 다우드 알 식센 아부다비보건청장 일행은 서울삼성병원 등 한국 유명 병원 4곳을 순회하면서 한국 의료 수준을 직접 확인했다.

사우디아라비아 의료산업 시장 트렌드

통상 중동시장에서 의료산업은 크게 의료기기와 의약품과 의료서비스로 나누어서 발전시키고 있다. 2010년 기준 사우디의 의료시장 규모는 167억 달러에 달한다. 매년 6%대 이상의 꾸준한 성장세를 보이고 있다. 사우디는 30세 미만의 인구가 60%를 차지하고 있어 의료산업의 전망은 매우 크고 또 밝다.

그러나 기후 영향으로 운동량이 부족하여 과식하는 식습관에 의해 당뇨와 골다공증 등의 질병에서 자유롭지 못하고 있다. 전체 인구의

9%가 당뇨병이며 심장혈관질환 환자는 인구 대비 세계 최고이다. 이를 위해 사우디 정부는 2007년부터 정부 주도의 보건 부문 지출을 늘리고 의료인재 양성에도 적극적이다.

최근 사우디 정부의 의료분야에 대한 추진 내용에서도 이를 잘 방증시켜 주고 있다. 예를 들면 전국 300개의 보건진료소(Healthcare Center)를 개원해 총 2,104개 진료소를 운영하는 일이다.

다음은 보건보험제도 확대와 6개의 의학대학 신설 등으로 짜여 있다. 또한 의료기기 시장경쟁은 선진국이 독점하고 있는 상태다. 미국 GE와 독일 SIEMENS를 선두로 일본의 Aloka가 뒤를 잇고 있다. 한국은 메디슨이 신참으로 명함을 디밀고 있다. 따라서 사우디 의료산업에 한국의 진입은 최근 KOTRA가 발표한 대로 다음 세 가지에 초점을 맞추면 된다.

하나, 병원의 운영과 건강검진회사 운영에서 노하우를 파는 데 전력투구가 요구된다.

둘, 종합검진을 위한 상설 전문 건강검진센터가 태부족이기 때문에 여기에 대한 수요에 대한 준비다.

셋, 한국처럼 복지차원의 건강검진을 지원하는 시스템으로 바뀔 가능성이 크기 때문에 여기에 상응한 사업이 유망할 것 등이 전망된다.

인간게놈(genome) 완전 해독에 따른 건강검증센터 운영

한국 의료법인의 아부다비와 두바이 진출은 이미 가시화되고 있다. 2010년 4월 입성한 삼성두바이클리닉을 필두로 2011년 4월에 우리들병원 두바이 척추진료센터 등이 이들의 면면이다. 벌써부터 헬스케어 코리아의 미래가 밝다는 찬사 이상의 잠재시장이 되고 있다.

여기에다 인간게놈 시스템에 대한 의료서비스 추가는 특별함을 더하게 된다. 이미 아부다비 정부는 지난해 1차 시범사업의 일환에 따라 에미리트 1,000명을 상대로 개인 인간게놈 진료를 완수시켰다. 게놈판독기는 미국만이 독차지하는 독점 의료 아이템의 하나였지만 최근 중국이 게놈판독기를 완성시켜 가격은 미국의 1/10 수준으로 출시되고 있다.

중국의 게놈판독기에다 한국의 건강검증시스템을 합하고 여기에 의료인재 양성 프로그램을 합해서 중동시장에 진출하는 운영의 묘야말로 절대적 가치에서 최상이자 톱클래스에 해당된다. 여기에 대한 준비와 대응은 이번 아부다비보건청에 제안한 내용이기도 하다.

싱가포르 크기의 인도 게놈밸리(genome valley) 초대

최근 한국의 가천의과대 길병원 소속 가천뇌건강센터와 고려대 안암병원이 국제의료기관평가위원회(Joint Commission International)의 인증을 받았다. JCI는 최고의 권위를 자랑하는 의료평가기구다. 진단과 치료 과정, 의료장비 수준은 물론이고 환자권리강조와 시설안전관리, 직원교육과 인사관리 등 병원의 모든 절차와 시스템을 평가해 의료수준을 가늠한다.

하지만 의료시스템이 취약한 인도에서의 헬스케어 비즈니스에 대한 노하우 축적은 세계적인 수준급에 올랐다. 인도 중부 하이데라바드는 인도 바이오산업의 메카인 게놈밸리의 중심지역이다. 이곳 미아프르 지역에 있는 임상건강시험소에서는 게놈에 대한 연구를 집대성하여 중동시장에서 주목을 받기 시작했다. 중국에 게놈판독기가 있다면 인도 미라프로의 임상건강시험소의 업적은 바로 중동시장에서 가장 필요로 하는 헬스케어의 금자탑이나 다름없다. 뿐만 아니라 인도 1위 제약메이커 닥터레디스는 게놈밸리의 업적을 승계하여 유럽에 이어 중동시장의 강자로 등극함을 최고의 가치로 삼고 있다.

헬스케어 코리아가 다이내믹 코리아를 완수하기 위해서는 아부다비보건청의 외교적 수사에 취하기보다는 그들의 칭찬과 우월감에서 벗어나 다시 진열을 가다듬는 연구와 노력이 요구된다. '가능한 한 함께 가면, 멀리 갈 수 있다'는 격언대로 헬스케어 코리아가 그동안 쌓았던 의료산업 기술력에 이제부터는 산학관 형태의 전방위 대응책이 필요하게 됨을 명심해야 한다. 그렇다고 기를 죽일 필요는 없다. 지피지기하면 백전백승이라는 격언을 되뇌고 지금의 아부다비 러브콜에 만전을 기하면서 경쟁상대를 따돌리는 일에만 집중하면 된다.

바로 이 길만이 중동시장에서 한반도 국토 넓히기의 헬스케어 부문의 승자가 되는 길이기 때문이다. 그래야만 모두의 외침이 이렇게 발전할 수 있을 터다. "나 여기 있소!"가 아닌 "나 여기 중동시장에서 세계를 다스리노라!"로 말이다.

Chapter 4

중동시장에서 국부창조의 다섯 나라

전략적 동반성장으로 함께 번영하는 아부다비

우리에게 기억되는 중동지역 도시국가 아부다비의 이미지는 여러 가지이다. 이미지에 익숙하지 않다면 이미지 대신 느낌으로 바꿔 생각해도 의미는 마찬가지이다. 서울과 아부다비를 잇는 아시아나항공과 에티하드항공의 날갯짓에서 연상되는 이미지와 느낌은 항상 전략적 동반성장을 향한 두 나라 사이의 선린외교가 중심축으로 잡고 있다.

가령 2009년 12월 두 나라 사이에 체결된 원자력발전소 수주를 비롯하여 아크부대 파병과 '오일머니의 나라'라는 부의 혜택을 등에 업고 신병치료차 서울을 오가는 일단의 에미리트들이 신병치료에 만족하는 모습은 이제 뉴스가 아니라 일반화된 사례에 불과하다.

그래서 지난해 2월 주한 UAE 대사로 취임한 압둘라 칼판 알 루마이시 대사는 기회가 있을 때마다 두 가지를 강조한다. 외교관들이 입에 달고 있는 외교수사(外交修辭)라고 해도 그의 거침없는 '전략적 동반성장'과 '한국은 제2의 고향이다'라는 화두에서도 그대로 감지되고 있다.

최근 UAE 건국 40주년을 맞아 국내외 외신기자들과의 오찬에서 앞의 두 가지 외교수사에 다른 하나를 추가시켰다.

"아부다비(정확하게 표현하면 UAE)는 한국 기업에 기회의 땅이다."

아부다비 루와이스 석유공업단지의 위용

중동지역 도시국가 아부다비 도심에서 서쪽으로 자동차를 타고 2시간을 달리면 루와이스(Ruwais) 석유공업단지에 이른다. '신에게 축복을 받은 땅'이라는 뜻의 루와이스는 실제 아부다비에서 발을 밟기가 가장 어려운 곳 중 하나이다. '막대기만 꽂아도 석유가 나온다'고 할 정도로 막대한 원유와 천연가스가 매장되어 있어 일반인 출입이 불가능한 지역이기 때문이다.

이 석유공업단지에는 한국 해외플랜트 간판기업인 삼성엔지니어링을 비롯하여 GS건설과 SK건설 등이 그린디젤(GDP-Green Diesel Project)에 참여하고 있다. 이곳에서 근무하는 한국인 엔지니어만 해도 2,500명에 이른다. GDP 현장은 2008년 1월 발주처인 아부다비 국영석유회사 ADNOC와의 계약체결에 따라 준공을 서두르고 있다.

2009년 말 ADNOC의 자회사인 타크리어가 발주한 100억 달러 규모의 정유공장 확장공사 가운데 총 96억 달러에 달하는 5개 초대형 공사를 한국 업체들이 따냈다. 이 싹쓸이 수주는 유럽과 일본 등 엔지니어링 선진국조차 부러움 반 시샘 반으로 기술입국 코리아의 위상에 경계심 유발을 일으킬 정도로 큰 반응을 보였다.

아부다비에 건설수주센터를 설립한 국토해양부

루와이스 석유공업단지의 위용에 고무된 한국 국토해양부는 지난해 10월 전략적 동반성장으로 함께 번영을 지향하는 아부다비 건설수주센터를 개원시켰다. 이번 아부다비 건설수주센터는 한국토지주택공사(LH)를 비롯하여 한국수자원공사와 한국도로공사 등 8개 기관을 참여시킨 매머드급 한국 정부 지원센터이다.

이들 8개 기관이 직원을 파견해서 연락사무소 역할과 동시에 각종 건설공사 정보를 공유하는 일에서부터 변혁의 바람이 드센 중동시장 전체의 수주지원까지 일괄 책임지고 있다. 세계는 이미 글로벌 금융위기에 따른 보호무역주의가 대세를 이루고 있기 때문에 중동지역 건설 수주도 갈수록 어려워지고 있는 현장에서 보면 만시지탄(晩時之歎)이 따로 없다. 더 크게 지원센터의 밑그림 그리기에 앞서 아부다비를 포함한 걸프협력회의(GCC) 6개국이 벌이고 있는 사회간접자본(SOC) 인프라 수주는 이미 포화상태다.

미국을 비롯한 일본과 유럽 세력은 막강하다. 여기에 주식회사 중국이 우리의 권역까지 야금야금 먹어치우고 있다. 또한 아부다비와 지근의 거리에 위치한 사우디아라비아에 이미 괄목할 만한 수주 성적표를 보인 지 오래다. 더욱이 1兆 원(약 10억 달러) 단위 대형 건설수주는 이 중동시장을 배제하고는 찾기조차 어렵다. 그만큼 전 세계는 보호무역주의가 팽배하면서 자국의 건설 수주의 문호를 굳게 닫기에 급급하다. 국토해양부가 아부다비에 둥지를 틀고 있는 건설수주센터 개소에 거는 기대와 미래지향적 중동시장 대응정책에 관심이 모아지고 있는 이유다.

아부다비에 불고 있는 한류 2.0 열풍

2010년 10월 아부다비 소재 자이드(Zayed)대학은 아부다비에서 맨 처음 한국어과 강좌를 개설했다. 한국문광부와 한국어세계화재단이 설립한 자이드대학 세종학당(King Sejong Instiute) 한국어과에 첫해 등록한 학생은 고작 50명 내외였다. 그러나 2년 후인 올해의 등록 학생 수는 500명에 이르고 있다.

이 수치는 프랑스어 학과 등록 수인 800명 다음으로 높다. 2년 만에 10배의 수강생 등록에 학교 당국도 매우 놀라고 있다. 이유는 간단하고 명료하다. 한류(韓流) 2.0의 파급효과에 의한 자이드 대학생의 동참과 호응이 그대로 드러났기 때문이다.

이들은 이미 '코리아 클럽'과 '아리랑 클럽' 등 동호회를 개설하여 한류 열풍의 확산에 일등공신으로 떠오르고 있다. 물론 여기에는 1.0 한류인 한국 드라마와 한국 영화에서 얻어진 이미지와 최근 중동시장에 강하게 불고 있는 2.0 한류의 문화 강자인 K-POP도 한몫을 거들었다.

여기에 고무된 한국어세계화재단은 이러한 한국어 학습 수요에 부응하여 올해부터는 12개국 15개소의 세종학당을 지정했다. 이에 따라 세종학당은 세계 34개 국가에 총 75개소가 운영되면서 그 숫자는 90개로 늘어날 예정이다.

이러한 문화현상은 새로운 중동시장 진입에 대한 자원빈국 코리아의 위상정립에 긍정적인 효과로 작용함은 물론 가시적인 국가적 자산이 되고 있다. 이를 자원부국 아부다비가 중동지역에서 처음으로 한국 문화 신세계를 열고 있음이 더욱 분명해지고 있다는 방증도 겸한다.

2

사우디아라비아에 부는 개방 열기는 국부창조 빅뉴스

중동시장에서 무슬림 문화의 보수성이 강한 사우디아라비아는 아랍의 봄으로 촉발된 국정운영을 복지와 개방에다 초점을 맞추고 있다. 이 두 가지 국정운영은 한국 정부와 관련 기업이 사우디에서 국부창조의 청신호로 작용하기 시작했다. 이는 국부창조의 빅뉴스가 아닐 수 없다. 우선 규모와 범위의 경제에서 호재이기 때문이다.

실제로 아랍의 봄이 한창 진행되던 지난해 7월 23일 미국과 모로코에서 3개월간 신병 치료를 받던 도중 급거 귀국한 압둘라 빈 압둘아지즈 사우디 국왕은 총 1,350억 리알(약 40조 원)에 달하는 민생지원정책을 발표했다.

지원정책의 내용은 사우디 국민이 보통 18년을 기다려야 했던 주택담보대출을 무이자로 즉각 지원하고 여기다가 패키지로 실업급여와 결혼자금까지 포함시켰다. 공무원 임금도 15%나 인상하도록 조치했다.

무슬림 성지 메카에 고급 호텔과 쇼핑몰 건축

최근 사우디는 무슬림교 창시자 무함마드의 출생지인 메카에다 고급 호텔과 쇼핑몰 건축에 대한 허가를 내주어 개발에도 열을 올리고 있다. 세계 최대의 무슬림 사원인 알마스지드 알하람은 국왕의 이름을 딴 정문과 두 개의 첨탑이 새롭게 단장을 서두르고 있다.

사원 주변에는 5성급 호텔 26곳(총 객실 1만 3,000개)이 들어선다. 이미 지난해는 세계에서 가장 높은 시계탑인 601m 높이의 메카 로열 클록 타워가 완공되었고 다른 성지들을 연결하는 모노레일도 깔았다.

알하람 사원의 넓이는 현재 35만 6,000㎡에서 40만㎡로 확장되어 수용인원도 77만 명에서 120만 명으로 늘어난다. 이를 통해 사우디 정부는 현재 매년 이곳을 찾는 1,200만 명의 순례자 수를 2025년까지 1,700만 명으로 늘리며 세계에서 가장 큰 종교 건물로 만들 것을 구상하고 있다.

사우디 정부는 이 프로젝트가 "메카 지역의 경제를 활성화시키고 새로운 투자를 이끌어낼 것이다"라고 밝혔다.

사우디 수주 1,000억 달러 돌파

한국 건설사들이 사우디에서 수주한 금액이 처음으로 1,000억 달러를 돌파했다. 지난해 11월 22일 해외건설협회에 따르면 한국건설업체들이 현재까지 사우디에서 수주한 누적 공사 계약 금액은 총 1,000억 1,000만 달러에 달한다고 발표했다.

삼환기업이 1973년 고속도로 공사를 수주해 사우디 시장에 처음 진출한 지 38년 만이다. 한국건설사가 단일 국가에서 수주한 금액이

1,000억 달러가 넘은 것은 사우디가 처음이다. 아부다비의 597억 달러를 비롯하여 쿠웨이트 274억 달러와 단순비교해도 많은 수주 금액에 해당한다. 한국건설사는 2011년 한 해 동안 사우디만 해서도 물경 155억 달러 규모 수주를 따냈다.

특히 사우디 정부는 오는 2014년까지 수도 리야드 인프라스트럭처 개발에 투자를 계속할 예정이어서 당분간 한국업체 수주가 이어질 것으로 내다보고 있다. 여기에 가시적 성과는 올해 2월 8일 이명박 대통령의 사우디 국빈방문에 즈음하여 현실화되고 있음이 여실하게 드러났다. 물론 여기에는 '2012년 자나드리아문화축제'의 주빈국으로 초청을 받아 사우디를 방문한 한국문화사절단의 전시와 공연에 대해 깊게 공감한 사우디 정부의 배려에 힘이 실리면서부터다.

이를 반영하듯 국가서열 3위이자 압둘라 빈 압둘아지즈 사우디 국왕의 이복동생인 살만 국방장관은 극동지역 첫 무관본부 설치를 한국에 두기로 발표했다. 알라바흐 사우디 상공부장관도 2014년까지 670억 달러를 들여 주택 50만 호를 건설하고 2020년까지 1,200억 달러를 투자할 6개 경제도시 건설에 한국 기업 참여를 공식화했다.

사우디는 한국형 신도시 개발에 적극적

이에 앞서 2010년 2월 한국 건축사사무소와 도시설계업체가 리야드에서 판교급 대형 신도시 설계 두 건을 연이어 수주했었다. 국토부에 따르면 도시설계업체인 알트플러스이앤씨와 무영종합건축사사무소는 사우디 다르지마홀딩스와 사우디 현지에서 800만㎡ 규모 리야드 북부 신도시와 1,140㎡ 남서부 신도시 설계용역 본 계약을 체결했다고 보도자료 형식을 빌려 밝혔다.

이 신도시 공사는 리야드 시내에는 최초로 추진되는 대규모 신도시를 짓는 첫 사례로 기록된다. 알트플러스이앤씨 측에 따르면 발주처에서는 분당과 판교 등 한국의 대형 신도시 개발기술을 높이 평가했다고 전했다.

2개 신도시의 총 공사비가 150억 달러에 달하는 초대형 프로젝트로 한국 건설사가 시공할 경우 사우디 주택시장에 진출하는 계기가 될 수 있다. 사우디의 수도이자 제1의 도시인 리야드는 인구가 해마다 2.9%씩 폭발적으로 늘어나 주택난에 시달리면서 신도시 개발을 추진해 왔다.

1,000m 초고층빌딩에 올인하는 사우디

사우디에 높이가 1,000m인 세계 최대 높이의 초고층빌딩이 추진되고 있다. 사우디의 투자사인 킹덤홀딩은 지난해 8월 홍해 연안도시인 제다 북부에 세워질 '킹덤타워' 시공사로 '빈 라덴 그룹'을 선정해 발표함으로써 그동안 말만 무성하던 초고층빌딩 건설안이 실체를 드러냈다.

킹덤타워는 2010년 완공된 세계 최고봉 빌딩인 '부르즈 할리파(828mdp 162층)'보다 최소 170m 더 높고 연면적은 53만㎡ 규모로 세워지게 된다. 호텔과 아파트 등이 들어설 예정인 킹덤타워의 공사기간은 5년이다. 총 공사비는 46억 리알(약 1조 3,000억 원)로 추산된다.

이번 공사를 수주한 빈 라덴 그룹은 사우디 최대 건설사로 알 카에다 지도자였던 오사마 빈 라덴의 부친이 1931년 설립한 기업이다. 킹덤타워의 디자인은 미국 시카고의 건축사무소인 '애드리언스미스앤고든길(AS&GG)'이 맡았다. AS&GG 측은 "매끄러운 유선 형태의 외관은 잎이 접힌 상태의 사막식물로부터 영감을 얻었다"고 밝혔다.

애드리언스미스는 2006년까지 세계적인 설계업체 '스키드모어앤드메릴(SOM)'에 근무하면서 부르즈 할리파를 직접 설계한 장본인이다. 이를 크게 전하는 것은 부르즈 할리파를 시공한 삼성물산의 초고층빌딩 노하우가 그대로 적용될 확률이 갈수록 높아지고 있어서다.

사우디에 강하고 불고 있는 차이나 모래폭풍

사우디에 부는 개발 열기는 국부창조의 빅뉴스답게 많은 건설공사 수주와 건설공사 아이템이 줄을 잇고 있다. 예를 들면 앞에서 소개한 무슬림 성지 메카에 구축 중인 호텔과 쇼핑몰은 거의 중국 정부와 중국 기업에 의한 합작품이다.

사우디와 중국의 밀월에 따라 지난 2009년부터 메카 시와 중국철도공사는 17억 7,000만 달러의 모노레일공사를 수주시키면서 본격적인 거래가 이어지고 있다. 이 공사로 성지순례인 하지 기간에 순례 신자가 많은 메카 및 주변 도시 메디나, 아라파트, 무즈달리파 등을 잇는 18.06km 구간에 모노레일을 건설했다.

이에 앞서 중국철도공사는 메카와 메디나를 잇는 444km 구간 고속철도 공사 수주를 위한 컨소시엄에도 참여해서 계약을 체결했다. 공사비 규모는 18억 달러에 달한다.

이를 돕는 배경에는 지난 2009년 2월 후진타오 중국 국가수석이 직접 사우디를 방문하여 세일즈 외교가 큰 힘이 되었다. 후진타오 세일즈 외교는 중국의 하이난(海南) 섬에 추진 중인 대규모 저유 및 정유시설 건설(1,000억 달러 규모)에 사우디 정부의 참여를 요청했다.

이 저유소의 예상 비축량은 1억 톤으로 2009년 중국의 석유 수입량 1억 9,985만 톤의 50% 수준이다. 이 시설이 완공되면 중국의 석유 비축량은 10일분에서 90일분으로 늘어난다. 계속적으로 자동차 인구의 증가에 대한 중국 정부가 이를 해결하기 위한 조치다.

여기에 그치지 않고 사우디는 미국 다음으로 중국에 대한 문호 개발에 적극적이다. 후진타오 주석과 압둘라 사우디 국왕은 2009년 2월 11일 에너지 분야 등 5개 항목이 담긴 협정서에 서명했다. 사우디와 중국의 코멘트는 사우디에 불고 있는 모래폭풍의 파워와 미래가 그대로 드러나 있다.

"이제 양국은 전략적 우호관계를 발전시키고 심화시켜서 글로벌 금융위기가 오면 공동으로 대응해 나갈 것이다."

예컨대 한국 정부와 한국 관련 기업이 사우디에서 국부창조의 지름길을 얻어내기 위해서는 차이나 모래폭풍에 대한 사전 준비와 대응책 구비가 선결 과제임을 자각해야 한다. 이에 최근 주미대사를 지낸 알파이살 사우디 왕자의 조언을 곱씹어야 할 것 같다. 최근 모처럼 서울을 찾았던 자리에서 언급한 내용이다.

"나는 한국인들이 사우디에 더 많이 와서 사우디 사람과 우정을 나누기를 바란다. 특히 한국 학생들이 사우디 대학에 와서 공부하기를 바란다."

현재 전 세계에서 12만 명의 학생이 사우디 정부의 장학금을 받고 사우디에서 공부를 하고 있다. 하지만 한국 학생은 단 한 명도 없다.

믿거나 말거나 알파이살 사우디 왕자의 이 조언은 국내 한 언론매체와의 대담에서 던진 멘트로 크게 보도된 적이 있다(<중앙일보> 2011년 10월 28일자 참조).

이를 과장하게 표현하면 미국은 아프가니스탄에서 피를 흘리고 있는 동안 중국은 각종 천연자원을 싹쓸이하는 형국에 비교될 수 있다. 앞에서 내가 여러 차례 중국을 '주식회사 중국'으로 표기한 내용에 대한 진실게임의 현주소가 아닐까 싶다.

3

이제 이라크는 중동시장에서 새 금맥(金脈)

미국의 이라크전 비용: 7,510억 달러

미군 사망자: 4,415명

미군 부상자: 3만 1,882명

이라크 부상자: 9,537명

이라크 민간인 사망자: 9,700명~10만 6,000명

지난 2010년 8월 31일(현지시각) 버락 오바마 미국 대통령이 7년 5개월간 끌어온 이라크 전쟁에 마침내 역사적인 종지부를 찍었다. 바로 그날 크리스천사이언모니터가 발표한 수치다.

미국이 스스로 '승리'의 이름표를 붙인 채 마침표를 찍는 이라크 전쟁은 그러나 '미완의 전쟁'으로 남았다. 그리고 역사는 흘러 올해로 2년째다. 중동시장의 새 금맥인 이라크 역시 아랍의 봄으로 시장 구성원은 많은 변화에 노출되었고 동시에 변혁의 미래에 한껏 고무되어 2012년을 맞고 있다.

이라크 시장이 열렸다

이라크 건설시장이 다시 열리고 있다. 한국의 간판 건설사인 한화건설을 비롯하여 STX중공업은 이라크에서 대규모 건설공사와 해외플랜트에서 괄목할 만한 성적표를 쌓고 있어서다. 한화건설은 지난해 5월 26일 이라크 총리 관저에서 누리 카밀 알 말리키 총리가 참석한 가운데 사미 알 아라지 이라크 국가투자위원회(NIC) 의장과 72억 5,000만 달러 규모의 신도시 건설사업 양해각서(MOU)를 체결했다.

이 공사는 바그다드 중심가에서 동쪽으로 25km 떨어진 지점에 100만 가구의 신도시를 짓는 프로젝트 가운데 하나다. 해외건설협회에 따르면 한화건설은 부지조성(17억 5,000만 달러)을 거쳐 1단계 시범사업으로 국민주택 10만 가구(55억 달러)를 건설한다.

설계와 조달과 시공을 일괄적으로 맡는 EPC 방식으로 향후 7년 동안 공사를 진행시킬 것 같다. 또한 공사대금의 10%를 선수금으로 받고 이어서 잔액은 3회에 걸쳐 5%씩 15%를 중도금으로 받는다. 잔금 역시 1블록(4,000 가구) 준공 때마다 순차적으로 수령하는 조건이다. 발전플랜트 25기를 짓는 공사의 계약은 한화건설 수주 그 다음 날에 체결했다.

이처럼 이라크 건설시장이 새 금맥으로 떠오르고 있다. 관련 업계에 따르면 리비아와 이집트 등은 민주화 움직임으로 혼란스러운 상황이지만 이라크는 상대적인 안정을 토대로 경제발전에 힘을 쏟고 있다. 국제통화기금(IMF)은 국제유가 상승 및 석유생산량 증가 등을 토대로 지난해 이라크의 경제성장률 전망을 7.9%에서 11.5%로 높였다.

지금의 하루 200만 배럴 원유 생산량을 향후 6년 사이에 1,200배럴 수준으로 원유생산에 박차를 가할 것으로 알려졌다. 또한 이라크 정부는 비상전력을 확보하기 위해 1~2년 안에 총 5,000MW의 발전설비를 확보할 계획이다. 올해 초 이라크 정부가 발표한 통계로는 발전시설이 필요전력(1만 2,000MW)을 밑도는 7500kW에 불과한 실정이다.

LS산전은 이라크 변전소 70% 싹쓸이

이를 직시한 LS산전은 올해 2월 이라크에서 35개 변전소 구축 프로젝트를 수주하는 개가를 올렸다. 보도자료에 의하면 계약금액은 9,200만 달러에 달한다. 특히 이라크 전력부의 33kV 변전소 100개 구축사업 가운데 두 번에 걸쳐 우선 발주한 총 70개를 싹쓸이함으로써 추가 수주에 대한 기대감을 높일 수 있게 되었다.

LS산전 측은 "2월 8일 이라크 전력부가 전후 복구를 위해 2차로 발주한 35개 변전소 프로젝트 수주계약을 이라크에서 체결했다"며 "1년 반 동안 이라크 바그다드 주변 도시를 비롯하여 전 지역에 걸쳐 변전소를 짓는다(<매일경제> 2012년 2월 9일자 참조)"고 밝혔다.

따라서 LS산전은 각종 전력기자재 생산과 함께 변전소 설계와 시공에 이르는 전 과정을 전담하는 턴키베이스로 프로젝트를 진행할 것이 예단된다.

이라크 3·7선거 이후 정세 변동 추이

2003년 미군 주도의 연합군 공격으로 후세인 정권이 무너진 지 올해로 9년의 시간이 흐르면서 이라크는 두 차례의 총선을 실시하였다.

2005년 12월의 급조된 총선과 지난 2010년 3월에 치른 총선을 지칭한다. 이른바 이라크 3·7 총선이다. 3·7 총선의 최대 목표는 이라크의 정치적 통합이었다. 1,890만 명의 유권자가 참여해 6,200여 명의 후보자 가운데서 325명의 의원을 선출시켰다.

2005년 급조된 이라크 총선은 수니파가 불참한 반쪽짜리 선거였다. 이라크 전체 인구의 35% 차지하는 수니파는 시아파(전체인구의 60%)에 비해 수적으로 열세인데도 1932년 이라크 건국 이래 줄곧 집권세력으로 자리를 잡아왔다. 2003년 사담 후세인 정권이 붕괴되면서 시아파에 처음으로 정권을 내준 수니파는 시아파 정부를 인정하지 않았고 계속 내전 수준의 폭력적 대립으로 일관했다. 하지만 총선 결과 친미성향의 말리키 현 총리는 이라크의 안정화를 치적으로 내세웠고 동시에 원유 수출 증대를 통한 경제재건 선거 공약이 재당선에 주효했다. 미국 정부의 입김이 작용함은 물론이다. 말리키 총리는 여세를 몰아 지난해 국제입찰을 통해 10개의 유전 개발업체를 선정했다.

앞에서 언급한 대로 골드만삭스가 이라크를 간 이유에 대한 설명은 이것으로도 충분할 수 있다.

다국적 기업들은 이라크 유전을 둘러싸고 로비 전쟁에 돌입

루마일라(170억 배럴)-BP와 CNPC 1차 낙찰

주바이르(40억 배럴)-에니와 옥시덴탈 가계약 체결

키르쿠크(85억 배럴)-로열데치셀 낙찰

나시리아(40억 배럴)-신일본석유 가계약 체결

웨스트쿠르나 1단계(87억 배럴)-엑손모빌과 로열더치셀 계약

최근 이라크 정부가 발표한 이라크 유전 개발 계약 현황이다. 이라

크는 석유 매장량 3위에다 말리카 총리는 앞으로 7년 내에 지금의 하루 원유 생산량인 200만 배럴을 5배에 가까운 1,200만 배럴을 생산하는 데 매우 적극적이다. 앞에서 소개한 유전 개발 단지 내역과 광구 규모와 선정 업체들의 내용에서 유추가 가능하게끔 이해를 돕고 있다.

최근 파이낸셜타임스에 따르면 이라크 침공에 참여한 전직 미군 가운데 석유 로비스트로 변신한 이들이 상당수라고 밝혔다. 유엔과 미국 중동통의 외교관까지 가세하여 이미 이라크 유전 개발 프로젝트는 로비 전쟁으로 하루가 시작되고 또 하루가 저문다.

세계적인 경제학자 존 K. 갤브레이스의 아들 피터 갤브레이스는 아프가니스탄 전장을 떠나 석유 전쟁의 로비스트로 이라크에 둥지를 틀었다. 유엔 아프간 특사였던 카이 아이데 역시 노르웨이 석유회사 스타토일 출신답게 갤브레이스와 함께 로비스트로 뛰고 있다. 이러한 로비스트들의 힘이 작용된 이유 때문에 최근 중국석유천연가스그룹(CNPC)은 이들과 손잡고 이라크 유전 개발에 암중모색(暗中摸索)으로 루마일라 유전지역의 석유개발 명단에 이름을 올렸다.

이어서 신일본석유도 나시리아 유전지역에서 참여하는 등 이라크 유전개발 프로젝트는 분배잔치가 현재형으로 진행되고 있어 이제는 국제석유 로비스트의 일터로 변화되어 오늘에 이른다.

여기서 분명한 것은 두 가지다. 하나는 이라크인들의 반발 속에서도 다국적 기업들의 유전 나누어 먹기는 계속적으로 이어질 것이라는 점이다. 다른 하나는 한국 기업들이 이라크 재건 프로젝트에 참여하여 선전하고 있다는 점이다.

이래저래 이라크는 중동시장에서 새 금맥(金脈)으로 국부창조의 지름길에 선택의 여지가 없는 기대주임이 갈수록 분명해지고 있다.

돈과 군(軍)이 필요 없는 리비아

'포스트 카다피 시대'를 열기까지 일등공신은 프랑스와 영국이다. 이들이 주축인 북대서양조약기구(NATO)군은 지난해 3월부터 카다피 친위군을 대상으로 9,618차례에 걸쳐 공습을 가했다.

니콜라 사르코지 프랑스 정부의 리비아 내전에 투입된 전비는 2억 유로(약 3,600억 원)에 이른다. 데이비드 캐머런 영국 정부도 내전 초기 석 달 동안에만 2억 5,000만 파운드(약 4,500억 원)를 쏟아부었다. 사르코지는 리비아 시민군 세력인 과도국가위원회(NTC)를 가장 먼저 합법정부로 인정하고 리비아 해외 동결 자산 해제에 앞장섰다.

이들이 글로벌 금융위기와 남유럽 경기 불황까지 겹친 가운데 막대한 전비를 부담한 이유는 분명했다. 이들은 중동지역에 불고 있는 아랍의 봄바람 속에서 예멘, 시리아와는 거리를 두고, 대신 리비아에 올인하여 왔다. 왜냐하면 리비아 내전에 의한 재건사업과 원유사업에 대한 갈망 때문이다.

리비아의 러브콜을 받은 한국 정부

한국 중앙일보(2011년 12월 6일자)에 따르면 조대식 주리비아 대사는 "2011년 11월 23일부터 사흘간 리비아 재건 지원을 위해 우리 정부의 범부처 공무원 12명으로 구성된 실사단이 리비아를 방문했다"면서 "이때 무스타파 압둘 잘릴 리비아 과도국가위원회(NTC) 위원장이 내전 당시 매몰된 시신 발굴과 유전자(DNA) 감식을 통한 신원확인 등을 위해 한국 정부가 지원해줄 것을 공식 요청했다"고 밝혔다.

이러한 러브콜은 리비아 내전 이전에 리비아 건설시장에서 뛰었던 한국 건설업체에는 희망의 시그널과 다름이 없다. 실제로 리비아에 진출한 현대건설의 트리폴리 웨스트 1,400MW급 스팀발전소건설 등 25억 7,949만 달러를 비롯하여 대우건설(20억 2,710만 달러)과 신한건설(18억 5,831만 달러) 등 80억 달러 상당의 공사 차질이 불가피했었다. 이를 만회하는 데 리비아의 공식 러브콜은 향후 중동시장에서의 국부창조에 대한 청신호가 된 셈이다.

재건·석유를 둘러싼 리비아 게임

'포스트 카다피 시대'를 대비하기 위한 세계 강국은 오디세이 새벽을 여는 군사작전을 연상시키고 있다. 리비아 내전으로 황폐된 리비아의 재건을 위해서다.

최근 KOTRA가 발표한 자료에 따르면 향후 리비아의 재건에 필요한 재건자금은 줄잡아 1,200억 달러로 추정하고 있다. 리비아의 석유 매장량은 443억 배럴(세계 9위)이고 내전이 일어나기 전 하루 생산량은 169만 배럴(17위)이었다. 누가 정권을 잡더라도 이 석유개발권을 팔아 재건 자금을 마련해야 할 처지다. 국제사회가 리비아라는 크고 확실한 스테이크(이권)를 놓고 서로 나눠 먹는 리비아 게임을 치열하게 벌일 것이라는 전망이 나오는 것도 이 때문이다.

우선적으로 막대한 전비를 쏟아부은 프랑스와 영국 등 나토군의 영향력이 크게 작용할 수 있다. 반면 2010년 11월 20일 카다피 사망 소식에 즈음하여 오바마 미국 정부는 전면적인 군사개입 대신 막강한 정보력으로 카다피 체포를 예견해 비용 대비 큰 효과를 챙겼다. 이 과정에서 "선결적인 리비아 동결 자산 해제로 NTC의 환심을 샀다"는 평가를 받기에 이르렀다. 오바마 정부는 카다피가 사망하기 직전부터 370억 달러 규모의 리비아 동결 자산에 대해 해제를 시작했으며 이미 7억 달러를 지급했다. 중국과 러시아는 늦었지만 화해의 제스처를 취하고 있다. 이래저래 리비아 게임은 서막이 아닌 본 게임으로 치닫고 있다. 재건사업과 석유산업을 둘러싸고서. 이름 하여 '글로벌 스테이크 워(국제이권전쟁)'로 말이다.

한국 정부의 발 빠른 대응

최근 한국 정부는 리비아의 재건사업에 발을 벗고 나섰다. 정부가 리비아의 재건 사업에 국력을 쏟기까지의 속내는 재건시장 규모가 작지 않아서다. 리비아 재건사업 규모가 1,200억 달러로 추장되고 있기 때문에 여기에 대한 손익계산서를 만들었다.

우선 한국 관련 기업에서 수주 가능 물량이 400억 달러에 이를 것으로 파악되자 적극성을 띤 것이다. 이들이 전망한 리비아 재건사업은 전기와 항만과 도로 등 내전에 의해 파괴된 모든 사회간접자본의 복구가 시급함을 요구하고 있다. 그래서 리비아 재건사업의 포커스는 석유화학을 비롯한 해외플랜트와 발전소 등에 맞추어질 전망이다.

자유 리비아를 위해 권력을 내려놓은 과도국가위원회

리비아 내전 내내 과도정부의 수반으로 혁명을 이끌었던 마흐무드 지브릴 총리는 당초 자신이 약속한 대로 총리직에서 물러났다. 민주주의 불모지나 다름이 없는 리비아에서 새로운 권력 창출에 성공하자마자 스스로 물러난 지브릴 총리의 결단이 리비아의 미래를 밝게 하고 있다.

지브릴 총리는 지난해 3월부터 과도정부의 총리직을 수행하면서 일찌감치 리비아 차세대 지도자로 부각되었다. 그는 미국 피츠버그대학에서 정치학 박사학위를 받고 강의를 해온 '해외파'로 미국과 서방으로부터 좋은 대화상대로 평가를 받았다.

과도정부에 합류한 뒤에도 훌륭한 외교 수완까지 발휘해 서방 국가들이 리비아 시민군을 지지하도록 하는 데 큰 공을 세웠다. 이렇게 차기 리비아 지도자로 주목을 받았던 지브릴 전 총리가 갑작스러운 사임을 결심한 것은 카다피 사망 이후 리비아 내부에서 워낙 많은 견제를 받는 등 권력 암투에 지쳤기 때문이라는 분석이 지배적이다.

이를 두고 리비아 정계 일각에서는 과도정부와 전통 무슬림 시민군 간의 갈등에서 원인을 찾았다. 일부 무슬림 시민군 세력은 그동안 해외 업무에만 주력해온 그의 전력을 두고 '서방의 꼭두각시'라고 비난하며 사임을 요구한 것도 일부 작용했을 터이다.

그렇다고 해도 일부 리비아 정치권 시각은 이런 전망치도 내놓고 있다. 예를 들면 서방의 권력에 치우친 자신의 전력을 감안해서 일단 정계를 물러난 후 올해 치를 헌법 개정과 대통령 선출 과정에서 화려하게 재기할 가능성도 없지 않다.

하지만 지금과 같은 리비아 정치체제가 혼란하고 질서가 잡히지 않는 현실에서 일보 후퇴와 이보 전진이라는 카드를 구사할 수 있어서 여기에 대한 한국 정부의 인맥 네트워크 관리상 이 부분을 자세하게 지켜보는 일도 필요할 수 있다.

한국군 유해 발굴 기법 리비아에 전수 합의

새롭게 전열을 가다듬고 리비아 건설 현장에 진입한 한국 관련 기업의 뒤를 이어 한국 정부는 인도적 차원에서 리비아 재건 사업의 일환으로 유해 발굴 기법을 전수하고 있다. 최근 한국 정부는 리비아에 기법 전수가 결정되기까지 과정을 설명하는 가운데 그 비화를 일부 소개하였다.

"카다피 제거 나흘 전 현지 알자지라TV에 한국군 유해 발굴 감시단의 활동이 보도되었는데 NTC 인사들이 이를 높이 평가한 것 같다."

아무튼 중동시장에서 국부창조의 지름길은 여러 가지 방식과 여러 가지 경로가 존재한다. 우선 두 나라 사이에 다져진 거래 관계를 회복시키기 위해서 한국군 유해 발굴 기법 전수는 큰 효과가 기대되는 대목이다.

그래서 이번 한국 정부의 발 빠른 조치는 향후 중동시장에서 귀감 이상의 가치와 의미의 핵심이 될 수 있다. 서투른 예단을 내리기 전에 리비아가 태생적으로 지닌 치안 불안과 부족 간 내정의 평화는 시간만이 해결해줄 수 있다. 따라서 이 모든 기대와 거래는 2013년에 정점을 이룰 것으로 예상되기 때문에 더 기다리는 자세, 즉 돈과 군이 필요 없는 리비아가 자원빈국 코리아에 원원의 국가관계로 재정립하는 데 있어서 기다림의 미학을 통한 재건사업 파트너가 되어야 할 것이다.

리비아 재건시장 분야별 전망		
		(단위: 달러)
건축	도시개발	740억
	대학	11억
	주택	10억
	호텔	1억
	기타	73억
산업설비	가스설비(LNG)	66억
	발전소	52억
	석유화학	33억
	석유&가스 생산시설	35억
	정유시설	21억
	가스처리시설	1억
	제련소 등 기타	149억
토목	도로 항만 등 인프라	33억
	상하수도	3억
총계		1228억

리비아에 있는 국내 건설사 주요 현장	
현대건설	(단위: 달러)
알칼리즈 발전소	6억9110만
사리르 발전소	2억5100만
송전선(벵가지~토브루크)	1억4200만
송전선(사리르~아즈다비야)	1억3300만
대우건설	
즈위티나 복합발전소	4억3800만
트리폴리 워터프런트	2억2700만
스와니 병원	2억400만
원건설	
다르나 고층빌라 단지	2억3300만
다르나 빌라 단지	1억3200만
한미파슨스	
벵가지 주택 건설관리	2600만
10월 말 기준	

중동시장의 맹주로 비상(飛上)하는 터키

중동시장에서 한국의 국부창조가 가능한 여러 나라 가운데 마지막 주자(走者)는 터키다. 지중해의 보석이라고 불리는 터키는 아랍의 봄과 함께 하부구조(경제시스템)에 그치지 않고 상부구조(정치시스템)에서 단연 톱이자 롤모델의 중앙에 서 있다.

터키는 면적 783,562㎢(남한 면적의 7.8배)에 인구는 7,800만 명이다. 정치체제는 내각책임제이면서 대통령제를 가미하고 있다. 1인당 GDP는 10,044달러에다 경제성장률은 5.5%에 달한다. 지난해 6월 12일 총선을 통해 레제프 타이이프 에르도안 총리가 이끄는 정의개발당(10.2%)이 다시 집권에 성공했다.

내가 이렇게 터키를 재조명하고 마지막 주자로 대접하는 이유는 터키가 새로운 중동시장의 맹주로 거듭나는 일이 가시화되고 있어서다. 중동지역에서 찾아보기 어려운 상부구조의 완비에 그치지 않고 옛날 영광을 재현할 수 있다는 자신감이 어느 때보다 팽배하기 때문이다.

추락하는 그리스와 비상하는 터키는 곧 역사의 반복에 대한 실증

지금과 같은 유럽연합의 경제 질서의 붕괴를 가져온 그리스가 암흑과 같은 터키의 400년 지배에서 벗어나 독립을 이룬 것은 1822년이다. 한국은 일본의 36년 통치에 치를 떨고 있지만 기간으로 보면 그리스의 4세기에 비할 바가 아니다.

고대 그리스신화를 썼던 그리스인들이 잔혹하기로 유명했던 오스만투르크의 압제 속에서도 언어와 종교와 문화를 아직까지 지켜온 나라가 바로 그리스이다. 그런 그리스는 1인당 국민소득이 3만 달러까지 올라섰지만 불행하게도 추락의 길에 내몰렸다. 반면 1만 달러에서 턱걸이를 하는 터키는 승승장구하고 있다.

현재 중동의 반독재 민주화 세력은 '무슬림 정신+서구식 민주주의+경제성장'의 종합 세트로서 세 마리 토끼를 한꺼번에 잡고 있는 터키를 주목하고 있다. 최근 터키에서는 EU가입을 그토록 반대하던 그리스의 방해와 무관하게 EU가입에 애걸하지 말자는 목소리가 커지고 있다. 추락하는 그리스와 비상하는 터키의 오늘이 흥미롭게 교차하고 있다.

오바마 정부의 특명-"터키를 붙잡아라"

결론부터 애기하면, 첫째 미국이 터키에 원하는 것은 대강 세 가지다.
- 미국에 있어서 중동정책에 필요한 이스라엘·이란·시리아 관계 중개
- 이라크 주둔군 퇴로와 아프가니스탄 군사품 보급로 확보
- 카스피 해(海)의 석유와 천연가스 파이프라인 안전 확보

둘째, 터키가 미국에 원하는 것은 대강 세 가지다.

- 부시 행정부 때 소원해진 양국 관계 복원
- 중동지역에서의 영향력 확대
- 정체된 EU가입을 위한 협상 재개에 따른 협조

이처럼 미국과 터키 사이에 걸친 현안문제에 의해 양국은 공감하고 있고 동시에 오바마 미국 정부는 '다목적 러브콜'을 숨기지 않고 그대로 드러내고 있다. 이러한 양국의 움직임은 2009년 3월 8일(현지시각) 터키 수도 앙카라에서 열린 미국·터키 외무부장관 공동 기자회견 이래 올해까지 3년째 진행형으로 계속되게 이어지고 있다.

터키는 서방의 에너지 안보에도 핵심국가이다. 매일 100만 배럴의 카스피 해 원유를 내보내는 '바쿠~트빌리시~세이한(BTC)' 라인과 이라크 키르쿠크로부터 매일 160만 배럴 원유를 내보내는 '키르쿠크~세이한(KC)' 라인에다 '터키~그리스 연결(TGI)' 천연가스 라인 등이 모두 터키를 지난다. 이 때문에 클린턴 미국 국무장관과 바바칸 터키 외무부장관의 공동 성명에서 "에너지 안보를 증진시키고 카스피 해 에너지의 남향 통로를 확장하는 데 이견이 없었다"고 발표했다.

최근 미국 워싱턴 국제안보 싱크탱크의 하나인 스트라트포는 "오토만 제국 붕괴 뒤 터키 국체(國體) 유지를 위해 선택한 길이 아타튀르크식 '세속주의적인 고립주의'였다면 이제 터키는 이를 탈피해 '무슬림 국제주의'로 나아가고 있다"고 분석했다. 이래저래 미국은 터키를 향해 다목적 러브콜을 보내야 하는 일에서 그 중앙에는 힐러리 클린턴 국무장관이 자리를 잡고 있다.

터키는 이집트와의 군사동맹 추진

최근 터키는 '새로운 터키'를 표방하면서 그동안 소원했던 이집트와의 관계 개선책 일환으로 군사동맹을 추진하고 있다. 아랍의 봄이 있기까지 양국은 항상 적대시하는 정치체계 유지 모드였다. 원인은 무바라크 전 이집트 대통령이 "에르도안이 이집트의 영향력 밑에 있는 지역에 침입하려고 열중이다"라고 했던 비판에 터키가 한 치도 물러서지 않았기 때문이다. 그래서 양국 군사동맹은 미래에나 가능한 정책이라는 인식이 강하게 작용했던 터다.

그러나 중동시장의 지정학적 관점에서 보면 터키와 이스라엘 사이에 쌓인 갈등을 치유하는 일에 앞서 이집트와의 군사동맹이 우선이라는 견해다. 반면 터키 야당과 일부 언론은 이 같은 정책이 이스라엘과 군사 대치로 이어질 수 있다고 비난했다. 하지만 아랍의 봄과 중동시장의 지정학적 관점 이외에 석유정치학적 관점에서 보아도 터키와 이집트의 군사동맹은 이집트 신정부 출범과 동시에 가시화될 것이 예단된다.

터키는 원전건설에 한국 참여를 요청하다

다시 중동시장에서 국부창조의 본론으로 들어가 보자. 여기에 대한 빅뉴스는 터키에서 먼저 나왔다. 지난해 11월 4일 G20 정상회의가 열린 프랑스 칸에서 에르도안 터키 총리는 이명박 대통령에게 "한국이 터키의 원전건설에 참여해 달라"고 먼저 요청했다. 이에 대해 이명박 대통령은 "실질적인 협상을 해나가자"라고 화답했다.

터키의 원전건설 수주전쟁은 일본이 우위를 점해 왔지만 최근 후쿠시마 원전 사고를 겪으면서 '탈(脫)원전(原電) 정책(政策)'을 펴자, 여기에 대한 대안으로 한국 참여를 요청한 것에 그 이상도 그 이하도 아니다.

터키 원전 프로젝트는 흑해 연안 시노프 지역에 2019년까지 원전 4기(140만kW급)를 건설하는 것으로 총 200억 달러 규모다. 미국과 프랑스는 물론이고 2009년 말 아부다비에서 원전 첫 수주에 성공한 한국도 수주전쟁에서 노력을 집중해온 터다.

두 정상은 올해 안에 한·터키 자유무역협정(FTA)을 마무리하고 방산 분야 협력까지 확대하기로 합의했다. 특히 올해는 한·터키 수교 55주년에 해당한다. 이를 기념하기 위해 이명박 대통령의 터키 방문을 공식 요청했고 이 역시 이명박 대통령은 수락했다.

한·터키 FTA 상반기 타결 추진

2012년 2월 5일.

프랑스 칸에서 열린 G20 정상회의 이후 3개월 만에 다시 만난 한·터키 정상은 통 큰 정책적 결정을 내렸다. 이명박 대통령은 중동지역 4개 국가 순방길에 맨 처음 터키를 방문하여 올해 상반기 중에 자유무역협정(FTA) 타결을 추진할 것을 발표했기 때문이다.

이날 이 대통령은 터키 이스탄불 아딜레 술탄 궁전에서 에르도안 터키 총리와 오찬을 함께하면서 이와 같이 합의했다. 한·터키 FTA가 성사되면 한국의 중동지역 수출시장이 크게 늘어난다는 것이 정부 측 설명이다. 특히 EU와의 FTA보다 한 단계 높은 관세동맹이 체결되어 있어 한국으로서는 터키뿐만 아니라 유럽 진출에도 유리한 입지를 확보하게 된다.

이들 두 정상이 G20 칸 정상회의에서 논의한 200억 달러 규모의 원자력발전소 건설에 대한 협상을 재개키로 합의한 점이 돋보이는 대목이다. 한편 터키 중부, 알카라 동남쪽 600km에 위치한 압신-엘비스탄 지역에 건설할 화력발전 프로젝트에 SK와 동남발전 컨소시엄이 참여키로 했다. 발주금액은 기전 발전소 4기를 개보수하고 신규 2기를 건설하는 1단계 사업만 물경 20억 달러에 달한다. 중동지역에서 힘을 발하는 정상급 회담의 결과는 한국과 터키에서 제대로 꽃을 피우고 있음이 확연하게 드러나고 있다.

터키 바흐체쉐히르대학은 삼성 안드로이드 커리큘럼 개설

최근 터키에서는 한국산 스마트폰 인기가 '짱'이다. 지난 1984년 터키시장에 처음 진출한 삼성전자는 26년 만인 2010년 8억 700만 달러의 매출을 올렸다. 2011년에는 145억 달러에 이르렀다. 이와 같은 급성장은 철저한 현지화에 대한 인과응보이다.

이를 지켜본 이스탄불 소재 바흐체쉐히르대학과 삼성전자는 지난해 11월부터 '삼성 안드로이드'라는 이름의 대학 커리큘럼을 개설했다. 삼성 스마트폰의 운영체계(OS)인 안드로이드에 대한 주제를 가지고 대학 강좌에 포함시킨 것이다. 이렇게 터키가 산학관 개념에 따라 한국의 기술과 협조를 끌어내고 있다는 점은 향후 원전 수주전쟁에서 아부다비의 승전보(勝戰譜)를 잇는 기념비적 빅뉴스가 이어질 가능성을 전망케 한다.

제4장에서는 자원빈국 한국이 국부창조의 개념에 따른 우선순위

나라로서 아부다비를 비롯하여 사우디아라비아와 이라크, 그리고 터키에 대한 가능성과 실익의 파이를 살펴보았다. 그렇다면 이러한 다섯 나라에서 한국이 들고 나설 아이템은 과연 어떤 것이 있을까? 과연 어떤 제품으로 이들과의 윈윈윈(국가+기업+시장 구성원)을 거둘 수 있을까? 이를 제5장에서 다시 만나보자.

Chapter 5

미래가 담보된 국부창조의 여섯 기둥

사막의 젖줄은 담수플랜트가 책임지다

고대 문화와 역사가 숨을 쉬는 이집트 수도 카이로에서 나일 강 크루즈는 지구촌 가족에게 꿈의 여행이다. 카이로에서 아스완댐까지 운항하는 크루즈는 줄잡아 200여 척이나 된다. 살아서는 신(神)처럼 또 죽어서는 신이 되는 파라오의 세계를 찾아 떠나는 나일 크루즈는 '유적 투어'의 백미다.

장장 2,084km의 나일 강은 고대와 미래를 간직한 채 오늘도 유유히 흐르고 있다. 생명의 강이 되기 위해 인간이 완성시킨 아스완댐에서 지근의 거리에 있는 콤옴보에 들르면 크고 낡은 수차(水車-일종의 물레방아) 여러 대가 시내 한복판에서 돌고 있다. 나일 강에서 흐르는 물을 가지고 도심에 필요한 생명수를 만들기 위해 수차를 돌리고 있다. 사막에서 오아시스의 존재와 고마움을 그대로 전하는 물(생명수)의 가치를 대변하면서……

예부터 중동시장에서는 물의 가치와 이용은 곧 생명과 직결되면서 하나의 신앙이 된다. 이는 과학기술의 발달에 따라 담수플랜트가 되어서 드넓은 사막이라고 해도 시장 구성원은 하등 어려움이 없이 일상을 영위하고 있다.

중동에서는 물은 생명수(Water is Life at ME)

두산중공업 연구개발센터에 근무하는 마브룩 메스다니 연구원은 "물은 곧 생명이다"를 이고 달고 산다. 리비아 출신으로 미국에서 박사학위를 받은 그는 이 말이 무슬림 경전인 꾸란에 나오는 말이라고 설명한다.

물 부족 국가인 중동지역에서 물이 그만큼 절실하게 느껴진다는 이 어록의 의미는 그야말로 미래가 담보된 국부창조 기술 아이템에서 담수플랜트는 독보적 존재임을 어렵지 않게 실감시키고 있다.

전체 면적 가운데 85% 이상이 사막지대로 형성된 중동지역에서 8월 염천의 하루는 수은주가 섭씨 40도를 오르내리고 있다. 그래도 아부다비 도심을 꾸미고 있는 가로수는 항상 푸르고 울창하다. 그 성장 비결은 가로수 밑에 촘촘하게 이어진 파이프가 이들을 기르고 있어서다.

그러나 여기에 소요되는 물은 오일머니로 수입된 돈을 재원 삼아 담수플랜트를 운영하여 만들어낸 것이다. 이를 공식화하면 '중동지역 가로수=오일머니의 위력'이 아닐까 싶다. 왜냐하면 앞에서 소개한 콤옴보의 수차로는 태부족이기에 일찍부터 이를 해결하기 위해서는 담수플랜트가 답이 된다.

이런 이유 때문에 중동시장에서의 담수플랜트 시장은 블루오션이면서 동시에 극에 달한 국제적 전쟁터를 연상시키고도 남는다. 그러나 중동국가들이 발주한 담수플랜트는 대부분 규모가 크다는 공통된 특징을 지닌다. 규모가 큰 담수플랜트는 다단플래시증발법(MSF)이 많은데 한국 기업은 이 분야에서는 독보적 기술 강국을 이루고 있다.

반면 최근 발주 규모가 늘고 있는 역삼투압식(RO) 담수플랜트는 미국의 GE워터를 비롯하여 프랑스 베올리아워터와 독일 지멘스 등이 이 시장을 차지하고 있다.

담수플랜트 트렌드와 세계 물 시장

만에 하나 중동지역에서 담수플랜트에 의한 공장이 작동되지 않으면 곧 죽음을 의미한다. 공장 가동이 하루만 멈추어도 국가 전체가 큰 혼란에 빠지게 되는 수준으로 이들 지역에서 물 산업은 전기발전 산업과 함께 쌍벽을 이루고 있다.

특히 중동시장에서 물 산업의 진가를 일찍부터 간파한 두산중공업은 담수플랜트의 대표적 기술인 MSF방식과 RO방식을 함께 공유한 기업이다. 최근 LG경제연구원이 발표한 자료에 따르면 광의의 물 산업은 각종 기계설비와 생산, 약품제조와 기술융합, 그리고 개발 등을 아우른다.

물 시장 규모도 2005년 2,500억 달러에서 올해는 4,950억 달러에 이를 전망이다. 하지만 전 세계 물 사업은 선진국의 몇몇 대기업이 좌지우지하고 있다. 일찌감치 물의 중요성을 깨닫고 관련 사업에 먼저 뛰어든 덕분이다. 물의 프리미엄이다. 세계에서 가장 큰 물 기업은 프랑스의 베올리아이다. 이 기업은 한국을 비롯하여 세계 100개 나라에 진출해 1억 명 이상에게 '물 서비스'를 펼치고 있고 지난해 15조 원의 매출을 올렸다.

베올리아와 어깨동무하면서 매년 일취월장하고 있는 GE워터의 눈부신 발전은 가히 물 산업의 르네상스를 일구고 있다. 세계 물 산업에서 변방에 머물던 두산중공업은 인수합병(M&A)과 연구개발(R&SD)을 병행시켜 이제 이 업계에 명함을 내밀게 되었다.

두산중공업은 지난 2006년 중동지역에 연구개발(R&D)센터를 설립해 운영하고 있어서 이미 경쟁력을 인정받고 있다. 그 대표적인 사례로 아부다비 인근 푸자이라 담수플랜트 공장과 오만의 소하르 공장은 어두운 밤에도 환하게 불을 밝혀서 '과연 이곳이 사막의 도시가 맞을까' 하는 의문과 환호를 고르게 받고 있다.

푸자이라와 소하르 순례

아부다비 도심에서 동쪽으로 자동차를 세 시간쯤 달리다 보면 푸자이라 해수담수플랜트 공장에 도착한다. 여기에서는 2004년 준공한 이 공장을 통해 하루 평균 45만 톤의 바닷물이 담수(淡水)로 변신한다. 아부다비 도심의 가로수가 이 물로 도시의 환경을 지탱시켜 주고 있다.

44만m² 대지에 펼쳐진 이 공장에 들어서면 축구장만 한 크기의 증발기 5대가 위용을 뽐낸다. 증발기에 바닷물을 끌어들여 온도를 높이면 기계와 기술에 의해 소금과 물이 분리된다. 다단플래시증발법(MSF)으로 불리는 전통적인 형태 담수화 설비 구조를 이루고 있다. 보충설명하자면 역삼투압식(RO)은 해수의 소금기와 미생물을 필터로 거르는 방식이다.

후지이라 공장에서 다시 자동차로 오만 국경을 넘으면 소하라 공장에 이른다. 오만 수도인 무스카트에서 북서쪽으로 250㎢ 떨어진 소하르 공장 역시 두산중공업이 준공시킨 담수플랜트 공장이다. 2004년 9월 4억 1,000만 달러에 수주했으며, 3만 6,000평 대지 위에 1일 50만 명이 쓸 수 있는 15만 톤 규모의 담수플랜트와 596MW급 복합화력발전소를 2007년 함께 준공시켰다.

두산중공업이 푸자이라와 소하르 공장에 쓰인 대형증발기는 자체 기술인 '원 모듈(One Module)' 공법에 따라 4파트로 나누어 제작했다. 이 원 모듈 공법에 의해서 통산 24개월 걸리던 담수플랜트공장 기계 설치 공정을 12개월로 단축할 수 있어서 공기 역시 계약대로 준공시킨 기록을 남겼다.

물 부족이 심해져 국가 간 유혈분쟁 확산 추세

나일 강과 같은 거대한 강은 때로 '피의 분쟁'을 부르는 도화선이 되고 있다. 물 부족이 심화되면서 세계 곳곳에서 강을 둘러싼 분쟁이 빚어지고 있어서다. 특히 10여 개국에 걸쳐 흐르며 유역 거주 인구가 1억 6,000만 명인 나일 강의 경우 이집트가 주도권을 쥐고 있다.

이집트는 1950년대 나일 강을 공유(共有)한 수단과 전쟁 직전까지 가면서 아스완댐 공사를 밀어붙였다. 반면 중국은 인접국 피해도 아랑곳없이 신장위구르자치구에서 흘러나가는 이리 강과 아르티시 강을 제멋대로 이용하고 있다.

카자흐스탄과 러시아를 거쳐 북극해로 가는 아르티시 강의 경우에도 중국이 일부 흐름을 바꾸어서 신장자치구 내 유전도시 카라마이에 공급하고 있다. 카자흐스탄의 발카시 호수로 흘러가는 이리 강은 중국이 2005년 수력발전댐을 건설하면서 유량이 급격하게 줄어들었다.

하류의 카자흐스탄 도시들은 만성적인 물 부족에 시달리고 있다. 이를 지켜본 국제안보 싱크탱크 제임스타운 재단은 "중국의 힘 앞에 카자흐스탄 항의는 거의 무시되고 있다"고 분석했다. 이러한 만성적인 물 분쟁 해결의 대안으로 떠오르고 있는 담수플랜트는 중동시장에서 이제는 달러박스로 간주되고 있다.

그래서 중동시장에서의 담수플랜트는 곧 국부창조의 지름길로 다가오고 있다는 점이 마냥 자랑스럽다.

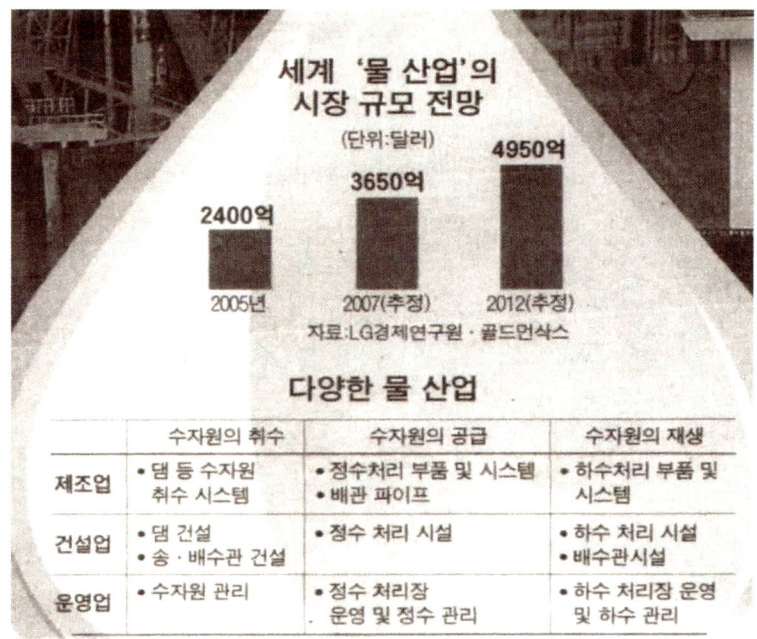

세계 '물 산업'의 시장 규모 전망

(단위:달러)

2400억 — 2005년
3650억 — 2007(추정)
4950억 — 2012(추정)

자료:LG경제연구원 · 골드먼삭스

다양한 물 산업

	수자원의 취수	수자원의 공급	수자원의 재생
제조업	•댐 등 수자원 취수 시스템	•정수처리 부품 및 시스템 •배관 파이프	•하수처리 부품 및 시스템
건설업	•댐 건설 •송 · 배수관 건설	•정수 처리 시설	•하수 처리 시설 •배수관시설
운영업	•수자원 관리	•정수 처리장 운영 및 정수 관리	•하수 처리장 운영 및 하수 관리

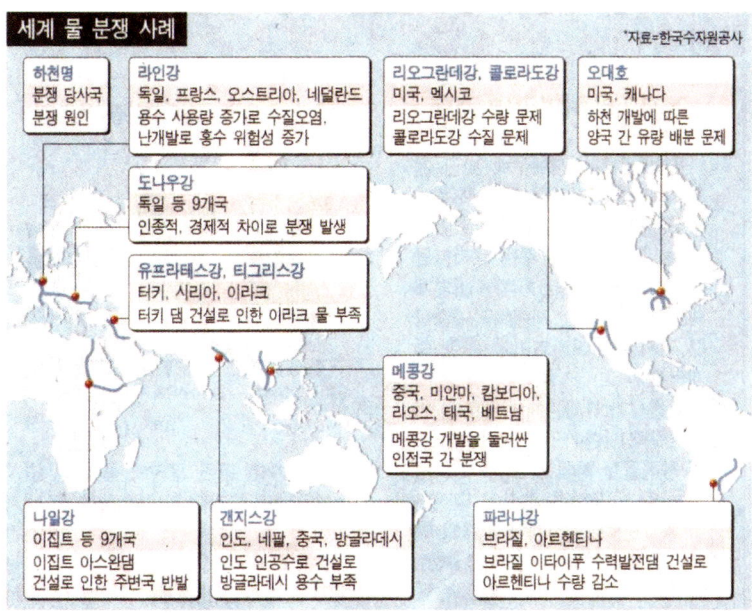

세계 물 분쟁 사례

*자료=한국수자원공사

하천명
분쟁 당사국
분쟁 원인

라인강
독일, 프랑스, 오스트리아, 네덜란드
용수 사용량 증가로 수질오염,
난개발로 홍수 위험성 증가

리오그란데강, 콜로라도강
미국, 멕시코
리오그란데강 수량 문제
콜로라도강 수질 문제

오대호
미국, 캐나다
하천 개발에 따른
양국 간 유량 배분 문제

도나우강
독일 등 9개국
인종적, 경제적 차이로 분쟁 발생

유프라테스강, 티그리스강
터키, 시리아, 이라크
터키 댐 건설로 인한 이라크 물 부족

메콩강
중국, 미얀마, 캄보디아,
라오스, 태국, 베트남
메콩강 개발을 둘러싼
인접국 간 분쟁

나일강
이집트 등 9개국
이집트 아스완댐
건설로 인한 주변국 반발

갠지스강
인도, 네팔, 중국, 방글라데시
인도 인공수로 건설로
방글라데시 용수 부족

파라나강
브라질, 아르헨티나
브라질 이타이푸 수력발전댐 건설로
아르헨티나 수량 감소

2

거북선을 만든 기술은 드릴십을 거쳐
시비시(深海底)로 우뚝 서다

유조선-1억 달러(1,050억 원)

LNG선-2억 달러(2,100억 원)

드릴십-5억~6억 달러(5,200억~6,300억 원)

FPSO(해상의 정유공장)-5억~20억 달러(5,200억~2조 2,000억 원)

위의 선박 종류와 가격은 최근 한국조선업협회가 발표한 수치다. 가격마저 일정하지 않고 천태만별이다. 그러나 한국 미래가 담보된 국부창조의 아이템이다.

그냥 국부창조의 아이템이 아니라 원유개발과 천연가스개발에서 수요가 많은 중동시장이 미래 한국을 높이 평가하는 조선수출의 효자 상품이다. 드릴십과 FPSO(해상의 정유공장)와 시비시는 중동시장에서 달러박스로 통한다.

드릴십은 백조(白鳥)

드릴십(Drillship)의 한 척당 수출 가격은 대강 5억~6억 달러선이다. 그래서 관련 업계에서는 일명 '드림십(Dream Ship)'으로도 불리고 있다. 우선 선가에서 자그마치 적게는 5,200억 원을, 많게는 6,300억 원을 호가한다. 이게 한국의 울산과 거제도에서 건조되어 전 세계 유전지대로 팔려나가고 있다. 단연 조선수출의 효자가 아닐 수 없다. 왜냐하면 지난해 한 해 동안 현대중공업과 삼성중공업과 대우해양조선 등 한국 '빅3'는 드릴십 18척을 수주했는데, 척당 가격이 5억~6억 달러로 전체 수주액이 100억 달러를 넘었기 때문이다.

업계에서는 공공연히 '전 세계에 발주된 드릴십=한국 조선업계의 기적'이라는 공식을 만들었다. 현재까지 발주된 사상 최고가 드릴십은 삼성중공업이 2008년 5월 스웨덴 스테나(Stena)에서 9억 4,200만 달러에 수주한 극지용 드릴십이다. 최근 고유가로 극지방은 물론 심해지역 자원개발까지도 상업성이 생기면서 오일메이저들은 이 선박 발주를 크게 늘리고 있다. 이런 드릴십은 기동성과 시추능력을 함께 갖추어야 하기 때문에 높은 기술력과 설계 실력을 보유해야만 건조가 가능하다.

향후 유전개발이 빈번하게 이루어질 중동시장에서의 수요를 감안하면 더욱 그렇다. 여기에다 공급의 전초전 기지가 바로 한국이다. 얼마나 대단한 조선기술이고 놀랄 만한 기적이 아닌가?

관련 업계에서는 드릴십을 드림십으로 대접하면서, 다른 한편으로는 한국 조선수출의 효자답게 백조로도 비유한다. 예를 들면 물 위에 떠 있는 백조는 겉으로 보기에는 움직이지 않는 것 같지만 물 밑에서는 끊임없이 발을 움직인다. 이 같은 모습은 드릴십과 닮은꼴이다.

드릴십은 거센 파도가 몰아치는 해상에서 위치를 유지하기 위해 배 밑에 장착된 360도 회전식 프로펠러가 쉴 새 없이 움직이는 구조물이다. 드릴십 내부로 가보면 드릴 작업장 전후 방향으로 다리처럼 길게 설치되어 있는 구역이 있다. 이곳에는 해저 케이블관이나 드릴 파이프 등을 운반하는 각종 장치가 설치되어 있다. 우선 크레인을 이용해 이들을 운반 장치에 올려놓으면 이 운반 장치들이 드릴 작업장의 유전(油田) 중앙으로 이동시켜 준다.

이렇듯 중동시장에서 가장 필요로 하는 드릴십이라고 해서 모든 게 장밋빛은 아니다. 드릴십 핵심 부품인 드릴링 장비 등은 외국 업체 2~3곳에 의존하고 있기 때문이다. 컨테이너선과 화물전용 벌크선 등 일반 상선 국산화율이 90%인 데 비해 드릴십 국산화율은 고작 20% 내외다. 그만큼 수출 선가에서 외국 기업에 나가는 비용이 많다는 얘기다. 이를 위해 관련 업계는 꾸준한 기술 개발을 통해 드릴링 장비와 핵심 부품의 국산화에 박차를 가해야 하고 동시에 부품 리스크에도 대비하는 일이 미션으로 남는다.

바다 위의 정유공장 FPSO

바늘 가는 데 실 가듯 드릴십이 있으면 꼭 FPSO가 따라온다. 드릴십은 '석유시추선'이라고 요약하면 곧 이해가 되지만 FPSO(부유식 원유생산을 저장하는 하역설비-Floating Production Storage and Offloading Vessel)는 그 긴 이름에서 알 수 있듯이 한마디로 축약이 어렵다.

통상 FPSO는 해양플랜트나 드릴십에서 뽑아낸 원유를 정제하고 이를 저장해서 유조선 등에 하역하는 작업까지 수행하고 있다. 편의상 드릴십과 FPSO로 나눌 뿐이지 심해 자원개발을 위해서는 이 두 선박은 한 세트로 구비가 완성된다.

우선 FPSO는 원유 저장기능을 하는 하부 선체구조(Hull)와 원유를 생산하고 처리기능을 하는 상부설비(Topsides)로 구성되어 있다. 저장과 생산, 하역 등을 모두 수행하기 때문에 FPSO를 일컬어서 '바다 위 정유공장' 또는 '자원개발 완수선박' 등으로 부르기도 한다.

지난해 대우해양조선은 세계 최대 규모의 FPSO인 '파즈플로(Pazflor) FPSO'를 거제시 옥포조선소에서 개발을 완료해 프랑스 토탈에 공급한 기록을 가지고 있다. 현대중공업도 지난해 2월 세계적인 오일메이저인 BP로부터 북해에 설치될 FPSO를 12억 달러에 수주했다.

거북선 만든 한국은 시비시로 조선 왕국을 연다

최근 한국을 대표하는 대형 조선사들은 유럽 업체들이 독식하고 있는 시비시(subsea: 深海底) 플랜트 시장에 본격 진출을 서두르고 있다. 유정(油井)에서 원유를 뽑아내는 시비시는 부가가치가 높아 최근 해양플랜트의 블루오션으로 급부상하고 있다.

이를 위해 삼성중공업을 비롯한 대형 조선사들은 올해 안에 기존의 연구 인력을 총동원하여 전담 태스크포스(TF)를 구성하고, 정부와의 스킨십을 강화하는 정책적 지원을 끌어내기에 바쁘다.

왜냐하면 시비시 해상플랜트 시장은 유정 구멍을 뚫는 드릴링 장비를 비롯하여 유정에서 뽑아낸 기름과 불순물을 제거하는 분리장치와 원유의 유압을 조절해 해상의 선박으로 올려 보내는 전기모터 펌프와

파이프 등으로 구성되어 있어서 해상플랜트의 거목이기 때문이다.

한국 조선업계 관계자는 최근 TF팀을 꾸리면서 "그동안 한국 조선사들이 바다 위 시추설비나 특수선에는 강점을 보였지만 시비시 시장에는 진출하지 못했다"면서 "유럽과 미국 업체들이 독과점한 이 시장 공략에 뒤늦게 뛰어들고 있다"고 밝혔다.

실제로 시비시 시장은 최근 한국 대형 조선사들이 공략해야 할 마지막 관문으로 인식해서 여기에 한국 해양플랜트산업의 자존심을 걸기 시작했다. 아마도 거북선을 만든 후예답게 마지막 결정체 시비시 시장을 공략하는 데 국력과 사력을 모아 한국 미래가 담보된 조선왕국의 기치를 드높게 펼치기를 기대하고 싶다.

150층 초고층빌딩을 지은 나라는 한국뿐이다

믿기지 않겠지만 일단 믿어도 된다. 적어도 세계 초고층빌딩 건축에서 한국의 시공능력과 시공실적은 최상급이다. 2009년 동양인 최초로 세계초고층도시건축학회의 학회장에 오른 김상태 고려대학교 교수는 한국 한 언론매체와의 인터뷰에서 이렇게 주장했기 때문이다.

"세계에서 100층 이상 초고층빌딩을 시공하는 국가는 미국과 일본과 중국 등 여러 나라가 있지만 150층 이상을 지은 나라는 한국이 유일하다."(<동아일보> 2011년 10월 10일자 참조)

부르즈 할리파(818m) · 타이베이101(508m) · 프리덤타워(541m)

현재 세계에서 가장 큰 초고층빌딩은 부르즈 할리파와 타이베이101과 미국 프리덤타워(옛 WTC) 등이다. 여기서 부르즈 할리파는 삼성물산(건설 부분)이 준공하여 중동시장에서 시공능력을 이미 인정받고 있다. 미래가 담보된 국부창조의 지름길에서 세 번째로 초고층빌딩 분야가 그만큼 기대가 되고 있고, 그렇게 영글기를 주문하고 있다.

제3장 사우디아라비아 편에서 언급한 대로 최근 오일머니로 막대한 재원을 확보한 사우디는 제다에다 부르즈 할리파를 뛰어넘는 1,000m 초고층빌딩을 세우기 위해 모든 사전준비를 끝내고 삽질만 남긴 상태다.

현지 언론에 따르면 이 킹덤타워는 50만㎞ 대지 위에 고급 호텔 체인인 포시즌과 손을 잡고 시비시 레지던스를 비롯하여 콘도와 사무실 등을 입주시킬 것으로 발표했다.

용산 트리플원(116층)·상암 DMC(120층)·잠실 수퍼타워 (123층)

한국 서울에서 건설 중인 초고층빌딩의 '키 높이 경쟁'은 점입가경이다. 이를 통해 그 높이와 규모의 윤곽이 서서히 드러나기 시작하고 있다. 지난해 6월 착공해 최고 550m 높이로 공사 중인 잠실 수퍼타워는 오는 2015년 완공을 목표로 삼고 있다.

용산 트리플원의 건설 설계는 프랑스 퐁피두센터와 미국 뉴욕타임스 건물을 디자인한 세계적인 건축가 레조 피아노가 맡았다. 시공은 부르즈 할리파를 준공시킨 삼성물산이 선정되었다.

세계적인 초고층빌딩 설계의 양대 산맥은 미국 KPF와 SOM의 차지

초고층빌딩 역사는 엘리베이터가 발생된 19세기 말부터 시작되었다. 주로 미국 뉴욕이나 시카고와 같은 대도시에서 출발점을 찾아야 한다. 그로부터 1세기 동안 초고층빌딩의 건설과 설계에 관한 기술들은 미국에서 거의 독점으로 개발되어 왔기 때문에 이를 통해 전 세계적으로 '미국=초고층빌딩'이라는 등식이 성립되었다.

통상적으로 초고층빌딩은 개념 설계로 시작해서 계획 설계와 중간 설계라는 세 가지 단계를 거치기 마련이라지만 여기에 공사감리 단계가 추가된다. 그래서 이 등식을 성립시킨 배경에는 서울 서초동 삼성그룹빌딩을 설계한 KPF와 코엑스 아셈타워를 설계한 SOM이 도사리고 있다.

이미 이들은 한국에 진출하여 초고층빌딩 역사를 쓰고 있고 또 쓰기 위해 열심히 기술개발에 열을 올리고 있다. 두 회사는 모두 설립자인 세 사람의 이름에서 따온 회사명을 사용하고 있다. 개인이 아닌 파트너십을 통해 운영하는 공통점이 있기 때문이다.

그렇다고 해도 디자인 측면에서는 다른 성향을 드러내고 있다. 예를 들면 KPF의 독창적인 디자인 능력이 '창'이라면, SOM의 경험과 기술력은 '방패'가 된다. 또한 1976년 창립한 KPF는 창립 당시부터 '차별화된 우수한 디자인'과 '지속가능한 도시 건축'을 일관되게 추진하고 있는 반면, 1936년 창립한 SOM은 미국 시카고에 본사를 두고 전 세계 주요 도시에다 해외지사를 운영하고 있다. 주요 작품으로는 여의도 LG트윈타워 설계를 통해 일찍이 한국과 인연을 맺는 등 활발한 수주 활동에도 탁월했다. 최근에는 경기도 일산의 한국국제전시장 (KINTEX) 마스터플랜의 수주에 임하고 있다.

한국은 이제 중동건설시장에서 초고층빌딩의 강자로 우뚝 서기에 나서고

한국은 희망찬 2012년을 열면서 중동지역 건설시장에서 초고층빌딩 수주에 뛰어들고 있다. 사우디아라비아의 킹덤타워 수주를 위해 관련 기업과 관련 설계사들은 공동으로 파트너십을 이루어서 수주전쟁에 임하고 있는 것이다. 이미 서울에서 실시되고 있는 초고층빌딩 '키 높이 전쟁'에서 잘 드러나고 있듯이 이를 지켜본 사우디아라비아가 눈독을 들인 것이 수주전쟁의 단초로 작용되었다. 하지만 중동지역 초고층빌딩 건설수주는 국제적인 관심사로 떠오르면서 치열한 경쟁은 이제 시작에 불과하다.

이런 이유 때문에 내가 앞에서 소개한 KPF와 SOM 등을 등에 업고 함께 수주전략에 임하는 일을 이제부터 고민해야 한다. 왜냐하면 중동건설시장의 트렌드는 미투(me too)가 유행을 선도하고 있기 때문에 우선적으로 부르즈 할리파의 시공능력을 기반한 선점 효과를 극대화하는 노력이 절실하게 요구되어서다.

그러나 초고층빌딩 설계시장에서는 명함도 못 내밀 정도로 뒤처져 있다. 이를 시급하게 보완하는 작업이 우선시되고 있다(<동아일보> 2011년 11월 11일자 참조). 따라서 이를 직시하고 우리는 중동건설시장에서 초고층빌딩을 통해 1조 달러의 달성에 자만하지 말고 2조 달러 클럽에 진입하는 호재로 삼는 일이 미션으로 남은 셈이다.

중동시장이 부른다! 한국형 스마트시티를

한국을 비롯한 전 세계는 도시발전과 시장 구성원의 삶의 질 향상을 목표로 스마트시티를 경쟁적으로 구축하고 있다. 스마트폰시대를 그대로 닮아서, 중동지역의 도시국가들도 예외가 아니다. 아부다비를 비롯하여 사우디 제다와 카타르 도하 등이 여기에 포함된다.

한국은 지난 2004년을 시작으로 도시의 미래를 스마트시티에 맞추었다. 2008년에 준공된 화성 동탄을 시작으로 스마트시티는 새롭게 건설되는 도시뿐만 아니라 기존 도시개발 프로젝트에도 도입이 보편화되었다. 중동지역 도시들은 이미 한국의 동탄 신도시를 여러 차례 방문해서 여기에 대한 주목과 함께 자국의 신도시 개발에 열을 올리고 있다.

스마트시티가 지향하는 '3P(People · Planet · Profit) 가치'의 선순환은 물론이고 동시에 실현되는 모델을 의미한다. 이를 구체화하기 위해 한국 정부와 한국 기업들은 실현성이 확보된 중동시장 지역의 모델 확보를 비롯하여 지식기반의 핵심 솔루션 개발과 글로벌 상품개발에 열을 올리고 있다. 아니 비지땀을 흘리고 있다.

또한 여기에 그치지 않고 스마트시티가 지향하는 제2의 전력혁명에 준하는 스마트그리드(Smart Grid)까지 포함시키면서 중동발 새로운 기업 트렌드로 자리를 잡기 무섭게 한국형 스마트시티는 큰 기대주로 떠오르기 시작했다.

스마트시티에서 스마트그리드는 함께 가는 차세대 비즈니스 아이템

지난해 일본 후쿠시마 원전 사고와 한국의 블랙아웃 직전에 갔던 전력대란을 겪으면서 전기에 대한 관심과 고마움을 동시에 느꼈다. 이를 위한 기술적 대안으로 떠오른 스마트그리드는 스마트시티의 긴요한 전기기술에 해당한다. 그렇다면 이제부터 스마트그리드의 주요 역할을 살펴보자.

첫째, 중동시장 구성원에게 풍부한 전력 정보를 전달해 효율적인 전력 소비를 유도할 수 있다.

둘째, 신재생에너지에서 생산된 전력을 안정적으로 공급할 수 있게 한다.

셋째, 어댑터 없이 직류송전이 가능해 각종 가전제품의 전기 효율을 높이는 데 필요한 장치이다.

그래서 전문가들은 스마트그리드가 언제 닥칠지 모르는 에너지 위기에 대비한 필수적인 기술이라고 강조한다. 자원을 언제까지나 퍼나를 수 없는 만큼 똑똑한 전기기술로 소비를 줄여야 한다는 것이다.

스마트그리드가 없으면 태양광발전이나 풍력발전 등 신재생에너지 발전에도 한계가 있다. 지금의 전력망은 태양광발전이나 풍력발전으로 생산된 전기를 수용할 수 없기 때문이다. 따라서 전문가들이 제시한 대로 스마트그리드는 단순한 전기절약 차원이 아니라 생존의 문제인 만큼 서둘러 구축해야 한다는 주문이 설득력을 얻고 있다. 왜냐하면 스마트그리드가 구비된 도시에는 향후 스마트시티 구축이 용이하고 이를 이용하는 각종 도로망이 현대화에 한발 앞설 수 있기 때문이다.

도시국가 싱가포르는 스마트시티로 다시 우뚝 서다

흔하게 우리는 고속도로에서 갑자기 멈추는 돌발 상황을 맞게 된다. 우선 안전을 위해 갓길로 피하기 마련이다. 이 경우 도시국가 싱가포르에서는 10분 이내로 싱가포르 육상교통청(LTA) 소속 픽업트럭이 출동해 사고 차량을 안전한 곳으로 곧 견인해간다. 고속도로에서 이러한 신속한 서비스는 싱가포르가 운영하는 지능형 교통망 시스템인 'STARS(Singapore Urban Transport Solution)' 덕분이다.

700여 개에 이르는 폐쇄회로(CCTV)와 연결되어 싱가포르 전체 교통망을 관리하는 STARS는 컴퓨터가 차량 움직임을 실시간으로 인지해 상황에 맞게 대응하는 기능을 갖추었다. 예컨대 사고 차량이 갑자기 고속도로에서 멈추는 모습이 CCTV에 찍히는 순간 컴퓨터가 이를 인지해 즉각 비상 신고를 내리는 식이다.

싱가포르가 세계적으로 자랑하는 '교통량 예측시스템(TPT)'도 STARS의 한 부분이다. 이 시스템은 기존에 수집한 통행량 정보와 실시간 교통량을 토대로 컴퓨터가 한 시간 뒤 도로 상황을 예측해준다. 운전자들이 밀릴 만한 곳을 피해 우회도로를 이용하거나 아예 버스나 지하철을 타도록 유도할 수 있어 교통체증을 완화하는 데 상당한 기여를 하고 있다.

한국형 스마트시티가 구축한 아이템 리스트

다시 본론으로 들어가 보자. 중동시장이 부르는 한국형 스마트시티는 제주도에 구축 중인 스마트그리드 실증단지와 도시국가 싱가포르가 구축한 지능형 교통망 시스템을 기반해 그야말로 명실상부한 스마트시티를 지칭한다. 크게 네 가지 분야에서 독보적인 통합시스템으로 이루어져 있다.

하나는 행정통합시스템이다. 원격 민원행정 서비스를 비롯하여 시민참여 서비스와 생활편의 서비스이다. 여기에 현장행정 지원 서비스와 도시경관 관리 서비스가 포함된다.

둘은 교통통합시스템이다. 자동교통단속 서비스를 비롯하여 요금전자 지불 서비스와 대중교통 정보 서비스 등이다.

셋은 보건의료시스템이다. 스마트 병원 서비스를 비롯하여 원격의료 서비스와 건강관리 서비스 등이다.

마지막 넷은 환경통합시스템이다. 오염관리 서비스를 비롯하여 폐기물관리시스템과 에너지 효율화 서비스 등이다.

이러한 통합서비스를 제대로 운영하기 위해서는 한국 IT가 구축한 표준 고성능 아키텍처 차용이 필수적이다.

다음으로는 선진 알고리즘(EDA)이 가미된 복합 이벤트가 포함된다. 여기에 그치지 않고 유지보수에도 강한 상황별 솔루션 커스터마

이징 및 요구사항 대응 기능이 추가된다. 한국이 자랑하는 스마트시
티를 구현하기 위해 준비된 통합시스템과 지능형 교통망 시스템, 그
리고 각종 기술까지 뒷받침되었기 때문에 중동시장에서의 미래 먹을
거리로서 스마트시티는 곧 국부창조의 지름길이 될 수 있다.

5

다시 보듬고 가야 하는 원자력발전

과학기술 세계에서 '만약에'라는 단어를 빌려서 써야 한다면 우선 순위에서 아마도 원자력발전이 윗자리를 차지할 터이다. 우크라이나 체르노빌 원전 폭발사고를 차치하더라도 지난해 3월 일본 후쿠시마 원전 사고는 원전 르네상스를 단칼에 나락으로 강등시키는 원인 제공이 되었다.

수식어 '만약에'를 다시 차용해서 후쿠시마 원전 사고가 일어나지 않았다면 한국 원전산업은 그야말로 날개를 단 달러박스로 급부상할 수 있을 것이다. 원전 르네상스에서 한국의 기술력은 아부다비 원전 수주에 의해 탄력을 받아 승승장구할 수 있는 기회의 터전이었다. 그러나 지금 원전에 대한 포장이나 미화는 계륵(鷄肋)의 처지에서 그냥 보듬고 가야 하는 신세가 되었다.

블랙아웃에 전전긍긍하는 한국과 일본

지난해 여름철 한때와 12월 겨울은 한국에서 블랙아웃의 전력 공포를 실감시켰다. 전 산업이 마비되고 일상에서 새삼 전기의 소중함을 일깨워주는 계기가 되었다. 지난 3월 후쿠시마 원전 사고가 발생한 일본은 도쿄전력 관내를 중심으로 15% 절전을 의무화했다. 37년 만에 전력사용 제한명령이 발동되어 이를 어긴 기업은 최대 100만 엔의 벌금을 물어야 했다.

전력공급의 34.1%를 원자력이 담당하고 있는 한국도 일본 못지않게 원자력에 중요한 의미를 부여하고 있다. 이명박 정부는 원자력을 '저탄소 녹색성장'을 뒷받침할 중요한 신성장동력으로 삼고 있으며 2030년까지 원자력발전 설비 비중을 41%까지 높인다는 장기계획을 수립했다. 이를 토대로 원전 수출 청사진을 만들어놓고 있다. 그러나 '만약에'라는 덫에 걸린 원전 르네상스는 강등의 슬픔에서 새로운 돌파구를 찾아가는 과정에서 중동시장이 가장 먼저 이를 환영하고 있다.

올해 7월 아부다비 브라카에 세워질 원전발전 4기 공사가 '다시 더 듬고 가야 할 원자력발전'의 미래를 부정에서 긍정으로 바라보는 계기로 다가왔다.

미래가 담보된 한국의 원전기술력

1978년 고리원전 1호기를 처음 가동한 이후 30여 년 동안 큰 사고 없이 원자력발전 운영의 신기원을 이룩했다. 한국은 이미 20기의 원전을 운영하고 있는 세계 6위(원전설비 용량 기준) 원전국가로 링크되었다. 설계와 시공, 운영과 관리 등의 원전 관련 모든 업무를 소화할 능력마저 갖추고 있다.

이해를 돕기 위해 원전의 종류는 크게 경수로와 중수로로 나눌 수 있다. 한국의 고리와 영광은 가압경수로이고 반면 월성은 가압중수로이다. 가압경수로의 경우 우라늄 235의 함유량이 2~55 정도 되는 저농축 우라늄을 원료로 사용하고 있다. 한편 가압중수로는 천연우라늄을 원료로 사용하고 동시에 감속 재료는 중수를 사용하는 것이 다르다. 하지만 최근 에너지 수급에 고민하던 미국 오바마 행정부는 34년 만에 다시 원전 승인 조치를 내렸다.

지난 2월 9일 원자력규제위원회(NRC)는 전력업체인 서든컴퍼니가 신청한 조지아 주 보그틀의 원자로 2기 추가 건설계획에 대해 허가 결정을 내렸다. 단 하나의 단서를 붙여서.

"석유 수입을 줄이기 위해 국내 에너지 자급도를 높이겠다."

그린에너지와 원전 사고는 숙명적인 관계

우리가 잘 알고 있듯이 그린에너지로 평가를 받고 있는 원전에는 사고라는 딜레마가 도사리고 있다. 예컨대 적어도 원전 사고라고 하면 우크라이나의 체르노빌 사고와 미국의 스마일 사고, 그리고 일본 후쿠시마 원전 사고 등이 대표적인 케이스다.

이 세 원전 사고의 원인은 여러 가지 측면으로 분석할 수 있지만 근본적인 대비는 기본 설계 지침과 격납용기 시설의 완전화에 달려 있다. 당시 미국은 이미 기계학회(ASME SECT-Ⅲ)에서 확정해 놓은 매뉴얼이 있었다. 격납용기 시설은 물론이고 모든 부품의 설계에서부터 제작까지 전 과정을 철저한 인증제도를 도입했다. 그렇게 철저한 설계와 안전과 운영을 적용했지만 치명적인 사고가 발생했다. 그 후 미국은 원자력구제위원회(NRC)의 전면통제 아래 어떤 원전 시설도 허가하지 않았다. 이에 따라 미국은 지난 20년 동안 기존 시설을 유지하고 보수해서 관리하는 데 그쳤다. 이 때문에 미국에 있는 원전 관련 중소기업들은 거의 도산하고 말았다.

다만 GE와 도시바로 주인이 바뀐 웨스팅하우스 등 세계적인 원자로 핵심 부품회사는 제3 국가와 기술제휴를 통해 그 명맥만 유지하여 왔다. 오히려 미국에서부터 기술을 일찍 전수받은 한국이 기술과 구축실적에서 매우 우수하다는 평가를 받고 있다.

이런 가운데 최근에는 고유가 진행에 따라 발전단가 상승과 함께 이산화탄소 감축이라는 지구촌 녹색과제와 맞물려 원전 르네상스를 기대하게 되었다. 그러나 지난해 3월 일본 후쿠시마 원전 사고에 의해 원전의 미래는 불투명해졌다. 그렇다고 해도 중동시장에서 한국의 원전은 미래가 담보된 아이템이다. 이미 터키와 남아공 등에서 한국 원전의 도입을 검토하기 시작했기 때문이다.

여기에 그치지 않고 한국 원전기술이 확보한 소형 원자로 구축은 그야말로 기대주에 해당한다. 2010년 원자물리학으로 노벨상을 수상한 스티븐 추 미국 에너지 장관은 소형 원자로 기술을 적극 장려하겠다고 발표했다. 100~250MW 정도의 소형 원자로는 미국과 러시아에서는 항공모함에 적용시키고 있기 때문에 이미 기술적으로 검증을 받은 상태다.

관련 기술 발표에 따르면 미국 마이크로소프트사의 빌 게이츠는 중국과 손잡고 상용화 작업에 돌입하여 이 시장의 기술적 축적은 이제 시간만 남은 셈이다. 또한 항상 전기 수급 문제로 어려움을 겪고 있는 대형 제철소와 조선소에서 필요한 발전설비로도 이용이 가능하게 된다.

이 때문에 관련업계는 소형 원자로를 '4S'로 정리하고 있다. 이를테면 4S는 Super와 Safe, Small과 Simple 등으로 지칭할 수 있다. 가능하면 향후 중동시장에서 원전 수주에 임할 때는 대형 원전발전 설비와 함께 소형 원자로까지 세트화시키는 운영의 묘가 필요할 터다.

왜냐하면 지난해 9월 이란에서 러시아가 첫 원전 건설에 참여하는 것을 지켜본 중동시장은 이를 기정사실화해서 항상 부족한 에너지 정책에 대한 해법으로 원전 건설에 임하기 시작했다.

2016년까지 원전 6기 추가 건설

최근 이명박 정부는 원전에 필요한 우라늄 자주개발률을 2010년 6.7%에서 2016년까지 25%대로 확대시킨다는 것을 발표했다. 여기에다 원자력의 기술력과 안정성을 높이기 위해 향후 5년 동안 전국에 6기의 원전을 추가로 건설해 전력수급에 만전을 기하겠다는 정책적 결단이 녹아 있음을 알 수 있다.

정부는 이를 위해 크게 세 가지로 정책을 추진할 것 같다. 하나는 환경친화적 방사성폐기물 관리에 대한 만전이다. 둘은 기술혁신을 통한 원전수출의 육성이다. 마지막 셋은 글로벌 원자력 인력 양성의 극대화 등이다.

한결같이 중동시장에서 필요한 원전건설의 기대치이기 때문에 여기에 대한 기대는 더욱 남다르다. 그러나 중동시장에서 원전건설을 통해 국부창조를 달성하기 위해서는 넘어야 할 산이 많다. 이 점은 다음 제6장에서 다시 자세하게 소개할 것이다.

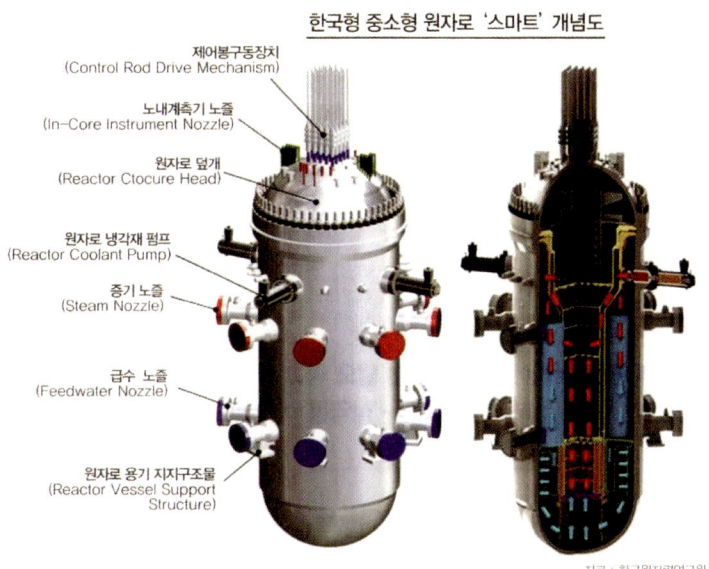

한국형 중소형 원자로 '스마트' 개념도

제어봉구동장치
(Control Rod Drive Mechanism)

노내계측기 노즐
(In-Core Instrument Nozzle)

원자로 덮개
(Reactor Ctocure Head)

원자로 냉각재 펌프
(Reactor Coolant Pump)

증기 노즐
(Steam Nozzle)

급수 노즐
(Feedwater Nozzle)

원자로 용기 지지구조물
(Reactor Vessel Support
Structure)

자료 : 한국원자력연구원

6

중동시장이 손짓하는 문화기술(CT)

70억 지구촌 가족의 일상에서 스마트폰의 가치와 이용에 대한 만끽은 어제 오늘의 일이 아니다. 중동시장 구성원에게는 같은 맥락과 같은 이유로 이미 에코시스템(생태계)이 득세하고 있다. 그들 역시 스마트폰이 없는 생활은 생각할 수 없을 만큼 일상의 반려자가 되어버렸다. 그러나 스마트폰에서 구현되고 있는 각종 애플리케이션은 최첨단 문화기술(Culture Technology)에 의해 만끽의 풍요로움이 담보된다.

어디 스마트폰에만 국한되는 얘기일까. 한국의 가전기술에 의해 세계를 아우르는 스마트TV 시대의 발전은 한국 문화기술의 황금기로 접어들 수 있음을 예고함과 같다. 그래서 미래가 담보된 국부창조의 여섯 기둥에서 마지막으로 자원빈국 코리아가 이룩한 문화기술이 목하 중동시장에서 상종가를 치고 있다.

안동문화콘텐츠박물관에는 유물이 없다

경북 안동시가 설립한 안동문화콘텐츠박물관에는 단 한 점의 유물(遺物)도 없다. 최첨단 문화기술에 의해서 '디지털 박물관'으로 출발한 까닭이다.

주요 문화재들이 국립박물관에 전시되기 때문에 지방 박물관은 진품 유물을 우선 확보하기가 어렵다. 그래서 안동시는 처음부터 '디지털 콘텐츠'에 눈을 돌렸고 이를 통해 '문화재 없는 박물관'을 만들어냈다. 이 박물관을 찾는 많은 관중은 터치스크린과 내비게이션 기술을 이용해 하늘에서 안동을 내려다보며 문화유적 '스카이 안동'에 초대된다. 여기에 그치지 않고 문화기술의 결정판인 3차원(3D) 영상으로 재현된 '사이버 안동 관광'을 만끽할 수 있다.

CT혁명은 문화지도를 바꾸고

전주시 소재 전주대학 캠퍼스의 4차원(4D) 상영관은 국보 제62호 금산사 미륵전의 건립 과정이 담긴 설화를 4D와 3D가 혼합된 문화기술에 의해 재현되어 학생과 방문객의 체험관으로 거듭나고 있다.

우선 촉각과 후각에 그치지 않고 입체영상에서 오감을 느낄 수 있는 문화기술에 이용되었기 때문이다. 나무가 골짜기를 타고 내려와 물이 튀자 실제로 얼굴에 물이 튀고, 번개가 치면 옆에 마련된 조명이 번쩍인다. 영상 속 백제 사람들이 금산사 뒷산인 모악산의 소나무 향이 느껴지게도 돕는다. 또한 일반 방문객이 금산사 불탑을 향해 스마트폰을 대면 모든 영상이 3D로 스마트폰으로 흡수된다.

김기헌 한국문화콘텐츠진흥원 CT전략팀장은 "CT는 각종 문화재를 박제된 과거의 유산이 아니라 현재에 살아 숨 쉬는 디지털콘텐츠로 재탄생시키는 데 가장 효과적인 기술이다"라고 밝히면서 "이를 응용하면 오랜 전쟁으로 고대 문명이 많이 파괴된 이라크 문화유산을 복원하는 데 긴요한 기술의 하나이다"라고 주장했다.

바야흐로 CT의 혁명은 세계 문화지형을 바꾸는 데 필요한 디지털 콘텐츠기술이 이를 담당하게 됨을 의미한다. 이미 세계 모바일 생태계가 스티브 잡스에 의해 하나로 통합되는 현상은 이제 뉴스가 아닌 세계사적 현상이 되었으며 문화기술의 진화는 이제 시작에 불과하다. 애플의 아이폰이 그렇고, 교육 혁명으로 비치고 있는 아이패드가 그렇고, 스마트TV 세계가 그려갈 텔레비전 세계가 급격한 변화에 이미 노출되어 있다.

지금은 IT(정보기술)를 넘어 CT(문화기술) 3단계 시대로

지난해 6월 K-POP 그룹의 파리 공연을 성공적으로 마무리한 SM엔터테인먼트의 이수만 회장은 유럽 작곡가와 음악 프로듀서를 상대로 '한류 발전 3단계론(論)'을 역설했다. 이 회장은 파리 시내 한 호텔에 70여 명이 모인 음악관계자를 상대로 열린 콘퍼런스에서 '문화기술론'을 통해 한류가 생겨나게 되었다고 밝혔다.

이 회장은 "IT가 지배하던 1990년대 이후에는 IT보다 더 정교하고 복잡한 테크놀로지인 CT의 시대가 올 것이다"라고 강조했다. 곁들여서 그는 문화기술론(論)에 근거한 한류 발전 3단계 발전론을 제시했다. 3단계 발전론은 한류의 문화상품을 수출하는 것이 1단계라면, 현지 또는 연예인과 어깨동무해 시장을 확대하는 것이 2단계이다. 반면 현지 회사와 합작해 회사를 만들어 현지 사람에게 한국의 CT를 전수하는 3단계를 거쳐 한류의 현지화를 이룸과 동시에 그 부가가치를 공유하는 일이라고 주장했다.

따라서 그는 "이제 원산지(made in)가 아닌 제조자(made by)가 중요하다면서 3차 한류의 스타가 중국인 아티스트나 중국 회사가 될 수 있지만 그 스타는 바로 SM의 CT로 만들어질 것이다"라고 부연 설명했다. 예컨대 적어도 IT 너머 CT 3단계 시대가 도래함이 분명해졌다.

3D 박물관이 스마트폰 안으로 들어오고

2012년을 열면서 서울 용산 국립중앙박물관의 전시실과 작품을 실제로 가서 보는 것처럼 스마트폰으로 볼 수 있다. NHN과 중앙박물관은 포털사이트 네이버를 통해 국립중앙박물관 관람 서비스는 '한국판 구글 아트 프로젝트'의 신호탄이다.

예를 들면 스마트폰 유저는 박물관 소장인 국보 83호 금동반가사유상의 디지털 이미지를 스마트폰이나 컴퓨터 화면으로 볼 수 있다. 네이버 미술 검색은 주요 작품에 전문가의 해설을 붙여 부가가치를 높였다. 물론 여기에는 주요 작가와 시대와 사조, 장르와 테마별로 분류해 미술을 잘 모르는 이용자도 손쉽게 작품을 찾아서 감상할 수 있게 돕는 일이 포함되었다.

아부다비가 손짓하는 한국 문화기술(CT)

최근 아부다비 정부가 할레드 살민 알 카와리 아부다비항만공사(ADPC) 부회장을 통해 한국 문화기술에 대한 러브콜을 보내왔다. 크게 세 가지 측면에서다.

하나는 네이버가 구축한 박물관 미술작품 내용에 고무(?)되었기 때문이다. 둘은 고대문화재의 복원기술에 대한 관심이었다. 우선 아날로그 자료의 과학적인 보존과 활용에 대한 기대가 컸다. 셋은 스마트폰과 스마트TV가 가져올 문화적 파장에 대한 준비를 위해 전제적 대응책을 강구하는 데 절대적 필요가 요구되는 한국 문화기술의 전수를 고려한 대목 등이다.

그래서 아부다비 정부는 자국의 인재 양성에 의해 이라크 전후 복구의 일환으로 고대 아랍문화의 복원과 이집트 나일 강 문화자원 복구 등을 제시해서 이를 구체화시키고 있다. 그들의 판단은 한국 문화기술을 통해 세계적 유물을 3D로 복원할 수 있겠다는 점에 동의하면서 적극성을 보였다.

여기까지 나는 중동시장에서 한국의 미래 먹을거리를 통한 국부창조를 얻어내기 위해 모두 여섯 가지 아이템을 소개했고 이를 안내했다. 특히 마지막 여섯 번째인 한국의 문화기술은 고대 아랍문명의 복원과 함께 아부다비 정부가 요구한 대로 인재 양성에 대한 가장 바람직한 정책적 제시와 맞아떨어지고 있다.

이에 이론과 제안에 묶여 있기보다는 돈이 되는 실천력 배양이 우선적으로 채택되는 일이 시급을 요하고 있다.

Chapter 6

중동시장에서 국부창조의 지름길

지구촌에 새 경제동맹이 뜨면서 기대되는 한·GCC FTA

2008년 9월 글로벌 금융위기 이후 전 세계적으로 78건의 보호무역 조치가 입안되고 동시에 시행되었다. 여기에는 분명 '작은 정부와 시장 중심'의 신자유주의에 대한 반대 목소리까지 봇물처럼 터져 나오면서 지구촌은 새 경제동맹의 필요성에 동감하기 시작했다.

2차 세계대전에 의해 발아(發芽)된 보호무역주의는 세계 경제에 찬물만 끼얹고 말자 이를 수정하기 위해 전 세계는 '관세 및 무역에 관한 일반협정(GATT)'을 탄생시켰다. GATT의 핵심은 관세율 인하와 보조금 축소와 차별 금지에 대한 공감대 형성이었다. 그래서 1995년 태어난 국제기구가 바로 세계무역기구(WTO)이다.

하지만 2000년대 들어 발걸음이 급속히 더디어졌다. 개발도상국이 제 목소리를 내기 시작했기 때문이다. GATT에서 진화된 WTO는 제네바에서 우루과이까지 8번의 라운드를 거친 뒤 중동지역 도시국가 카타르의 도하에서 꽉 막혔다.

이를 대신할 출구가 바로 지금과 같은 자유무역협정(FTA)의 전모다. 경제통합(Economic Integration)에 대한 지역별 무역정책으로 대두된 FTA는 낮은 단계의 경제통합을 지향한 차선책으로 이를 수용하게 되었다.

헝가리 출신 경제학자 벨라 발라사의 5단계 이론에 따르면 경제통합은 '자유무역협정~관세동맹~공동시장~경제동맹~경제통합'으로 진전된다고 설명했다. 다자 간 무역장벽 완화가 더 이상 진전되지 못한 경제현실에서 각국이 FTA 등 지역 간 무역협정에 뛰어든 것은 이미 확고한 트렌드가 되었다. 1981년 5월에 설립된 걸프협력회의(GCC-Gulf Cooperation Council)는 FTA의 성공사례에 으뜸이 되고 있다.

따라서 급변하고 있는 중동시장에서 자원빈국 코리아는 국부창조의 지름길로 GCC에 기대를 걸게 된다. 그 첫 무역과제이자 무역관문이 바로 한·GCC FTA를 체결하는 일이다.

GCC의 기회 요인과 리스크 요인

통상 GCC 국가들은 무슬림이라는 공통의 종교문화를 배경으로 형성되어 있다. 또한 민족적 동질성을 갖추고 있다. 경제적으로는 석유와 천연가스 등의 에너지 자원을 보유하는 산유국이라는 공통분모마저 지니고 있다.

이러한 GCC 동질성은 한국과 같이 제2의 중동신화를 얻어내야 할 중동시장에서 무역과 외교를 통한 새로운 국부창조에 더없이 좋은 기회이자 교역지역이 아닐 수 없다. 그러나 동전의 양면처럼 기회 요인과 함께 리스크 요인도 있다는 점이 향후 한국과 GCC 사이에서 맺어질 FTA의 진실게임이며 동시에 우리가 풀어야 할 과제가 된다.

이를테면 기회 요인은 산유국답게 오일머니로 국부를 이루면서 많은 사회간접자본에 투자를 이어가고 있다는 점이다. 반면 리스크 요인으로 파악된 GCC 회원국가 사이에 벌어지는 갈등을 비롯하여 인플레이션의 지속성과 높은 실업률, 그리고 외국인 노동력 의존에 따른 위험성 증가는 간과하지 않을 수 없는 리스크의 실체다. '지피지기하면 백전백승이다'라는 사자성어가 여기에 큰 도움말이 된다.

경제통합에 따른 중동시장의 확대

기존의 GCC 권역 개별 국가와의 무역과 교역은 중동시장 진출과 투자 측면에서 한계를 함께 지니고 있다. 그러나 GCC 국가들의 경제통합은 소비시장의 확대로 이어질 수 있기 때문에 많은 나라들이 이들 시장의 적극적인 통상에 임하고 있다.

따라서 GCC 국가들은 탈(脫)석유정책을 통한 산업의 다각화 정책을 펼치고 있다. 이들이 산업 다각화를 추진하면서 중동 산유국들은 상대적으로 저렴한 에너지 자원에 대한 욕구가 높아가고 있다.

예를 들면 석유화학산업과 석유정제산업 등 석유개발과 관련된 산업을 통해 고부가가치를 지향하기 시작했다. 더 깊게는 과거 서방 열강들의 지배와 간섭을 받아온 GCC 국가들은 최근 아시아의 신흥개발도상국을 상대로 무역협정을 맺으려는 움직임이 강하게 일고 있다. 이에 따라 중국을 비롯하여 인도와 호주 등과의 FTA를 서두르고 있다. 이를 간파한 이명박 정부도 GCC와의 FTA를 서두르고 있다.

한·GCC 간의 FTA가 성사되면 안정적인 석유공급을 비롯하여 수출다변화 국가정책에 힘을 받고 침체된 국제경제의 돌파구로서 새로운 출구전략을 세울 수 있다. 특히 지난 2009년 12월 아부다비발(發) 원전 수주가 기폭제가 되어 향후 한국과 GCC 사이의 행복한 결혼식이 될 FTA는 미국과의 FTA와 전혀 다르게 전개될 것으로 예상된다.

대한상의가 펴낸 전략적 활용방안의 내용

행복한 결혼식이 예상되는 한·GCC 사이에 맺어질 FTA를 위해 지난 2009년 7월 대한상공회의소가 펴낸 □한·GCC 사이에 체결될 FTA가 국내기업에 미치는 영향과 전략적 활용방안□(182쪽 분량)에서 이미 언급된 내용이기도 하지만 세계 경제는 미국 국가신용 등급 강등으로 다시 2011년의 글로벌 금융위기를 맞고 있다. 지금까지 세계 경제를 지탱해온 무역경제의 주전선수들, 이를테면 미국과 일본 등은 자기 발등에 떨어진 경제위기 돌파로 전전긍긍하고 있기 때문에 이를 틈새시장으로 가늠하는 전술적 대응책이 우선시되어야 한다.

이미 중국과 인도 등은 이 시장을 위해 발로 뛰고 있다. 향후 중동시장에서 얻어낼 국부창조로서 아랍의 봄을 맞고 있는 리비아와 이라크의 전후복구 특수가 과녁이다. 이미 오디세이 새벽을 단행한 프랑스와 독일 등은 리비아 유전산업에 군침을 흘리고 있고 중국마저 카다피 정부에 가세하더니 '포스트 카다피 시대'를 맞자마자 손바닥 뒤집는 듯 리비아 과도정부에 러브콜을 보내고 있다.

따라서 한·GCC 사이에 FTA 체결이야말로 아랍의 봄을 맞고 있는 미나지역시장(MENA Market-중동시장+북아프리카)에서 새로운 국부창조의 신기록을 세우는 데 절대적 가치와 기회제공임을 인지해야 한다.

이를 위해서는 이명박 정부와 2013년에 새롭게 출범할 한국의 신 정부는 한국과 GCC 권역 6개 국가와의 FTA 체결에 우선순위를 두어 야 될 것이다. 이것이야말로 국부창조의 지름길이기 때문이다. 이미 다져진 코리아의 파워는 이들 나라에서 상당한 국가적 프리미엄으로 인지되고 있다는 것이 강점이 될 수 있다.

2

기적의 코리아는 중동시장에서
2조 달러 시대의 기틀을 만들고

별다른 자원과 자본이 빈약한 한국은 '한강의 기적'을 이룬 저력으로 세계에서 9번째로 무역 1兆 달러 클럽에 가입했다. 2011년 12월 5일을 기준으로 수출액이 5,150억 달러에 수입은 4,850억 달러를 각각 기록하면서 얻어낸 한국무역에 대한 성적표다.

무역 1兆 달러 클럽에 가입한 나라는 '세계의 공장'으로 불리는 중국을 제외하면 미국과 영국과 일본, 그리고 독일 등 구미 선진국이 대부분이다. 국토면적이 10만㎢로 세계 순위가 110위 내외의 조그마한 나라가 세계 최대 무역시장 대열에 올라선 것을 보고 세계 각국은 놀라움을 금치 못했다.

중동지역을 대표하는 GCC 권역 6개 국가들도 '기적의 코리아'를 보면서 그 중심에는 '하면 된다'는 구호 아래 무역인재와 무역역군이 도사리고 있다는 점에 공감과 찬사를 보냈다. 그래서 내친김에 중동시장에서 국부창조의 지름길로 나선다면 머지않은 내일에 2兆 달러 클럽에 가입하는 영광의 기틀 마련이 가능할 수 있다. 아니 그렇게 국력을 키우고 동시에 2조 달러 클럽에 가입할 무역 강국으로 우뚝 서야 한다.

FTA 통해 경제영토를 넓혀서 다시 2兆 달러 달성의 기적을 낳고

과거를 회상해 보면 한국의 무역 규모는 1974년 100억 달러를 돌파했다. 한국전쟁의 폐허를 딛고 20여 년 만에 이룬 대단한 성과였다. 이후 서울올림픽이 개최된 1988년 무역 규모가 1,000달러를 넘어선 뒤 23년 만인 지난해 12월 5일 무역 1兆 달러 클럽에 가입했다.

무역의 양대 산맥인 수출과 수입에서 수출은 한국 경제의 구세주였다. 1998년 국제통화기금(IMF) 금융위기와 2008년 리먼브라더스의 몰락과 같은 글로벌 금융위기 때에는 기업 투자와 가계 소비는 급감했지만 수출이 큰 폭으로 늘어 다른 나라보다 일찍 위기에서 탈출하는 데 성공했다.

지난 1981년 5월 GCC가 창설될 당시의 한국 무역규모는 39,797억 달러(1980년 통계 수치)에 달해 이미 GCC 총 무역규모를 앞질렀다. 그렇다고 해도 최근 한국무역협회가 펴낸 보고서인 '한국 무역 1조 달러 달성과 그 의미'에 따르면 한국보다 먼저 1兆 달러 클럽에 가입한 8개국이 전 세계 무역의 50%를 차지하면서 세계 무역질서를 주도해오던 것을 고려할 때 무역 1兆 달러 달성은 교역대국과 어깨를 나란히 하고 세계 무역질서에서 독자적인 목소리를 내는 주연(主演)이 되는 것을 의미한다.

하지만 무역 의존도가 과도하게 커지면서 무역의 그늘 역시 적지 않은 게 사실이었다. 우선 '수출+투자+소비'라는 무역 삼각대 형성 가운데 투자와 내수는 부진한 반면, 수출만 늘어나는 외발 성장 구도가 고착되면서 한국 경제구조는 대외 충격에 매우 취약한 모습을 보이고 있다. 수출이 늘면 투자가 활성화되고 고용창출을 가져온다는 낙수 효과(trickle effect)도 갈수록 약해지고 있다.

이 보고서를 발표한 한국무역협회 관계자는 "한국 수출 구조가 중국과 유사한 구조를 보이고 있어 기술력의 우위와 차세대 성장산업 육성을 통해 향후 중국의 비상(飛上)에 대비해야 한다"며 "앞으로 원전기술 확보와 FTA를 통한 시장 선점은 물론 한·중·일 분업 구조를 활용한 원원원(win-win-win) 전략 구사 등이 필요하다"고 주장했다.

곁들여서 사공일 무역협회장은 "이러한 성장이야말로 향후 한국이 대외 개방형 성장전략을 채택하고 관세 및 무역에 관한 일반협정(GATT)의 선도 아래 세계 전체가 자유무역기조를 유지했기 때문이다"라고 1조 클럽 가입에 대한 소회를 그렇게 정리했다.

무역 2兆 달러 시대를 향한 대(對) GCC 투자 유치조건

그래서 먼저 우리는 무역 1兆 달러 시대의 무역 환경을 살펴보았다. 이를 통해 중동시장을 지탱하고 있는 GCC 시장에서의 무역 2兆 달러 달성에 관한 우리의 각오는 GCC 투자 유치 전략과 맥을 같이 하고 있음을 알 수 있다.

거듭 밝히지만 중동시장에서 국부창조의 길을 넓혀가기 위한 조사이고 연구가 필요하기 때문이다. 그렇다면 대(對) GCC 투자 유치 전략의 전제조건부터 챙겨야 한다. 이들은 무슬림이라는 종교문화를 기반으로 하여 정치와 종교, 시장과 경제를 포괄해서 접근하고 있다는 점을 감안하는 일에서 출발해야 한다.

전략적 특면에서 한국 경제성장의 중요부분인 에너지 자원의 안정적 수급과 GCC 지역에서의 수출과 투자시장 확대는 GCC 회원국가 모두 이로운 상호보안과 협력을 바탕으로 하는 국가적·민간적·기업적 차원에서의 포괄적인 접근을 고려해야 하는 것이다.

첫째, 국가적 차원에서 한국 정부는 국가이익을 위한 실용외교정책으로 GCC 지역의 국가들과 협력을 증진시켜야 한다. 전통적으로 정치적 측면을 중요시 여기는 한국은 강대국 중심의 외교를 펼쳐 왔으며 그 외의 지역과 국가에 대해서는 경제외교를 소홀히 한 것이 사실이다. 그러나 최근 들어 중국과 인도 등의 자원외교에 자극을 받은 한국 정부는 GCC 지역에 대한 자원외교에 돌입하고 있다. 더욱이 기업의 해외 투자 및 진출은 기업의 노력만으로는 부족하며 국가의 지원이 선결되어야 한다는 점에서 정부 차원의 노력이 절실하다.

둘째, 경제가 최우선의 과제가 된 현재는 외교의 방향이 정치외교에서 경제외교로 전환되었으며 GCC 지역으로의 진출을 위해 가장 시급히 서둘러야 할 분야는 한·GCC FTA 조기 체결이라 할 수 있다. 이미 우리의 경쟁국가가 이 지역에 대한 진출이 적극적이라는 점에서 이들에 앞서 FTA를 체결하는 것은 매우 중요하다. 따라서 이를 뒷받침할 수 있는 외교적 노력이 부가되어야 한다.

셋째, 외교적 노력은 국가적 차원에서 GCC 회원국가와 관계 전진을 완수하기 위해서라도 무슬림 문화의 올바른 이해가 선결되어야 한다. 그래서 이들 지역의 개인 및 단체와 교류할 수 있는 전문기구의 설립이 필요하다. 또한 이를 바탕으로 경제계와 정치계와 산업계를 두루 아우르는 채널과 교육 프로그램을 구축하고 이를 확대시켜야 한다. GCC 국가들을 대상으로 하는 정부의 경제외교의 중요성은 이들 국가가 왕정체제라는 점에서 의미가 있다. 왕정체제인 GCC 국가들의 국가정책은 이들 왕실에 의해 대부분 수립되므로 한국 정부가 이들 왕실과 효과적으로 교류협정을 맺는다면 중동시장에서의 한국 기업들의 진출은 훨씬 수월해질 수 있다.

마지막 넷째, GCC 지역으로 진출을 희망하는 기업에는 진출할 현지국가에 대한 정치와 법규와 문화 등 전반에 걸친 교육을 실시해야 한다. 이를 위해 한국 정부는 투자자금 지원확대와 GCC 지역에 대한 지속적인 정보 제공, 컨설팅 확대에 준한 금융안정장치를 마련해야 한다.

대(對) GCC 투자유치 전략

중국과 인도 등 신흥개도국들의 빠른 성장세로 석유 수요가 급증하면서 중동지역의 오일 잉여금 또한 급증하고 있다. 하지만 GCC로부터 한국에 유입되는 투자 규모는 2007년을 기준해 불과 700만 달러로 이는 한국 전체 외국인 투자 유입액의 0.1%에 불과한 수준이다. 따라서 GCC 지역으로부터의 투자 유치를 통해 한국 경제의 성장은 물론 한국과 GCC와의 협력관계 개선에 큰 도움이 될 수 있다.

우선 GCC 지역으로부터의 투자 유치를 위해서는 GCC 국가들의 자본의 성격에 대한 이해가 중요하다. 잘 알려진 대로 GCC 국가에 속한 대부분 국가들이 크게 무슬림권에 속해 있는데 무슬림권에서는 돈을 빌려주고 이자를 받는 것을 금지하고 있다. 따라서 GCC 국가들로부터 자금을 유치하기 위해서는 이들 국가 또는 이 지역의 기업이나 자본가들과의 공동투자를 통해 수익을 창출하고 지분에 따라 수익을 분배하는 방식을 취할 수밖에 없다. 이러한 점에서 볼 때 최우선적으로 현지 투자프로모션을 강화할 필요가 있다.

기존의 모든 협의체를 집결시켜 단순화한 가칭 '한·GCC 기술협력회의'를 출범한 수준의 단일 창구를 만들어서 운영하는 것이다(□한·GCC FTA가 국내기업에 미치는 영향과 전략적 활용방안□ 170쪽 참조). 국내에는 아직도 GCC와 포괄적인 교류 촉진을 위한 종합기구가 마련되어 있지 못한 실정이다. 겨우 산업별로 석유와 석유화학과 해외플랜트 등 아주 제한적으로 GCC 지역에 대한 정보가 교류되고 있다. 그러나 다행스럽게도 지난해 9월 국토부가 발족시킨 중동시장을 위해 아부다비에 건설수주지원센터를 발족시킨 점은 특별함을 넘어 향후 2兆 달러 시대를 여는 견인차로서 의미부여가 가능하다.

3

석유정치학을 통한 한국조선기술의 신기원
시비시(深海底)가 답이다

"냉전시대의 최고 무기는 핵무기이지만 이제 무기는 석유다."

"21세기를 가장 위협하는 것은 대량학살무기도 아니고 급진 무슬림단체도 아니다. 석유를 향한 오일메이저의 탐욕이다."

"오일샌드(oil sand)도 좋고 심해(深海)라도 상관이 전혀 없다. 독재국가라면 어떤가. 석유와 천연가스만 있으면 된다."

위에 열거한 세 가지 화두를 설명하기에 앞서 다른 자료를 읽어 보자. 결론부터 말하자면 석유정치학(petro politics-石油政治學)을 이해하는 데 이만 한 자료를 찾기가 어렵다. 왜냐하면 비록 오래된 자료라는 단서가 붙지만 이해와 의미에는 하등 상관이 없기 때문이다.

'영국 사관학교 재학 시 영국을 방문한 리비아 왕이 영국 정부를 상대로 비굴하고 치욕적으로 석유이권을 넘기는 장면을 목격한 카다피와 청년장교단은 귀국 후 9월 혁명을 통해 아랍 민족주의를 강력하게 표방하였다. 동시에 그는 오일메이저와 힘겨운 투쟁을 통해 석유가격 협상의 주도권을 확보하는 데 성공함으로써 OPEC 역사상 신기원(新紀元)을 이룩했다(이회수, □무슬림□, 2001년 판, 192쪽 참조).'

2011년 아랍의 봄이 지핀 중동지역의 역사적인 대사건은 2012년으로 오면서 '포스트 카다피 시대'를 향해 정점으로 치닫고 있다. 이런 역사적인 변혁을 석유정치학적 이론을 대입시켜 보면 앞의 네 가지 화두는 결국 자원빈국 코리아가 중동시장에서 국부창조의 기틀 마련의 청신호가 되고 있다.

이 책 제4장에서 소개한 대로 서비스(FPSO) 1대당 가격은 5억∼20억 달러 내외다. 미화 10억 달러는 한화 1兆 원이라는 점을 감안하면 해상의 석유공장인 시비시는 효자 상품군(群)에 속한다. 비록 범위의 경제는 충족시킬 수 없다 해도 규모의 경제와 연결의 경제에서 보면 그야말로 달러박스나 다름없기 때문이다.

OPEC · 오일메이저 · 석유제국 차이나

이 세 가지 이름은 석유정치학을 아우르는 3대 공룡(恐龍)이다. 굳이 석유가 없는 세상, 석유가 없는 그린테크의 미래 등을 지향하고 있지만 석유 1배럴당 100달러를 오르내리는 세계 경제에서 '석유' 그 자체에 대한 관계설정도 아직 자유롭지 못하다. 그렇다고 해도 이들을 보듬든 아우르든 그것도 아니라면 읍소(泣訴)를 해서라도 거북선을 만든 한국 조선기술로 완성시킨 시비시(FPSO-深海底)를 가지고 국부창조를 얻어내야 하는 미션을 해결하는 자세와 기회를 만들어야 한다.

해결과 기회를 위한 대응에서 모두에 소개한 네 가지 화두를 통해 이에 담긴 뜻과 이를 인용한 나의 직언에 일단 긍정의 머리를 한 번쯤 끄덕일 터다. 실제로 세계 경제에서 석유와 석유산업에 관련된 화두에 어김없이 등장하는 OPEC과 오일메이저와 석유제국 차이나의 위력을 배제하기는 불가능에 가깝다. 이해를 돕기 위해 2012년을 열면서 생긴 이들 3대 공룡의 행적이 도움말이 된다.

첫째로 OPEC은 지난해 12월 기존의 하루 생산량을 2,600만 배럴에서 3,000만 배럴로 높였다. 400만 배럴의 추가 생산을 단행한 것이다. OPEC의 대주주 사우디가 리비아의 내전으로 석유 생산에 차질이 빚어지자 이를 만회하겠다는 명분론을 내세워서.

둘째는 세븐 시스터즈로 지칭되는 오일메이저들이 옛 영화를 되찾기 위해 다시 진열을 가다듬고 결국 4개 회사로 재현되었다. 인수와 합병(M&A)을 번갈아 운영하면서 말이다. 그들만의 리그로서 엑손모빌(Exxon Mobil)을 비롯하여 BP와 로열더치셸(Royal Dutch Shell)과 캘리포니아 분할사를 모태로 세브론텍사코(Chevron Taxaco) 등이다. 이들 4개 오일메이저는 지난 2011년 1분기에서 많은 이익을 냈다. 월스트리트저널(WSJ)이 발표한 자료에 따르면 엑손모빌은 순익이 69%나 늘었고 로열더치셸도 40%나 늘었다. 예전만은 못하지만 고유가 덕에 수익을 내고 있는 그들만의 리그를 향한 세계인의 시선은 곱지 않았다. 오죽하면 버락 오바마 행정부가 특별조사팀에 미국 연방거래위원회(FTC)를 포함시켜 대대적인 유가조작의 실태조사를 지시했을까.

셋째는 중국이 에너지자원 확보를 위해 지구촌 전역을 휩쓸고 있다는 점이다. 2009년 9월 중국은 아프리카 기니의 군사정권과 70억 달러 규모의 석유 및 천연가스 개발에 합의한 데 이어 그해 10월에는 이라크와 루마일라 유전개발 협정을 체결했다. 세계 10대 유전인 루마일라 유전은 원유 매장량이 약 173억 배럴로 중국 전체 매장량(약 155억 배럴)보다 많다. 이미 카자흐스탄까지 3,000km의 송유관을 건설한 중국은 브라질과 아프리카 앙골라까지 진출해 심해 유전 개발에 착수했다. 우리를 놀라게 만든 이른바 중국식 '앙골라 모델'은 그래서 지구촌 석유 소비자를 다시 한 번 크게 경악시켰다. 중국이 이처럼 에너지 싹쓸이 야심에 불을 댕긴 것은 두 차례에 걸친 글로벌 금융위기와 깊은 관계가 있다.

우선 글로벌 금융위기로 재정난에 빠진 산유국들은 3兆 달러 이상의 외환보유고를 가진 중국에 기대지 않을 수 없게 된 형국이 되었다. 중국은 이를 활용해 CNPC(중국석유천연가스집단공사)와 시노펙(중국석유화공)과 CNOOC(중국해양공사) 등 3대 거대 국유공사를 내세워 에너지자원에 매우 적극적으로 나섰다.

중국은 '앙골라 모델'에서 읽게 했던 대로 지금은 '패키지(package) 전략'으로 전 세계 산유국에 접근하고 있다. 이들 국가에 부족한 사회간접자본(SOC)을 인력과 장비로 건설해 주면서 다른 한편으로는 석유와 천연가스 개발권을 따내는 식이다.

세계화도 석유 앞에서는 무력

1990년대 초반 라틴아메리카 국가들은 세계화의 기치를 내세운 국제통화기금(IMF)과 세계은행 등에 절대적으로 끌려 다녔다. 아르헨티나와 베네수엘라 등은 외환 원조를 받기 위해 이들 기관의 경제 개방과 민영화 요구에 따라 석유기업을 오일메이저에 넘겨주었다. 그러나 이제는 상황이 달라졌다. 이 가운데 차베스 대통령은 2006년 재선에 당선됨과 동시에 엑손모빌 등 오일메이저에 내주었던 석유산업 주도권을 되찾았다. 이제 오일메이저는 오히려 새로운 유전 개발에 참여하기 위해 남미 국가들의 눈치를 보는 처지가 되었다.

중동시장에서 시비시를 통한 국부창조 2.0의 기대

원천적으로 지는 게임에서 요행은 자충수에 불과하다. 자원빈국 코리아가 앞에서 소개한 중동산유국과 오일메이저와 석유제국 차이나를 상대로 게임은 승산의 확률에 1.0% 미만이다. 그래서 국부창조를 위해 그들이 벌이고 있는 피가 터지는 전쟁터를 비켜서서 거북선을 만든 조선왕국 코리아답게 눈에 보이는 전술적 대응에 기대를 걸면 어떨까 싶다.

우선 그들이 필요로 하는 업스트림(Up stream) 부문에서의 석유산업용 시비시(深海底) 선박을 파는 일이다. 그리고 이를 통해 2% 부족한 범위의 경제에 대한 아이템 개발로 운영의 묘를 얻어내는 일이 한 대안이 될 수 있다. 아니 그렇게 믿고 함께 뛰는 일에서 국부창조의 2.0 버전을 완수시켜야 한다.

16억 무슬림이 모은 무슬림금융을
국부창조로 활용하는 열린 자세의 수쿠크 운용

올해는 전 세계적으로 정치의 한 해가 된다. 미국을 비롯하여 러시아와 중국은 새로운 국가지도자가 선출되거나 재선되는 그야말로 2012년은 세계 정치기상도가 변혁의 물결에 내몰리고 있다. 한국도 예외가 아니다. 4월의 총선과 12월의 대선을 통해 우리는 새로운 국회의원을 뽑았고, 또 대통령을 뽑게 된다.

그렇다고 내가 정치 얘기를 하려는 것은 아니다. 다만 지난 18대 국회가 무슬림채권법의 통과를 유보한 채 19대로 넘긴 그 점에 대한 고찰(考察)이다. 수쿠크(Sukuk)로 대변되는 무슬림채권은 한국인 정서에 이런 공식으로 인지되고, 그렇게 해석한 이유를 모르는 바는 아니다.

'무슬림채권인 수쿠크(Sukuk) = 9·11 테러 자금'

이게 다는 아니다. 표와 돈에 취약한 한국 정치권이 총선과 대선을 의식해서 이 법의 통과를 잠시 유보한 것으로 이해할 수 있다. 하지만 2008년과 2011년 글로벌 금융위기를 겪으면서 전 세계의 경제는 안갯속에서 헤매고 있다. 그리스가 그렇고 이탈리아가 그렇다. 더 넓게는 유로존이 흔들리기 시작했다. 이탈리아 국채의 금리가 6.9%까지 치솟고 있다.

더욱이 무슬림금융을 통한 국부창조는 곧 중동시장 선점을 위한 실탄에 해당한다. 아무리 좋은 무기를 가지고 있다 해도 거기에 맞는 실탄이 없다면 이는 쇠붙이에 불과하다. 때문에 2012년 정치계절을 통해 새롭게 선출될 국가지도자는 한국 국회에 잠자고 있는 수쿠크법을 통과시켜 중동시장에서 뛰고 있는 한국 기업에 실탄을 안겨주어야 한다.

가장 설득력이 있는 논점(論点)은 단 두 가지다. 하나는 전 세계 15억 무슬림이 모여서 운용하고 있는 돈이 바로 무슬림금융이라는 것이다. 다른 하나는 전 세계 70여 국가에서 통용되고 이용하는 수쿠크의 위력은 중동의 오일머니가 가세하여 물경 3조 달러에 이르고 있다는 것이다. 이를 통해 지난 2010년 한 해 동안 수쿠크 발행규모는 390억 달러에 달했다. 2000년의 3억 달러와 단순 비교해도 130배가 넘는다(p.172 도표 참조).

무슬림금융의 유치에 대한 타당성 고찰(考察)

우선 무슬림금융은 세계 금융계가 주목하는 시장이다. 중요한 점은 선진 각국이 다양한 혜택과 제도 개선으로 무슬림금융의 유치 경쟁을 벌이고 있기 때문이다. 그렇다면 우리는 어떻게 무슬림금융에 접근해야 할까? 어떤 식으로 운용할까? 이는 크게 세 가지로 요약할 수 있다.

첫째는 국가경제가 도움이 되는지에 대한 정밀한 논의가 본질적으로 정책적 차원에서 이루어져야 한다.

둘째는 도입의 타당성이 확인된다면 무슬림금융 시장을 어떻게 선점할지에 초점을 맞추어서 제반 법규를 정리해야 한다.

셋째는 이를 위해 19대 한국 국회는 무슬림금융에 대한 법률 제정과 시행은 합리적인 판단의 끝자락에다 국부창조의 발판을 명분론으로 삼아야 한다.

미국과 영국과 일본에서 적용되는 개념이 한국에서만 불가한 이유에 대한 정당성을 확인할 수 있다는 점은 옥에 티다. 실제로 이명박 정부가 이 법을 제안한 동기는 금융위기가 일어났을 때를 대비해서 지금까지 미국과 유럽에 의존하던 외화(달러)를 중동지역 산유국의 오일머니가 들어오는 길을 열어놓고 외화 유입 창구를 다변화함으로써 한국경제의 유동성을 안정시키자는 의도에서 출발했다. 이에 반발하는 일부 한국 종교지도자들과 정치권이 손을 잡고 이를 기피한 전력에 매달려서 더 이상 국력을 소모할 필요가 있을까?

이자가 아닌 배당 개념의 수쿠크

무슬림채권인 수쿠크(Sukuk) 역사는 올해로 49년을 거슬러 올라간다. 지난 1963년 이집트의 마트 강 은행에서 시작되었다. 하지만 세계 금융 메커니즘이 자본주의와 맥을 달리해 발전한 관계로 수쿠크는 별로 주목을 받지 못했다.

이런 수쿠크가 중동지역 오일머니 파워로 작용한 2000년부터 변신의 기회를 얻게 된다. 각종 사회간접자본의 인프라 자금 형태로서 수쿠크는 중동지역 개발 붐에 편승하여 국제자본으로의 진입이 가능하게 된 것이다.

그러나 전제조건이 붙었다. 수쿠크는 이자를 받는 것을 금지하는 무슬림 율법인 샤리아에 따라 '이자' 대신 '배당' 형식으로 지급되는 무슬림채권이라는 점이다. 기존의 수익구조와는 다른 차원의 금융상품이다. 우선 구조와 운용이 다르다는 전제조건 때문에 접근방식도 달라짐이 특히 두드러진 차이점이 된다. 실제로 수쿠크의 발원지는 바레인이다. 그렇지만 지금은 아부다비가 중앙에 포진하면서 이제는 '아부다비=수쿠크' 등식이 생겨났다. 지금의 '세계 수쿠크 발행 메이저=말레이시아'는 후속편에 해당한다. 물결 3조 달러 규모로 급팽창하고 있는 무슬림금융의 현재는 전 세계 헤지펀드 규모로 알려진 2조 달러를 이미 앞섰다.

수쿠크는 곧 오일머니의 유입

수쿠크의 다른 이름인 무슬림채권은 앞에서 소개한 대로 돈을 빌려주는 대가(代價)로 이자를 받는 것을 금지한다. 그래서 무슬림 자본은 실물투자 형식을 빌려 대출이나 투자를 한다. 다른 나라에서는 주택매입자금을 빌려줄 때 돈을 빌려준 뒤에 그에 따른 이자를 받는 데 비해, 무슬림권에서는 해당 주택을 직접 산 뒤 채무자에게 빌려주고 원리금 대신 사용료를 받는다. 더구나 무슬림채권 수쿠크는 한국이 그쪽에 돈을 주는 것이 아니고 투자를 받는 것이라는 점을 너무나 간과했다. 그 투자의 종잣돈이 바로 오일머니라는 점이 밝혀졌지만 2010년 12월 23일 한국 국회는 무슬림채권법 심의를 보류하고 말았다.

국회의 어이없는 결정 이후 5일 뒤인 12월 27일 한국컨소시엄이

400억 달러(47조)짜리 아부다비 원전수주에 성공했다. 지식경제부는 12월 27일을 '원자력의 날'로 제정하자고 제안했고 이명박 대통령은 '제2의 중동 붐'을 기대한다는 희망을 피력했다.

하지만 "무슬림채권에 대한 세금면제 조항 하나 손대지 못하면서 제2의 중동 붐을 기대할 수 있을까?" 하고 되묻고 싶다.

수쿠크로 빌려가라는 말레이시아 금융권

무슬림채권법 처리가 무산된 직후 2011년 3월 무슬림금융권 허브로 성장한 말레이시아는 한국 금융회사들에 '링깃본드(말레이시아 링깃화 표시 일반채권)'보다는 수쿠크 방식을 이용할 것을 요구하고 나섰다.

말레이시아 정부는 산업은행이 빌리기로 한 35억 링깃(약 12억 달러) 가운데 25억 링깃을 수쿠크 발행을 통해서만 빌릴 수 있다고 통보해왔었다. 실제로 한국 금융회사들은 링깃본드 형식으로 연간 10억 달러 정도를 조달해왔다. 이를 확대시켜 나갈 한국 금융회사들은 한국 국회의 기피로 결국 더 이상 수쿠크를 이용할 수 없게 되었다.

오죽하면 당시 마하티르 전 말레이시아 대통령이 한국 기자들에게 서한을 보내 수쿠크에 대한 올바른 이해를 당부했다. 마하티르 전 대통령은 "한국 친구들(my Korean friends)이 단순히 자금이 산유국 아랍국가에서 나왔다는 이유로 수쿠크를 반대하지 않기를 바란다"면서 "많은 유럽 은행들도 무슬림채권을 발행하고 있다. 그들이 이런 펀딩을 했을 때 돈이 테러 활동으로 쓰이게 된다면 이런 영업을 하겠느냐"고 반문했다.

예컨대 중동시장에서 국부창조를 이룩하기 위해서는 16억 무슬림이 조성한 무슬림금융과의 밀월은 '바늘과 실'의 사이라는 점이 더욱 분명해졌다.

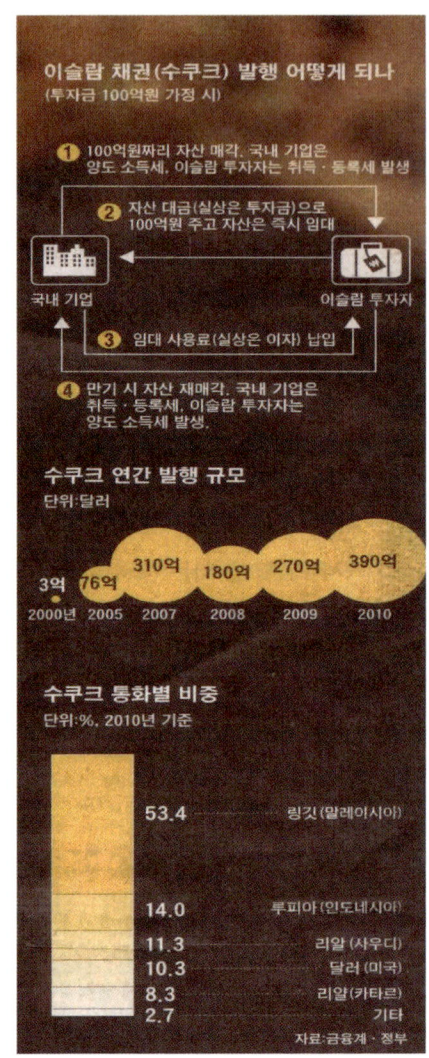

이슬람 채권(수쿠크) 발행 어떻게 되나
(투자금 100억원 가정 시)

1 100억원짜리 자산 매각. 국내 기업은 양도 소득세, 이슬람 투자자는 취득·등록세 발생

2 자산 대금(실상은 투자금)으로 100억원 주고 자산은 즉시 임대

국내 기업   이슬람 투자자

3 임대 사용료(실상은 이자) 납입

4 만기 시 자산 재매각. 국내 기업은 취득·등록세, 이슬람 투자자는 양도 소득세 발생.

수쿠크 연간 발행 규모
단위:달러

3억   76억   310억   180억   270억   390억
2000년   2005   2007   2008   2009   2010

수쿠크 통화별 비중
단위:%, 2010년 기준

53.4 ———— 링깃 (말레이시아)

14.0 ———— 루피아 (인도네시아)

11.3 ———— 리알 (사우디)
10.3 ———— 달러 (미국)
8.3 ———— 리알 (카타르)
2.7 ———— 기타

자료:금융계·정부

5

그 많은 지하자금을 밖으로 나오게 하는 명분론 명세서

돈에는 꼬리표가 없다. 있을 수도 없다. 그러나 뭉칫돈의 행방을 가늠하는 경제지표는 이제 조금씩 베일을 벗고 있다. 지난해 6월 스위스 국세청이 제3국 국적자의 한국 상장주식 배당세액 일부인 500만 스위스프랑(약 58억 원)을 징수해 국세청에 환급하면서 스위스 한국인 비밀금고가 존재함을 명확하게 드러냈다.

2010년 한 해 동안 스위스 금융기관을 통해 한국증시에 투자된 자금의 총 규모는 4조 안팎이다. 이 가운데 불법 유입된 자금에 대해서는 현재로선 대기업을 포함한 대주주(사주)들이 불법으로 조성한 비자금이거나 불법 유출된 정치자금이라는 시각이 적지 않다. 이를 두고 지난해 6월 국세청 관계자는 "현재 한국은 77개국과 조세조약을 맺고 있다"면서 조만간 스위스 한국인 비밀금고가 열릴 수 있다고 밝혔다. 이를테면 한국인이 스위스 비밀계좌에 숨겨놓은 검은 뭉칫돈을 정부가 확인할 수 있는 길이 열리게 된 것이다.

한국 정부는 불법자금으로 스위스라든가, 룩셈부르크라든가에 검은돈을 빼돌리는 것을 막기 위한 방안 중 하나로 그동안 조세피난처 (tax haven)를 비롯한 주요국과 금융정보 교환협정 확대를 추진해 왔다. 스위스와 맺은 협정이 올해 안에 공식 발효되면 한국 정부는 세금을 탈루한 것으로 의심되는 사람들의 계좌를 스위스 은행 측에 제출해 구체적인 계좌 내역을 확인할 수 있게 된다. 같은 케이스로 2011년 6월 시도상선의 권혁 회장과 카자흐스탄 구리사업자 차용규 씨의 경우처럼 역외 탈세 자금이 수익을 찾아 한국에 재유입된 사례에서 보듯이 검은 뭉칫돈의 존재는 이미 확인된 셈이다. 이들의 돈이 스위스를 비롯하여 케이맨과 버전아일랜드 등 조세피난처에 유입돼 있을 가능성도 인지하고 있다.

7조 달러 묻혀 있는 머니 블랙홀

이처럼 세계 각국이 조세피난처와의 전쟁에 나선 것은 글로벌 금융위기로 자국 경제가 쇠약해진 가운데 조세피난처가 탈세를 부추기고 있다고 판단하기 때문이다. 세금이 조세피난처로 줄줄이 새면서 재정 약화에 기여하고 있다는 얘기다.

경제협력개발기구(OECD)는 2000년부터 조세피난처 '블랙리스트'를 작성하고 있다. 이를 통해 OECD는 2007년 전 세계 조세피난처에 은닉된 자금이 5조~7조 달러에 이를 것으로 추산하고 있다. 따라서 우리는 이 뭉칫돈이 이제는 음지에서 양지로 나오게끔 법과 제도를 바꾸어 산업자금화시키는 일이 필요하게 되었다. 가능하면 여기다가 한국 내 지하경제로 숨어 있는 뭉칫돈 300兆 원을 함께 묶어서 말이다.

최근 한국조세연구원이 추정한 2008년 지하경제(shadow economy) 비중이 GDP의 17~29%에 이른다고 밝혔다. 2010년에 GDP가 1,172조 원이었으므로 지하경제 규모는 적게는 200조 원에, 많게는 300조 원에 이르고 있다. 단순 계산해 필리핀(1,800억 달러)이라든가 그리스 (3,000억 달러) GDP와 맞먹는 거대한 경제가 어둠 속에 숨어 있는 것이다.

역외탈세 차단에 나선 한국 정부

한국 정부는 최근 해외금융계좌 신고제 도입을 비롯하여 조세조약 협정 개정과 국제공조 체제 강화 등이 담긴 법과 제도 개선에 나서고 있다. 국세청도 해외계좌신고제 실효성을 높이기 위해 역외탈세와 해외금융자산 허위신고 및 미신고 여부 등을 파악할 수 있도록 조직 개편에 들어갔다. 또 국세청은 현재 임시조직으로 운영되고 있는 역외탈세추적전담센터를 관계 부처와 협의해서 올해 상반기까지 과단위로 상설조직화해 운영을 서두르고 있다. 분명 여기에는 일부 부유층의 해외 재산 은닉과 역외 탈세를 막기 위한 고강도 종합 처방전 마련에 돌입할 것으로 예단된다.

각종 역외탈세자금과 지하자금을 아우르는 명분제공 명세서

다시 언급하지만 돈에는 꼬리표가 없다. 있을 수도 없다. 다만 뭉칫돈이 세상 밖으로 나와서 산업자금화하는 일에서 돈의 운용(運用)에 대한 가치를 얻어내는 일이 중요하다. 음성자금의 산업자금화는 여러 가지 대안이 있겠지만 중동시장에서 국부창조의 지름길로 통하는 음성자금에 대한 양성화 작업에 그 가치를 극대화시킬 수 있다. 따라서 나는 이 책 제6장에서 마지막 주제로 선정해 이를 공론화시키고자 한다. 단 하나의 이유와 명분론 제기로 말이다.

한마디로 이 주제(또는 테마)는 중동시장에서 원자력발전의 르네상스를 위한 제안이다. 잘 알려진 대로 지금 중동시장에서는 '탈(脫)석유 정책'이 거세게 일고 있다. 유한한 원유 생산에 대한 준비와 함께 계속 늘고 있는 에너지 수요를 감당하기 위해 신재생에너지 확보에 몰입하고 있다. 그 대안의 하나가 바로 원자력발전소 건설이다.

하지만 원전 건설비는 천문학적 건설비용이 든다. 140만MW급 원전 1기 건설비는 줄잡아 50억 달러다. 여기에 그치지 않고 원전은 발전사고를 감안하여 2기 단위로 발주된다. 그러니까 원자력발전소를 짓기 위해 100억 달러 내외가 든다. 그럼에도 불구하고 한국에 원전 러브콜을 보내고 있는 터키와 남아프리카공화국 등은 조건부 원전계획을 내세우고 있다. 발주처가 공사대금을 지불하는 것에 우선하여 함께 짓고 운영하자는 제안이다. 실제로 원전의 공사기간은 6년이나 소요된다. 여기에 60년 운영까지 합하면 향후 66년의 시간과 천문학적인 돈이 소요되는 거대 프로젝트다. 아부다비 브라카에 설립될 아부다비 원전이 그렇다.

따라서 이를 공론화해서 원전 건설비를 충당하는 데 검은 뭉칫돈을 활용하자는 것이다. 가능하면 국내외 대형 국책은행을 복수로 선정해 이들이 책임 있는 주관사가 되어 '66년 원전 농사'를 위한 자금화에 대한 내역에다 이익분배에 관한 편익 명세서를 만들어 제시하는 것이다. 별다른 수익을 찾지 못해 음성적 자금화에 가담한 이 검은 뭉칫돈을 원자력발전 건설비라는 양지로 끌어내 전용하자는 것이다. 명분과 실리를 주면 뭉칫돈 소유자(또는 기업)는 여기에 동참할 것이라고 판단된다.

다만 한국 정부가 원자력발전용 자금에 대해서는 면죄와 면세 같은 통 큰 정책적 제시를 명문화하는 데 인색하지 말고 그 대신 환영하는 분위기 연출에 앞장선다면 자연스럽게 외국 검은 자본의 동참에 유인책이 될 수 있다. 그래서 여러 가지 제안보다는 실효성이 있는 명분과 실리에서 중동시장이 요구하는 원자력발전 건설에 대한 단 하나의 예외조항 신설이 필요하다.

자원빈국 코리아의 국부창조는 먼 곳에 있지 않다. 지금 진행되고 있는 원자력발전소 건설을 통해 그 가능성에 함께 머리를 모으는 지혜만 발휘하면 된다. '길은 멀리 있지 않고 바로 우리 곁에 있다'는 직언(直言)이 우리 모두의 가슴마디에 와 닿는다.

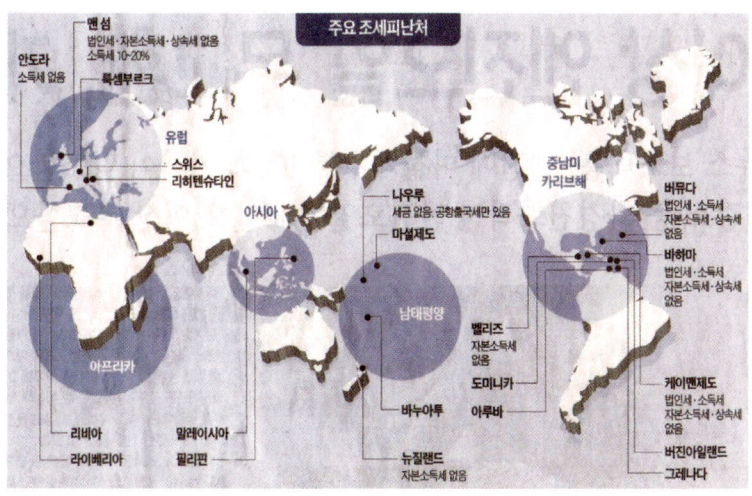

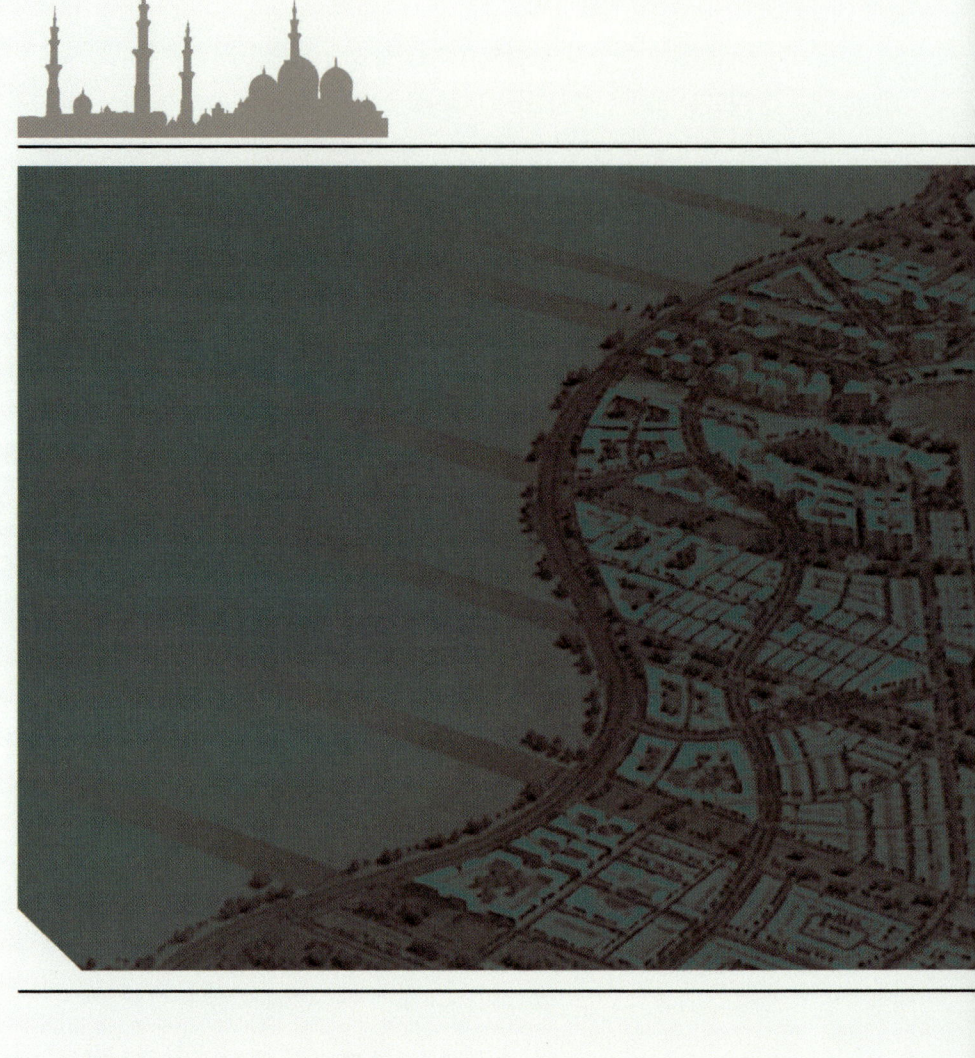

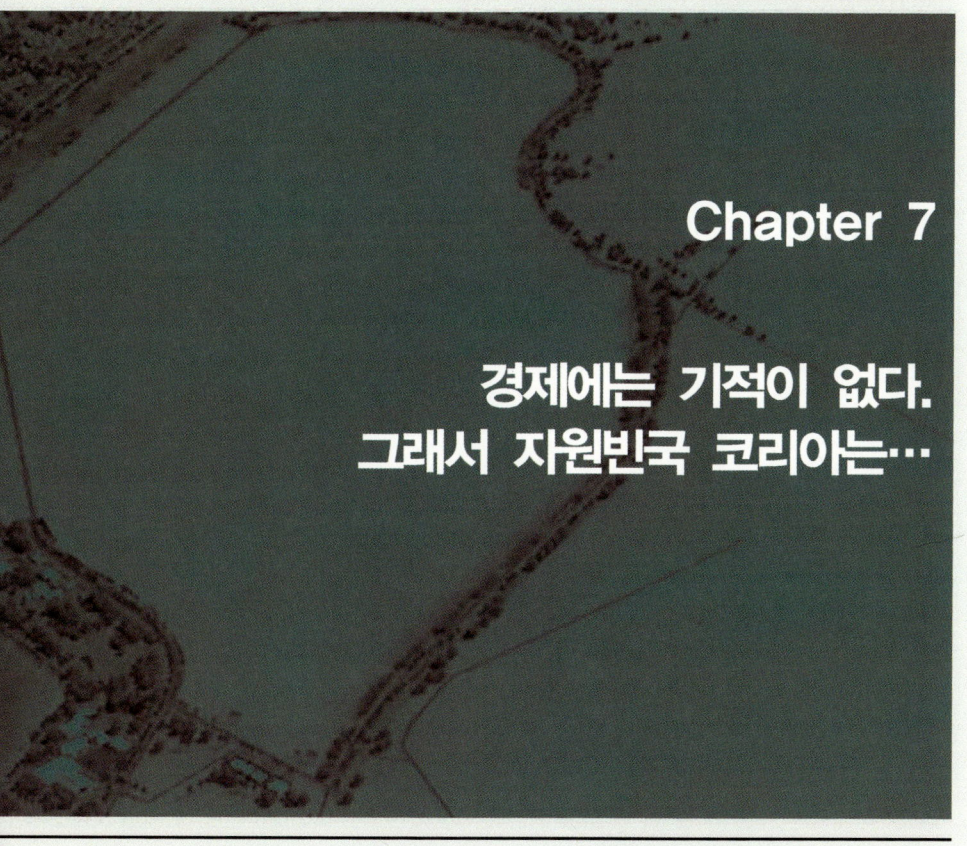

Chapter 7

경제에는 기적이 없다.
그래서 자원빈국 코리아는…

1

한국이 얻어낸 신성장동력으로
중동시장에서 국부창조를 열고

　이 책 서두에서 언급한 대목을 다시 반복한다. 올해 초 기획재정부가 보도자료로 발표한 내용인 '세계 경제의 위기관리와 신성장동력 발굴을 통한 해외시장 확대'에 관한 후렴이다. 이를 위해 이 책 마지막 제7장은 자원빈국 코리아가 중동시장에서 과연 어떻게, 어떤 아이템으로, 또 어떤 과정을 밟아 괄목할 만한 성적표를 쌓을 수 있는가를 조명한다.

　가시화된 주제와 아이템은 이미 국내외 언론매체를 통해 잘 알려지고 있다. 하지만 구체적인 내용을 타깃으로 삼아 이를 제시할 것이다. 넘어야 할 산이 높다. 상대는 전 세계가 인정하는 타고난 비즈니스맨들이다. 게다가 우리만 러브콜을 보내는 것이 아니라 유럽과 중국이 가세하여 우리를 앞지르고 있다. 말처럼 그렇게 만만하지는 않다는 얘기다.

경제에는 기적이 없다는 게 정설이다. 요행이나 국운에 기대는 것은 차선이다. 우선은 한국식 수출일변도의 셀링 마케팅이 아닌 바이어 마케팅으로 다시 이들 시장을 보듬어야 한다. 석유와 천연가스가 절대적으로 필요한 자원빈국 코리아는 이를 간과하지 말고 자원 효율적으로 비즈니스에 임하는 자세가 무엇보다 중요하다.

중동지역 산유국들은 탈(脫)석유와 탈(脫)에너지를 내세우고 있지만, 속내는 이지 에너지(easy energy) 시대를 은근히 기대하고 있다. 앞에서 여러 차례 소개한 대로 이를 교집합해서 신성장동력을 아이템으로 규정해 전술적 측면으로 나서게 되면 바람직한 접근정책이 된다. LG그룹은 발 빠르게 올해의 기대주로 녹색성장을 선정하고 나섰다.

LG그룹의 '그린 2020'

야심찬 LG그룹의 '그린 2020'은 2015년까지 그린 분야를 신성장동력으로 간주해 그린 분야에 8조여 원을 투자해 1만여 개의 일자리를 만들고 오는 2020년에는 그룹 전체 매출의 15%를 그린 아이템에서 벌어들인다는 청사진을 제시했다. 이미 'LG 그린경영 리포트'를 발표해서 미래 비전에 힘찬 동력을 제공하기 시작했다.

LG그룹 관계자는 "기후변화 이슈에 대응하는 한편 지속성장을 위해서는 그린경영이 필수적이라는 사실을 임직원에게 전파하는 게 그린 리포트의 목적이다"라고 밝히면서 "여기에는 전기자동차 부품과 태양광과 수 처리 등 그린사업에 역량을 집중하자는 의지가 담겨 있다"고 설명했다.

지난해 한 해 동안 LG그룹은 3조 원의 매출을 올렸고 올해는 4조 원을 캔다는 비전 달성을 위해 미국과 중동시장을 향해 뛰고 있다.

환경부가 매립장 발전소 준공으로 터키에서 쌓은 성적표

최근 환경부는 지난해 11월 하순 터키 남동부 반 시티(Van City)에서 발생한 지진으로 당시에 어수선했었다. 그 달 26일 터키 지진 진앙지와는 멀리 떨어진 가지안테프에서는 한국 환경산업의 현지 진출을 알리는 큰 행사가 진행되었다.

터키 가지안테프 시 과학센터 전시관에서는 환경부 산하 한국환경산업기술원과 포스코CT 등이 컨소시엄으로 참여해 사업권을 따낸 매립가스발전소의 준공식을 거행했다. 이 발전소는 중동지상에서 새롭게 부상하고 있는 터키의 매립장 두 곳(가지안테프 시와 볼루 시)에서 발생하는 매립가스를 회수해 전력을 생산하는 시설이다.

규모는 6.7MW급으로 NH투자증권은 이 사업에 250억 원을 투자했다. 발전소 가동으로 생산된 전력판매와 자발적탄소배출권(GSVER) 획득으로 향후 10년간 1,800억 원의 수익 창출을 기대하게 되었다.

마루이 가지안테프 시 부시장은 이날 축사를 통해 "현재 계획하고 있는 혐기성소화 발전사업에 대해서도 한국과 지속적인 협력이 이루어지기를 희망한다"면서 "앞으로도 한국과 터키는 환경 분야에서 뜨거운 형제애를 만들어 갔으면 좋겠다"고 밝혔다.

또 동서양의 만남의 도시 터키의 이스탄불에서 운행 중인 2,354대의 노후 버스를 CNG연료 사용으로 개조하는 사업권을 따내는 협상이 진행됨은 그다음 일이다. 이래저래 한국이 갈고닦은 환경기술로 경쟁국가의 기업들과 힘겨운 경쟁입찰을 통해 빅 비즈니스를 열고 있다는 점이 경이 그 자체가 된다.

서남해 해상풍력단지에서 벌어지고 있는 에너지사업

서남해 해상풍력단지는 서해 위도 연안에 2019년까지 3단계로 나누어 풍력발전시설 총 500개를 세우는 매머드급 프로젝트다. 단지 조성에만 10조 2,000억 원이 투입되는 건국 이래 최대의 규모다.

정부의 계획대로 해상풍력단지가 조성되면 일자리 7만 6,000개가 창출된다. 여기에 그치지 않고 한국 이명박 정부가 제안한 '저탄소 녹색성장'의 결정판인 세계 3대 해상풍력 강국으로의 도약이 가시화될 수 있다.

보는 것만 믿고 지갑을 열고 있는 중동시장의 생리를 염두에 두면 이 해상풍력단지의 시행과 건설과정은 백 마디 말이나 수사보다는 그 효과를 통해 수주와 직결되기 때문에 더욱 관심을 증폭시키고 있다.

실제로 한국 풍력산업과 관련 기술은 상당 부분 글로벌 선진국 수준에 근접했다. 지난해 3월에 국내 한 기업은 3MW급 풍력터빈 세계 인증을 획득했다. 일부 관련 기업도 5MW급에 도전하는 등 외국 메이저 기업과 비교해도 손색이 없는 기술력을 속속 확보하고 있다. 과거에는 중화학공업이나 철강산업 등이 한국을 먹여 살려 왔던 대표적인 성장동력산업이었다. 그러나 무역 2조 달러를 지향하는 한국에는 앞으로 세계 초일류 수준으로 올라선 조선과 기계업 경쟁력을 바탕으로 해상풍력을 미래 신성장산업의 하나로서 기대해야 한다.

반도체나 자동차와 마찬가지로 한국은 해상풍력에서도 세계를 제패(制覇)할 수 있는 잠재력과 역량을 충분히 지니고 있다. 이 역시 터키에서의 매립가스 발전소 준공처럼 더 큰 기대가 될 수 있게끔 믿고 싶다.

나 여기 있소! 기아 레이EV

한 번 충전하면 139km를 달릴 수 있고, 최대 속도는 시속 130km, 100% 한국기술력이 모아져서 출시가 가시화되고 있는 기아 레이EV가 모습을 드러냈다. 지난해 12월 22일 양웅철 기아차 부회장은 "첫 한국 전기차인 기아 레이EV는 이제 대량 생산체제 구축을 완료했다"고 밝히면서 "기아차가 보유한 전기차 기술력과 국내 부품업체의 경쟁력이 결합되어 100% 한국기술만으로도 전기차 시대를 열게 되었다"고 주장했다.

기아차는 이날 경기도 화성시 내 기아차 남양기술연구소에서 국내외 기자들을 초청해 '레이EV' 시승행사를 겸한 출시기념회를 열었다. 우선 기존 전기차가 안고 있는 최대 약점인 '배터리 주행거리' 문제를 상당 부분 개선한 미래지향적이며 또 중동시장에서 큰 기대가 되는 전기자동차의 기술력 확보가 구축된 실체였다.

'레이EV'에는 50kW짜리 모터와 16.4kWh짜리 리튬이온배터리가 장착된다. 전기차는 배터리와 전기모터만으로 움직이는 만큼 주행 중에 배기가스가 전혀 나오지 않아 친환경 자동차로 손색이 없으며 동시에 소음이 없다는 장점마저 지니고 있다.

기아자동차는 올해 전기차 '레이EV' 2,500대 생산을 목표로 삼고 있고, 2014년에는 다음 버전인 '쏘울'의 출시를 계획하고 있다. 문제는 미국과 유럽 등의 자동차 메이커들과의 가격 경쟁력 확보다. 더 나아가서 전기차 모터에 소요되는 희토류와 배터리용 리튬이온의 원자재 확보다.

이 두 가지 원자재 확보의 고비를 넘겨야만 외국 자동차 메이커와의 가격 경쟁력에서 승자가 될 수 있고 동시에 중동시장에서 전기차 시장의 선점이 가능해진다. 물론 중동시장 선점을 위해 여기에다 원자력발전소 건설을 추가하면 비즈니스 포트폴리오는 최상급이나 마찬가지가 된다.

국부창조에서 이만한 아이템과 기술력을 지닌 나라 가운데 한국만한 나라는 그렇게 생각보다 많지 않다는 점을 간과하지 말고 선택과 집중으로 이를 집대성하는 데 그 결과는 나타나게 된다.

"걸(乞) 기대하자!"

없는 경제 기적을 새롭게 인지한 외교통상부의 변신

올해는 용(龍)의 해다. 연초부터 60년 만에 찾아오는 '흑룡(黑龍)의 해'라고 해서 이를 앞세운 업계의 마케팅이 요란하다. 용의 해는 12년을 주기로 반복되지만 그중에서 임진년(壬辰年)은 한 번씩 돌아온다. 중국 주역에 의하면 임(壬)은 수(水)에 해당하고 색깔로는 검은색이다. 그래서 올해 임진년은 '블랙 드래곤'이다.

역사적으로 임진년은 큰 변고가 많았다. 가깝게는 '포스트 김정일 시대'를 대비하는 외교의 분수령을 슬기롭게 넘어야 한다. 60년 전인 1952년에는 6·25전쟁이 한창이었다. 더 멀리 1592년에는 임진왜란이 발생했다.

믿거나 말거나일 수 있지만 올해 음력 3월은 진월(辰月)이므로 용의 해와 겹쳐서 쌍룡제회(雙龍際會)의 운수가 되어 '국운(國運)의 샘물'이 솟아나는 한 해로 치고 있다. 이러한 운수에 따라 경제는 비록 기적이 없다 해도 한국 정부가, 특히 외교통상부가 중동시장에서 국운을 믿고, 구각을 깨고 변신과 도약을 기대하는 일에서 모범을 기대하게 된다.

여기서도 이유는 단 한 가지이다. 중동지역 국가들은 대부분 정치체제가 왕정체제로 이어가고 있기 때문에 현지 외통부 대사관 위주의 시장 접근에서 관련 기업을 도와주고 연결시키는 데 어느 정부 부처보다 긴요한 포지션으로 떠오르고 있기 때문이다. 통상과 무역을 돕는 무역협회와 **KOTRA**의 힘도 필요하지만 중동지역의 특수성을 감안하면 외통부의 변신에 거는 기대는 남다르다.

오리엔트 코리아에서 월드 코리아로 가기 위해서는 안보 대신 경제 클릭이 대세

지금의 경제적 글로벌 금융위기를 경제사적 의미로 직시해서 어떻게 하면 이 위기를 최소화하고 효율적으로 리스크를 관리할 수 있을까? 이런 상황 속에서 외통부의 변신은 이제 중동시장에서 과제이자 미션이 된다.

아랍의 봄이 진행되는 과정은 이제 시작에 불과하고 나라마다 사정을 달리하고 있어서 대사관 임무 분담은 개별적이어야 한다. 재외공관장이 이제는 책임을 지고 주재국마다 각기 다른 경제와 시장에 정통한 만큼 여기에 맞춤개념을 적용해서 능동적으로 대처하는 기민성이 발휘되어야 한다.

이미 오바마 정부의 국무부도 지난해부터 안보에서 경제로 '클릭 이동'을 시작했다. 미국 외교정책의 사령탑인 힐러리 클린턴 국무장관은 안보에 우선하여 경제로 급선회하는 정책적 변화를 운영하고 있다. 최근 클린턴 국무장관은 뉴욕 경제포럼에 참석하여 "우리 미국이 경제력을 키우기 위해서는 친구는 물론이고 어제의 적조차도 외교적으로 활용할 수 있어야 한다"면서 "이제 미국은 새로운 경제 질서를 창출하고 이를 끌어야 하는 시대적 변혁기를 맞고 있다"고 강하게 역설했다.

미국 국무부는 세계 경제 위기를 좀 더 심도 있게 다루고 동시에 외교정책에 경제를 접목시키기 위해 백악관에만 있는 '경제수석(Chief Economist)' 자리를 신설하여 운영하고 있다.

바로 이 점이 한국 정부의 외통부가 중동시장에서의 정책 주역으로 다시 변신과 변신을 거듭하여 경제기적을 이루는 숨은 정부 기관이 되어야 하는 첫 번째 이유다.

외통부의 변신에 물꼬는 텄다

외통부는 구각을 깨고 변하고 있다. 지난해 11월 러시아 의료관광 사업 설명회 만찬장에서 물의를 빚은 이르쿠츠크 총영사가 긴급 소환되었다. 재외 공관장이 업무상 과실이 아닌 부적절한 행위로 소환을 받은 것은 외교부 사상 처음 있는 일이다.

지나친 처사라는 지적도 있었지만 김성환 장관은 이제부터 외통부에서는 어떤 물의에 대해서도 '무관용 원칙'을 적용한다고 밝혔다. 이에 앞서 외통부는 그해 9월에도 156개 재외공관장을 대상으로 통합성과평가를 실시했다. 156개 공관장이 정무를 비롯하여 경제통상과 영사와 개발협력 등 8개 분야 총 168개 지표를 대상으로 평가를 받아 전체 등수와 분야별 등수가 통보되었다. 여태까지 한국을 대표하는 상징적이고 종합적인 외교 역할만 담당해 오던 공관장들이 이처럼 구체적인 평가가 매년 실시되어 인사에 반영된다고 하자 자기 공관의 문제점이 어디에 있는지를 분야별로 점검하기 시작했다.

또 '제너럴리스트' 외교관의 한계를 극복하고 외교통상업무의 전문성을 높이기 위한 국립외교원 출범도 앞두고 있다. 외통부 특채파동으로 촉발된 기존의 외무고시제도를 대체하는 외교아카데미가 최초로 만들어지는 것이다. 새로 출범할 서희외교아카데미(가칭)는 선발과정에서부터 전문성이 강화된다. 외국어 능력과 고시과목 시험을 통해 신입 외교관을 선발하는 것이 아니라 국제법과 지역별 대응능력을 갖춘 인재들을 분야별로 선발하게 된다.

실제로 그동안 한국은 세계 10위권 경제대국이고 무역이 차지하는 경제비중이 70%에 이르는 데 비해 외교통상의 역량은 매우 미흡했다. 한국은 규모가 작은 네덜란드와 캐나다에 비해서도 공관 수나 외교관 수가 턱없이 부족했다. 미국 국무부는 세계경제전략을 총괄하며 거의 총리 역할까지 담당하는데 한국 외통부는 아직까지 부총리 기능도 담당해본 적이 없다.

2005년 중국 상하이의 12만 평 용지에 신설한 푸둥공산당간부학교의 엄청난 시설과 통상업무 대응 커리큘럼을 보면서 이번에 출범하는 서희외교아카데미도 세계가 놀랄 만한 외교통상기관으로의 출범을 기대해본다. 외교통상 업무의 선진화가 국가경쟁력을 좌우하기 때문이다.

그렇다고 굳이 여기서 지난해 12월 국민권익위원회가 발표한 38개 중앙행정부처를 대상으로 실시한 민원 서비스 만족도 결과에서 외통부와 기재부가 하위권을 맴돌았음을 지적하지 않겠다. 다만 지난해에도 33위로 최하위권에 랭크된 외통부는 재외공관을 찾는 기업이나 외국에 거주하는 재외동포들을 불친절하게 다루지는 않았는지 등을 스스로 돌아보아야 한다. 이를 직시하면서 미국과 중국처럼 중동지역을 커버하는 재외공관장은 외통부 장관을 상대로 주재 상무관의 수를 지금의 세 배 이상 증원할 것을 요구해야 한다. 물론 아랍어와 영어에 능통한 것은 기본이고 국부창조 차원의 국가 비즈니스맨이 되는 일에 기꺼이 동참하면 된다. 경제에는 기적이 없듯이 국운에 대한 기대를 거는 대신 스스로 중동시장의 안내자로, 파수꾼으로 무장해 각종 비즈니스 정보를 가지고 이 지역에 진출을 서두르는 관련 기업을 위한 외교통상부의 주역이 되어야 한다.

이 한 가지만 통달하면 지금의 외통부 국민만족도 33위에서 20위로 등극하는 일은 그렇게 무리수가 아닐 터다.

3

오일머니! 아직도 무시 못 할 사우디아라비아 파워

지난 1938년 미국 석유회사가 사우디아라비아 사막에서 최초로 석유를 파내기 시작한 이래 1970년대 두 차례 오일쇼크를 거치면서 전 세계를 뒤흔드는 오일 파워에 뒤늦게 눈을 뜬 사우디 정부는 1980년 셸 등 서방의 오일메이저를 하루아침에 국유화시켰다. 이렇게 해서 생겨난 세계 최대 규모의 석유회사가 바로 아람코(ARAMCO)이다.

아람코는 전 세계의 확인된 매장량 가운데 약 20%에 해당하는 2,600억 배럴의 사우디 원유를 독점 생산하고 있다. 언제든 하루 1,200만 배럴까지 증산시킬 수 있는 여력이 있어 유가 안정을 위한 최후의 보루다. 이라크와 베네수엘라 등의 국영회사(NOC)는 물론이고 세계 최대 오일메이저인 엑손모빌마저 초라하게 보일 규모를 자랑하고 있다.

또 아람코를 진정 돋보이게 만든 것은 단순히 이런 숫자가 아니다. 우수한 경영능력과 위계적인 문화를 가지고 있어서다. 우선 아람코는 안정적인 입지와 장기적인 사업계획을 바탕으로 막대한 수익을 상류

부문의 강화와 하류 및 석유화학 분야의 확대에 고루 배분한 것에서 특별함을 지닌다. 이란이 중동지역 2위의 매장량에도 불구하고 무슬림 혁명의 혼란 속에서 서방의 색깔 지우기에 급급한 나머지 경영능력 면에서 큰 차이를 보인 것과 대조적이다.

결국 1980년 후반부터 아람코는 수출 원유 가격 결정권을 행사하고 있으며, 사우디 국왕부터 나서서 외부 입김을 철저하게 막아주고 있다. 그리고 그 맨 중앙에는 알라이미 석유광물부 장관이 버티고 있다. 그는 아람코에서 CEO로 오랫동안 겸직해온 장본인이다.

알라이미 석유대통령의 주문

지난 2011년 10월 20일 알라이미 장관은 울산을 찾았다. 그는 OPEC과 GCC에 미치는 영향력이 막대하다 보니 '세계 석유대통령'이라는 별칭까지 가지고 있다. 1995년 장관에 취임한 이후 17년간 4회째 연임 중이다. 이런 알라이미 장관이 울산을 찾은 이유는 에쓰오일의 '온산공장 확장 프로젝트' 준공식에 참석하기 위해서다. 이날 준공식에는 이명박 대통령을 비롯하여 알팔리 아람코 총재와 조양호 한진그룹 회장 등이 참석했다.

아람코는 1991년 에쓰오일의 지분 35%를 인수해 대주주가 되었다. 이때 사우디 아람코의 총재가 바로 알라이미 장관이었다. 에쓰오일은 합작 이후 두 차례 시설 증설을 통해 하루 원유 생산량을 9만 배럴에서 58만 배럴까지 늘렸다. 뿐만 아니라 한국 정유사 가운데 최초로 '정제고도화시설(중질유 분해시설)'을 짓기도 했다. 정제고도화시설은 원유를 정제하고 남은 벙커C유 등 값싼 중질유를 휘발유 및 경유와 같은 값이 비싼 경질유로 바꿔주는 첨단시설의 하나다.

또 아람코는 최근 미래 먹을거리 확보를 위해 사업다각화에도 몰두하고 있다. 2011년 6월에는 한국실리콘 지분(33.4%)을 인수해 태양광 사업에 진출했다. 이를 지켜본 한국 언론매체는 알라이미 장관의 울산 방문에 대해서 이런 헤드라인으로 대접했다.

"세계 석유대통령, 한국에 반하다(<중앙일보> 2011년 10월 21일자 참조)."

이러한 대접은 준공식에 참석한 이명박 대통령이 축사에서 알라이미 장관을 "아람코 CEO 시절, 사우디 역사상 최초로 한국에 대한 대형투자를 결정한 인물이다"라고 치켜세웠다.

이어 "(에쓰오일 외에도) 한국의 다른 분야에 적극적으로 투자해주길 권유한다"고 아람코 측에 당부했다. 이에 알라이미 장관은 서툰 한국어로 "같이 갑시다, 감사합니다"라며 고마움을 표시했다.

다시 이를 종합해 정리해보면 국부창조의 지름길이 먼 곳에 있는 것이 아니라 울산의 성공사례를 극대화하는 것도 한 대안임이 분명해졌다. 바로 바람난 사우디를 보듬는 일이다.

바람난 사우디아라비아

사우디는 지구상에서 유일하게 여성의 운전을 금지하고 있다. 이를 합리화시키는 데 달인이 되어버렸다. 다른 한편으로는 이율배반적으로 세계 최대 규모의 '누라 빈 압둘라 공주대학'을 개교시켰다. 여성에 대해 벽이 높은 사우디에서 5만 명 학생의 수용이 가능한 이 캠퍼스의 개교는 여성차별 철폐의 단면을 보여주었다고 할 수 있다. 또 최근 향후 5년 안에 일반인 대상 121개 병원을 개원하겠다는 뉴스로 벌어진 입을 다물지 못하게 했다.

그러나 더욱 놀라운 것은 한국과 사우디가 학생 교류의 불모지 중 하나라는 점이다. 이는 아랍의 봄에 의한 중동시장 변화를 완화시키려는 정책적 배려로 볼 수 있다. 이에 최근 내가 알고 있는 매체나 인터넷을 통해 접한 내용이 아니라 근래 서울을 방문한 투리키 알파이살 사우디 주미 대사가 직접 밝힌 내용을 대신 제시한다.

현재 전 세계에 12만 명의 사우디 대학생들이 사우디 국비 장학생으로 선발되어 교육을 받고 있다고 한다. 믿기지 않겠지만 한국 출신의 대학생은 단 한 사람도 없다. 이렇게 교육적 교류가 부재하는데 인적 네트워크를 제시해 봐야 공염불에 불과할 것이다. 따라서 오늘날 자원빈국 코리아의 국부창조를 위한 아이템인 원자력발전소를 사우디 정부에서 16개소나 건설하겠다고 발표해 다시금 초미의 관심사로 부상하고 있다. 이게 바람난 사우디아라비아만이 가능한 선심성 유화정책의 백미이자 우리의 기대를 크게 부풀리고 있다.

이러한 정책적 제시야말로 오일머니에 의한 국력으로서 사우디아라비아 파워에 해당한다. 이를 바탕 삼아 최근 중국에 점령당하고 있는 사우디 시장을 한국이 되찾는 계기가 되어야 할 것이다.

양해각서(MOU) · 로펌 파워 · 방송다큐 2.0 · 비즈니스 모델(BM)

　일반적 상거래에서 양해각서(MOU) 체결은 요식행위에 지나지 않는다. 하등 법적인 조치가 불가능하고 다만 갑(바이어)과 을(셀러)의 사이에서 공통분모를 만들어 사업을 발전시키기 위한 하나의 공감 표시일 뿐이다.

　MOU의 법적 효력은 대형 프로젝트에서 갑과 을의 계약상 효력을 얻어 돈(또는 대금)이 통장에 들어오기까지의 전 단계일 뿐이다. 이를 완수하기 위해서는 보증을 위한 로펌의 계약서가 작성되고 다시 계약서에 따라 갑과 을 사이에 돈이 오가야 한다. 다 아는 사실이지만 중동시장 진출에 있어서는 이러한 불문율이 익숙하지 않다. 이 단계까지 밟지 않으면 곧 실패를 의미한다.

　지난해 한 해 동안 한국과 아부다비 정부 사이에 맺은 MOU 건수는 줄잡아 130건 내외였다. 그러나 성공 확률이 3.5% 미만이라는 사실이 밝혀지면서 MOU와 로펌의 활용성에 대한 인식이 달라지기 시작했다.

경제에는 기적이 없듯이 중동시장 진출에 가이드라인으로서 로펌이 보증한 계약서에서 국부창조가 가능하다는 점이 이제는 금과옥조가 되었다. 여기에 도움말을 붙이자면 아부다비와 한국 사이에서 발생하는 각종 계약서를 완수하기 위해, 아부다비~런던~한국을 잇고 또 아우르는 데 가장 긴요한 최적의 로펌은 유럽계 로펌이다. 예를 들어 아부다비 에미리트들은 유럽계 로펌을 신뢰하고 동시에 그들의 능력을 믿고 있다. 제2의 비즈니스를 제시하는 그들 로펌 파워에 이미 맛이 들어 있기 때문이다.

전(前)과 후(後) 단계를 위한 현지 미디어 활용의 극대화 노력

지난해 성탄절을 맞은 한국 방송계에서 방송 다큐는 시청자 공감대 형성에 지대한 영향력으로 작용했다. 종편체제로 돌입하면서 시청률 10%는 기록적인 수치인데도 12%대를 기록한 작품은 두 개였다. 하나는 고(故) 김수환 추기경을 소재로 제작한 '바보야'이다. 다른 하나는 지리산초등학교를 소재로 삼은 '꿈꾸는 오케스트라 180일의 기록' 등이다.

성탄절 특집 프로그램답게 오랜 시간과 많은 스태프가 동원된 작품이기도 하지만 갈수록 불확실성이 높아가는 한국 경제의 어둠에 서광을 주듯 신선한 충격과 감동에서 일등감이었다. TV드라마가 사랑과 로망이라면 방송 다큐는 과거와 현재, 그리고 미래 지향의 메시지이기 때문에 공감과 교훈을 겸하게 된다. 하지만 이를 국부창조로 패러디하면 계약당사자의 관계설정을 위한 갑과 을의 중매에 해당한다.

앞에서 내가 소개한 이명박 대통령과 알라이미 사우디 석유광물부 장관의 축사와 치사를 국내 언론매체에서 대서특필했다고 해도 사우디를 비롯한 중동지역 시장 구성원에게는 아무런 전달이 없다. 그래서 전달할 메시지는 더더욱 없다.

이를 해소하기 위해서는 성탄절 특집으로 방영한 한국 다큐의 편집기술을 그대로 아랍어나 영어로 제작해서 현지 미디어를 통해 방영하는 일이 이제는 필요하게 되었다. 이를 우리는 전(前)과 후(後) 단계를 함께 아우르는 현지 미디어 활용이라고 부르고 있다. 지속가능하고 부가가치를 높이기 위해서라도 현지 미디어 활용은 매우 긴요한 숙제이자 과제로서 그만 한 투자가치가 상존한다.

세 가지 비즈니스 모델(BM) 소개

하지만 국부창조의 실체를 제시하거나 확인시켜야만 여기에 상응한 대접을 받게 된다. 아무리 이론이 좋다고 해도 현실적으로 불가능한 이론 제시는 그야말로 사상누각(沙上樓閣)이나 진배없다. 일단의 사업 계약을 위해 양해각서를 체결하고, 이어서 신용도 100%인 국제 로펌의 계약서를 만들고 다시 이를 위한 현지 미디어 활용용 다큐까지 겸했다고 해도 말이다. 더욱이 현재 중동시장에서 통용되고 있는 비즈니스 제1조 제1절 제1항으로 회자되고 있는 최고(最高)와 최대(最大)와 최초(最初)까지 겸비해서 제시해야 비즈니스 성사에 기대를 걸 수 있다는 이론적 배경도 때로는 함량 미달로 치고 있다.

뿐만 아니라 여기에 하나의 필요조건과 다른 하나의 전제조건이 붙는다. 필요조건은 융합이 가미된 조건으로서 정보기술(IT)이라든가 문화기술(CT)이라든가 단수가 아닌 복수 개념이어야 한다. 이를테면 세계적인 컨설팅업체 매킨지 수석 연구원 데이비드 포트럭이 발표한 저서 □클릭 앤 모르타르(Click and Mortar)□에서 나온 내용이다. 여기서 클릭은 인터넷과 같은 정보기술을 지칭하고 있고 반면 모르타르는 굴뚝산업을 대변한 제조업 개념이다.

다른 전제조건은 중동시장의 현지화다. 단순 수출을 넘어 현지에서 응용하거나 현지에서 직접 생산하는 일로 규정된다.

실질적이고 현장 중심의 바이어 마케팅 개념에 흡족한 아이템을 선정하고, 또 이를 이들에게 제시하는 데 있어서 대강 세 가지 아이템이 목하 거론되고 있다.

하나는 이 책 제5장에서 소개한 내용인 문화기술(CT)의 커리큘럼을 만들어 현지에 전문대학을 개설하는 일이다. 일반대학은 사우디의 리야드와 아부다비 등에 세계적인 명문 대학이 이미 포진하고 있다. 과목도 다양해서 없는 것 찾기가 더 어려운 수준이다. 때문에 차별성과 현지성을 기반한 틈새시장 개념에 따라 문화기술의 강좌를 개설하자는 것이다.

이 문화기술은 지금 전 세계에서 기술과 생산이 동시에 이루어지고 있어서 미래가 밝다. 더욱이 중동지역 도시국가들이 요구하고 기대하는 아이템이다. 왜냐하면 지금의 지구촌은 스마트폰과 스마트TV와 각종 질병을 체크할 수 있는 인체해부도를 문화기술의 3D로 재현할 수 있음을 대(大)로망으로 삼고 있어서다. 동시에 탈(脫)석유와 탈(脫)에너지를 비켜나기 위해서는 미래의 기대주인 젊은 자국민의 인재양성에 대한 수요와 요구에 부응할 수 있기 때문이다.

둘은 갈수록 노령화 추세에 맞는 의료문화 창달을 위한 측면에서 장수를 기대하는 그들에게 필요한 건강의료검증 시스템에 관련된 인재양성을 지칭한다. 창조적 국가로 가는 길로서 한국이 갈고닦은 의술의 전수다. 박성희 서울대 교수팀이 상용화에 나선 당뇨병 환자 치료용 '면역조절항체 요법'과 이원재 서울대 생명과학부 교수의 '배 속 미생물의 인슐린 분비조절' 기술에다 최신 개인 맞춤형 게놈 지도를 적용한 건강의료검증 시스템을 그들은 요구하고 있다.

셋은 웰빙문화의 전수다. 유통업 만능시대를 구가했던 중동시장에서 가장 필요한 제조업 촉진정책에 따른 할랄 푸드의 상품화다. 예를 들면 오징어 과자의 할랄 푸드화다. 최근 중동지역에서 급증하고 있는 골다공증 환자를 겨냥한 건강상품의 출시이다. 이를 위해 이미 일본에서 개발한 식품 제조 기술을 그대로 전수하는 일이다. 실제로 필자는 오징어 과자의 명산지인 일본 북해도에 다녀왔다. 그리고 그 가능성에 높은 점수를 주었다. 계약단계에서 후쿠시마 원전 사고로 일본해가 오염될 수 있을 것이라는 선입견에 의해 불발된 아이템이라 더 기대를 안겨준다.

최근 아부다비에서는 이탈리아 자본에 의해 치즈가 본격적으로 생산되고 있다. 이들은 현지화를 극대화시키기 위해 알 아린의 우유를 공급받아 'Made in UAE'라는 원산지를 명기한 치즈를 제조하는 데 성공했다. 우유 1,000리터를 가지고 치즈 140kg을 생산하는 등 괄목할 만한 성적표를 쌓았다.

일본 북해도 농산조합의 설명에 의하면 오징어 과자의 론칭이 가시화되면 중동시장의 기호식품으로 으뜸인 야자나무열매 과자 시장만큼 큰 시장이 될 수 있다고 주장했다. 그들 역시 오징어 과자의 미래를 '틈새시장+제조기술+현대 마케팅'이라는 최적의 성공률로서 3대 전제를 달았다.

이 세 가지 비즈니스 아이템은 이론 단계를 넘어 현실적인 논리에 부합시켜서 오는 5월 21일부터 23일까지 사흘간 아부다비 국제전시장(ADNC)에서 개최될 'Made in Korea 2012'에 선보일 것이다. 물론 펀딩 문제는 수출지향의 일본 기업과 달리 현지화로 전제되었기 때문에 아부다비투자청(ADIA)과 아부다비보건청의 관심이 매우 높아서 기술적 문제만 남은 셈이다.

최근 건국 40주년을 맞아 아부다비를 이끌고 있는 지도자인 칼리파 대통령의 '에미리트화(Emiratisation)' 완수는 다양한 인종과 국적과 문화로 이루어진 국가가 하나의 정신 아래 번영과 진보를 위해 나아가기 위한 국가 비전의 극대화로 이해된다.

여기에 부합된 내용일 수 있는 아이템이지만 아부다비의 로망이 현재 사디야트 섬에 건설 중인 루브르 중동관 등을 통해 '중동의 파리로 진화(進化)'하고자 하는 이들의 요구와 일치하고 있다.

아부다비 찍고 터키를 거쳐 아예 자원부국 카자흐스탄까지

'In 37 years, South Korea has for the first time gained access to the Abu Dhabi oil fields in the UAE.

On the second day of President Myung-bak Lee's visit to Abu Dhabi, the two countries signed on 3 sets of agreement for bilateral cooperation in the fields of oil development and future growth engine.'

우선 어려운 영어를 차용해서 미안하지만 이를 직역하면 다음 정도로 이해할 수 있다.

'한국이 37년 만에 아부다비 유전(油田)의 문을 열었다. 올해(2011년) 3월 아부다비를 방문한 이명박 대통령이 둘째 날, 양국 간의 원유 개발 협력과 미래성장동력 협력 체결을 위한 모두 3가지 문서에 서명했다.'

여기에 인용한 글은 한국석유공사 사보지 □석유 사랑□(126호)에서 발췌한 내용이다. 사디야트 섬 개발을 통해 '중동의 파리로 진화'하는 자원부국 아부다비와 자원빈국 한국과의 유전개발 소식과 함께 동맹국 수준의 경제협력을 내용으로 담고 있다.

비록 한때이지만 10억 배럴 유전개발은 허풍으로 소개되어 혼선이 없지 않았다. 그러나 이번 이명박 대통령의 4개 중동국가 순방에 의해 봉합되었다. 내용은 5억 7,000만 배럴의 매장량이 확인된 아부다비의 3개 공구에 대한 개발권 획득이다(<조선일보> 2012년 3월 6일자 참조).

이를 다시 들춰보면 경제에는 기적이 없다는 당연한 전제에다 '그래서'를 추가시켜 국부창조를 위한 자원빈국 코리아의 대응과 대안을 녹여내는 과정에서 이제 마지막 차례를 맞고 있다. 또한 이 책의 마지막을 동시에 맞고 있다.

왜 아부다비일까

결론은 새로 만드는 일보다는 이미 만들어진 일에서 승부수에 적중할 확률이 높기 때문이다. 한국과 중동의 파리로의 진화를 꿈꾸는 아부다비 정부와의 밀월은 지난 2009년 12월 브라카에 세워질 원전 수주부터 그 빛이 발휘된다.

중동 해외플랜트 역사에서 가장 장족의 발자취는 아부다비 루와이스 석유화학단지에 그대로 녹아 있다. 삼성엔지니어링이 건설하여 준공시킨 석유화학플랜트와 GS건설의 그린 디젤(GDP)은 대표적인 케이스다. 이어서 아크부대 파병과 지난해 6월 아부다비에서 서쪽으로

260km 지점에 위치한 1600MW급 슈웨이핫(Shuweihat) S3 가스복합화력발전소의 건설과 운영사업(BOO)에 필요한 금융계약을 성공리에 마쳤다.

한국전력은 사업비 14억 달러를 한국수출입은행과 JBIC(일본제협력은행) 등으로부터 조달하여 초기 부담 없이 사업을 수행하는 매머드급 프로젝트가 성사되었다. 이처럼 아부다비 정부는 한국과의 동맹국가로 발전하는 곳이기 때문에 중동시장에서 국부창조의 지름길에서의 베이스캠프는 아부다비가 최적지라고 판단되어서다.

연일 국내 언론매체에 아부다비 관련 기사가 넘쳐나는 것은 하등 이상하지 않다는 점이 방증의 실체다. 그래서 촌스럽고 바보스럽게 영어로 표현된 내용을 차용하는 우행(愚行)을 자청했다. 가독률과 현실감을 높이겠다는 어쭙잖음이 작용했을 터다.

그래도 설명과 내용에는 하등 이상하거나 불합리한 제안은 없다. 있다면 전 세계 경제가 안갯속을 맴돌고 있는 지금의 경제현실을 직시해 보면 국부창조의 당위성으로서 중동시장의 메리트는 상대적으로 높다는 판단이 앞섰기 때문이다.

다른 부연 설명을 붙이자면 앞에서 소개한 대로 K-POP의 한류에 의해 아부다비 소재 자이드(Zayed)대학에서는 한국어과의 인기가 '짱'이라는 점은 돋보임 이상의 가치가 있다.

왜 지금 터키일까

아랍의 봄을 통해 터키의 국운(國運)은 상종가를 치고 있다. 2003년 총리직에 오른 에르도안 총리는 개헌이라는 신임투표를 통해 올해 총선에서도 승리의 가능성이 높아지고 있다.

그가 이끄는 정의개발당(AKP)이 승리한다면 세 번째 집권이 된다.

에르도안 총리는 낮은 실업률과 높은 경제성장률 등 그의 경제성과가 지속돼 이미 승리는 예상될 정도다. 또 에르도안 총리는 '세속적인 약화(弱化)'를 통해 중동과 중앙아시아에 걸쳐 있는 범무슬림권과 관계를 더욱 강화할 수 있는 계기를 마련했다.

201년 10월 27일에 실시한 개헌안 제안마저 국민투표를 통해 59%의 찬성으로 가결되었다. 이번 터키의 개헌에서 핵심은 '정교분리'와 '세속주의'라는 고시를 고집하는 사법부와 군부의 권한을 약화시켰다.

개헌의 현대화를 통해 사생활 보호와 아동권리 보장은 에르도안 총리의 치적에서 압권에 속한다. 특히 아랍의 봄을 맞고 있는 이집트가 최근 터키를 롤모델로 삼고 러브콜을 보내고 있어서 터키의 주가는 상종가를 계속 진행시키고 있다. 그 끝자락에서 한국이 기대하는 원전 소식에 희망을 걸고 있다.

왜 자원빈국 코리아는 중앙아시아 카자흐스탄을 주목할까

카자흐스탄은 원유 매장량 세계 9위에다 아연 및 텅스텐 매장량이 세계 1위이다. 우라늄 매장량도 세계 2위를 자랑할 정도로 천연자원이 풍부하다. 2010년 기준으로 광산업 비중이 국가경제의 50%를 차지하고 있다. 하지만 천연자원을 가공해 부가가치를 높이는 기술을 갖추지 못했다.

카자흐스탄 정부는 자원이 고갈되면 경제성장이 어려울 것으로 판단해서 2010년 9월 한국과학기술평가원(KISTEP) 측에 조언을 요청했다. KISTEP는 한국 과학기술정책 기획 경험을 토대로 카자흐스탄에 대한 맞춤형 컨설팅에 착수했다. 그 과정에서 금속광산기술을 비롯하여 원유와 천연가스 등 7개 분야에 집중 투자할 필요가 있다고 분석했다. 이를 받아본 카림 마시모프 카자흐스탄 총리는 "한국의 높은 R&D 집중도는 매우 인상적이다"면서 "카자흐스탄이 글로벌 혁신을 이끄는 나라 중 하나인 한국과 함께하게 되어 기쁘다"고 밝혔다.

향후 KISTEP의 한국 과학기술 노하우 전수는 중동시장에서 한국이 수확할 국부창조의 다음 타깃이다. 따라서 국부창조의 지름길이 되게끔 중앙아시아 시장을 겨냥하기 위해서라도 이번 카자흐스탄과의 기술 노하우 이전은 매우 현실성이 강하다.

우선적으로 국부창조의 베이스캠프 아부다비에서 싹을 틔우고 여기서 성공모델을 만들면서 다른 한편으로는 리비아와 사우디, 그리고 이라크와 터키를 거쳐서 결국 다음 시장 타깃을 중앙아시아로의 연장을 고려 대상에 포함시켜야 한다.

아니 그 첫 과녁이 카자흐스탄이 될 수 있어야 한다. 우선적으로 초석을 잘 깔고 함께 성공모델이 나오게끔 한국 정부는 뒷받침과 함께 외교 능력의 중지를 모아 주어야 한다. 가능하면 올해 대선을 통해 선출한 18대 신임 대통령은 이를 잘 챙겨서 국부창조의 기틀을 마련한다면 글로벌 금융위기와 같은 미증유의 경제 불황을 차단하는 효과까지 겸할 수 있다고 예단된다.

임진년 흑룡의 해라고 하는 올해 국가 운수가 대통이라는 연초의 기대가 그렇게 영글기를 바라는 마음에서 우리 모두 강한 믿음으로 국부창조 2.0 버전을 함께 꾸려보면 좋겠다. 이 마지막 끝자락에서 어려운 영어까지 차용한 집필의 트릭은 결국 이런 바람과 기대가 매우 크기 때문이었는지도 모른다.

기회의 땅–아부다비, 터키

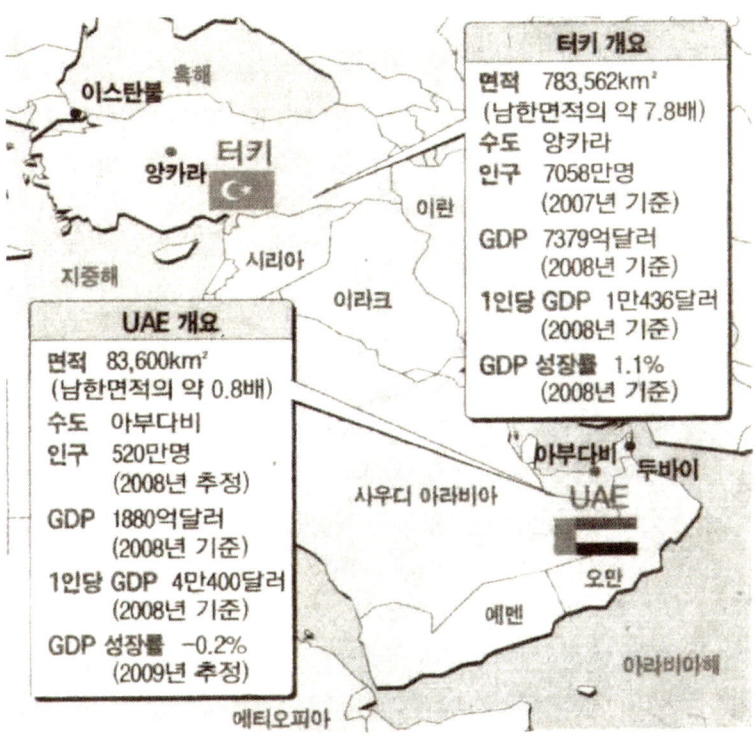

에필로그

재스민 혁명으로 발아된 아랍의 봄은 중동시장에 대한 전면적인 변화를 예고하고 있다. 우선 빵과 일자리와 민주화 요구가 믹싱된 아랍 민초들의 요구가 기존의 시장 질서를 거부하는 몸짓에서 이를 가시화시키고 있어서다.

여기에는 세 가지 단서가 붙는다. 하나는 정치와 종교가 분리된 아랍의 국가체제가 이를 수정하는 행동이 강하게 일고 있다는 점이다. 다른 하나는 석유정치학적 관점에서 보는 호르무즈 해협의 긴장상태가 어떻게 진행되고 있을 것인가에 대한 관심사다.

마지막 하나는 그동안 세계 경제를 좌지우지했던 미국의 중동시장에 대한 일련의 대응정책의 변화가 예전과 사뭇 다르게 진행되고 있다는 점이다.

다른 변수로는 중동시장에 대한 중국의 진입상태다. 여기에 자원빈국 코리아가 제2 중동신화를 강하게 외치고 있다는 점을 배제하기 어렵다. 이명박 대통령이 올해 2월 20일 제84차 라디오인터넷 방송을 통해 "제2의 중동 붐이 일면서 우리에게 또다시 기회가 오고 있다"면

서 "제2의 중동 붐을 기회로 삼자"를 강조한 가운데 이렇게 구체적인 제안을 곁들였다. "우선 사우디와 카타르와 아부다비 등 세 나라가 신(新)국가개발계획에 투입하는 예산만 6,000억 달러가 넘는다. 건설뿐만 아니라 교육산업을 비롯하여 의료산업과 방위산업 등과 같은 모든 분야에 걸쳐 대규모 투자가 이루어지고 있음을 직시해야 한다." 특히 이 대통령은 "현재 두 번의 글로벌 금융위기를 겪은 세계 경제는 한 치의 앞이 보이지 않는 대신 아랍의 봄에 의한 중동시장의 새로운 변화에 주목해야 한다"라고 밝혔다.

이를 위한 구체적인 정책 변화는 2월 24일 이 대통령의 주재로 열린 비상경제회의에서 그 윤곽이 드러났다. 해외건설시장 활성화와 원전분야의 극대화 그리고 중동지역 등 3개 분야에서 전문인력 양성 및 고용창출을 대폭 확대하겠다는 내용으로 해외 전문인력 양성에 따른 지원 대책을 발표했다. 세부적으로는 해외 근로자 병역특혜와 비과세 한도액 확대 등을 꼽았다. 제2 중동신화를 이룩하기 위해 정부가 앞장서고 이를 위해 관련 기업이 병행한 정책운영의 묘가 예전과 다른 모습이길 주문했다.

이러한 한국 정부의 정책 변화 중심에는 이 책에서 여러 차례 강조한 국부창조의 지름길과 같은 맥락으로 구분할 수 있는 이론적 배경도 포함된다.

　우선 중동시장에서 큰 비중을 차지하고 있는 이집트 시장의 최근 변화가 그 대표적인 사례가 되고 있다. 무슬림 근본주의자들의 대표적인 조직인 '무슬림형제단'의 변신에서 이미 중동시장 변화의 조짐을 보이기 시작했다.

　올해 초 마무리된 하원 총선에서 무슬림형제단이 만든 자유정의당이 47% 지지를 받으며 제1당이 되었을 때만 해도 비키니 수영복과 맥주 옹호자가 될 것을 아무도 예견하지 못했다. 그러나 최근 월스트리트저널(WSJ)이 전하는 뉴스에 따르면 자유정의당은 이집트 여행업자와 만난 자리에서 지금까지 금지시킨 알코올 판매와 이집트 해안에서 몸을 가리게 만들겠다는 선거공약을 포기하겠다고 밝혔다.

　무슬림형제단은 막상 국정을 책임지는 처지가 되고 보니 130억 달러의 산업 가치가 있고 고용 효과가 11%에 이르는 이집트 관광산업이 망가지는 것을 지켜볼 수만은 없었다.

　이 때문에 이집트 무슬림형제단이 먼저 움직였고 이를 등에 업은 자유정의당은 중동시장의 원리가 작동하는 변화된 정책을 보여주는 계기를 만들 수밖에 없었다. 또한 과거의 무슬림형제단은 이집트를 부채 국가로 만들려고 하고 있다고 의심했던 국제통화기금(IMF)에 32억 달러에 이르는 긴급자금까지 요청하고 있다.

　이렇게 중동시장이 안팎으로 변혁과 변화에 노출되면서부터 새로
운 시장작동을 그대로 정책에 반영시키는 나라들이 줄을 잇고 있다.
미국을 비롯하여 한국을 포함한 중국과 프랑스가 그 대표적인 케이
스에 속한다.

　이제 자원빈국 코리아의 우선순위는 중동시장의 선점을 통한 액션
플랜의 작동 유무에 따라 결정됨을 알아야만 한다. 이를 범국가적 과
제로 인정하면서 동시에 국가동력의 밑거름이 되게끔 서로를 보듬는
선린외교의 기틀을 세우는 노력이 필요하게 되었다.

　왜냐하면 자원빈국 코리아는 무역의존도(수출+수입/GDP)가 87%
에 이르고 있고 석유 수입으로 매년 1,000억 달러를 쓰고 있다. 이런
상황에서 중동시장에 진출한 한국 기업이든 중동시장 진출을 준비하
는 기업이든 구분 없이 중동시장의 변화부터 예의주시하는 지혜가
필수에 가깝기 때문이다.

　이를 위해서는 선제적으로 대응하는 게 급선무임이 자명해졌다.
따라서 단 1달러라도 한국은행에 보탬이 되는 국부창조의 지름길은
그 연장선상에서 찾아야 한다. 최우선적으로 아랍의 봄에 의해 새롭
게 진행되고 있는 중동시장의 변화에 맞추어 그들이 필요로 하고 또
요구사항부터 챙기는 지혜가 필요한 시점이 바로 지금이기 때문이다.

〈참고문헌〉

김동욱(2011). '입지 좁아지는 조세 피난처'. <한국경제>. 4.16.

김수현(2007). '폭발하는 수쿠크 시장'. <한국경제>. 1.31.

김신걸(2010). '한국이 중동 플랜트 새 역사를 쓰다'. <매일경제>. 3.23.

김중관(2011). '선진국은 무슬림 자금 유치전 치열한데'. <매일경제>. 3.2.

문일호(2011). '조선수출 효자, 드릴십'. <매일경제>. 5.28.

문진욱(2011). 'MENA 사태에 따른 세계경제 영향과 향후 과제'. 코트라 11-006.

박영건(2006). '세계 양대 건축사'. □신동아□. 7월호.

박중구(2011). '경제정책, 한국의 길을 가다'. <매일경제>. 12.7.

박찬진(2011). '중동(中東) 전문가 없는 대(對)중동 외교'. <매일경제>. 3.2.

손승호(2011). '이슬람금융의 현황과 활용방안'. □수은세계경제□. 10월호.

엄재호(2011). '외교통상부의 변신'. <매일경제>. 11.21.

이철환(2009). '중동 르네상스'. <매일경제>. 3.13

이철환(2009). '이슬람경제권과 가까워지는 길'. <매일경제>. 12.31.

인남식(2008). '중동을 이웃으로 사귀는 법'. <동아일보>. 2.2.

임은모(2010). □아부다비투자청(ADIA) 대해부□. 한국학술정보(주).

임은모(2012). □아부다비 통신□. 한국학술정보(주).

이현정(2010). 'GCC 은행산업의 현황과 과제'. □해외경제□, 12월호. 한국수출입은행.

장경덕(2011). '어둠 속에 숨은 300兆'. <매일경제>. 7.26.

차경진(2006). □이슬람금융 개요□. 해외경제연구소.

채수환(2012). 'UAE에 한국유전 생기다'. <매일경제>. 3.6.

한국수출입은행(2011). □세계국가편람□.

한국수출입은행(2011). □개도국은행편람□.

한국이슬람교중앙회(2006). □이슬람은?□.

한국정보사회진흥원(2010). □전자정부 로드맵 성과□.

부록

국별 리포트

1. 아부다비 국가신용도 평가리포트

Ⅰ. 일반개황

면적	84천 ㎢	GDP	3,019억 달러(2010)
인구	5백만 명(2010)	1인당 GDP	60,395달러(2010)
정치체제	7개 토후국 연방 절대군주제 (대통령 중심제)	통화단위	UAE Dirham(Dh)
대외정책	친서방	환율(달러당)	3.67(달러 페그제)

○ 걸프만 연안에 위치한 UAE는 아부다비(Abu Dhabi), 두바이(Dubai), 아즈만
   (Ajman), 푸자이라(Fujairah), 라스알카이마(Ras al-Khaimah), 샤르자(Sharjah),
   움알카이와인(Umm al-Qaiwain)의 7개 토후국으로 구성된 연합국*으로서
   사우디아라비아, 카타르, 오만과 접경하고 있음.

   * 7개 토후국은 각기 독립된 국가로서 독자적인 관할구역 및 역내 관할권을
     행사하고 있으며, 천연자원, 재정정책, 법률 등에 있어서 자율권을 가지고
     있음.

○ 튀니지에서 시작된 민주화 혁명이 중동지역 전역으로 확산되었으나, UAE는
   할리파 빈 자이드 알나하얀(Sheikh Khalifa bin Zayed Al Nahyan) 대통령
   의 통치하에 정치·사회의 안정세가 지속되고 있음.

○ UAE는 세계 6위의 원유(매장량 978억 배럴) 및 세계 7위의 천연가스(매장량
   213조 ft^3)를 보유한 자원부국으로 석유·가스 산업에 대한 경제의존도가 매
   우 높으며, 정부는 건설, 유통, 제조업 육성 등 산업다각화 정책을 지속적으
   로 추진하고 있음.

○ 2009년 11월에 두바이월드의 6개월 채무상환유예 요청으로 촉발된 두바이
   사태는 2010년 9월에 채무재조정이 완료되고, 두바이 정부가 2010년 10월

과 2011년 6월에 연이어 국채 발행에 성공하면서 어느 정도 안정을 회복한 것으로 평가됨.

○ UAE는 우리의 중동지역 제1위의 수출대상국이자 사우디아라비아에 이어 제 2의의 원유 수입대상국이며, 해외 건설·플랜트 수주국 중 제2위 국가임. 또한 한전 컨소시엄이 2009년 12월에 총 400억 달러 규모의 원자력 발전소 건설공사를 수주하고 2011년에는 매장량 10억 배럴 이상의 아부다비 유전개 발에 참여하기로 하는 등 양국 간 협력이 더욱 확대되고 있음.

II. 경제동향

1. 국내경제

□ 유가상승으로 경제성장 회복

○ UAE는 GDP의 40%, 수출의 30%, 재정수입의 80%를 차지하는 석유산업에 대한 경제의존도가 높아, 경제성장이 국제유가 등락과 원유 생산량 증감에 크게 좌우되고 있음.
  - 각 토후국이 UAE 전체 GDP에서 차지하는 비중은 아부다비가 61%, 두바이가 30%, 나머지 5개 토후국이 9%임.

○ 2006~08년에 경제는 국제유가 상승에 따른 수출 증가, 건설업 및 관광업을 중심으로 한 비석유산업의 고성장, 공공지출 확대 등에 힘입어 연 5% 이상의 견실한 성장을 시현하였음.

○ 2009년에는 세계 경기침체, 국제유가 하락 및 원유 생산량 감소*, 두바이 사태 등의 영향으로 3.2%의 마이너스 경제성장률을 기록하였음.

* 연도별 원유생산량(백만 b/d): 2.6(2006)→2.5(2007)→2.6(2008)→2.3(2009)→2.4(2010)→2.7(2011)

국제 유가(두바이유 기준)는 2009년에 배럴당 61.39달러로 2008년의 94.34달러에 비해 크게 하락하였으나, 2010년에는 12월 20일에 89.34달러까지 상승하는 등 평균 78.06달러를 기록하였음.

〈표 1〉 주요 국내경제 지표

(단위: %)

구분	2006년	2007년	2008년	2009년	2010년
경제성장률	8.8	6.5	5.3	-3.2	3.2
재정수지/GDP	18.1	15.4	16.5	-12.6	-1.3
소비자물가상승률	9.3	11.1	12.3	1.6	0.9

자료: IMF, EIU.

○ 그러나 2010년에는 확대 재정정책의 지속, 아부다비 정부의 개발 프로젝트 추진*, 국제유가 상승 및 원유 생산량 증가 등으로 3.2%의 플러스 경제성장률을 기록한 것으로 추정됨.

* 주요 개발 프로젝트: 캐피탈 시티(Capital City, 400억 달러), 야스 섬(Yas Island, 370억 달러), 사디야트 섬(Saadiyat Island, 275억 달러), 마스다르 시티(Masdar City, 220억 달러), 알-라하 비치(Al Raha Beach, 150억 달러) 등

○ 2011년에도 유가 상승과 원유 생산량 증가에 힘입어 3%대의 경제성장률을 기록할 것으로 예상되고, 향후에는 대규모 프로젝트 추진 등으로 연평균 4~5% 수준의 경제성장을 할 것으로 전망됨.

□ 소비자물가 상승세 크게 둔화

○ 2006~08년 오일머니 유입 확대에 따른 유동성 증가, 수입물가 상승, 민간 부문의 임금 인상, 부동산 가격 상승 등이 복합적으로 작용하면서 소비자물가는 연간 두 자릿수의 높은 상승률을 기록하였음.

○ 2009년에는 국제상품 가격이 하락하고 금융위기와 두바이 사태로 인하여 부동산 등의 자산 가격이 급락하면서 소비자물가상승률이 1.6%로 크게 하락하였음.

○ 2010년에는 세계경기 회복, 국제유가 상승 등 물가 상승요인에도 불구하고 두바이와 아부다비의 부동산 경기 침체 지속으로 소비자물가상승률이 전년보다 낮은 1% 수준을 기록한 것으로 추정됨. 그러나 2011년에는 식료품가격 상승 등의 영향으로 4%대의 소비자물가상승률을 기록할 전망임.

□ 재정수지는 2009~10년 적자에서 2011년에 흑자전환 전망

○ 2006~08년 재정수지는 국제유가 상승과 원유 생산량 확대에 따른 재정수입 증가로 매년 GDP 대비 15% 이상의 흑자를 기록하였음.

○ 2009년에는 국제유가 하락과 세계 경기침체의 영향으로 석유 및 비석유 부문에서 공히 재정수입이 감소한 반면, 금융위기 이후 시행된 정부의 확대 재정정책의 영향으로 정부지출은 오히려 증가하여 재정수지는 GDP의 12.6% 수준의 적자로 전환되었음.

○ 2010년에도 정부의 확대 재정정책 지속과 보조금 지급 확대에 따른 재정지

출 증가로 재정수지 적자가 지속되었으나, 유가 상승 등으로 적자 폭은 GDP 의 1%대로 축소된 것으로 추정됨. 2011년에는 국제유가 상승에 힘입어 재정 수지가 GDP 대비 6%대로 흑자전환할 것으로 전망됨.

2. 경제 구조 및 정책

가. 구조적 취약성

□ 석유 의존적 경제구조

○ 정부가 관광업, 금융업 등의 산업다각화 정책을 활발히 추진하고 있으나 여 전히 석유산업이 GDP의 40%, 수출의 30%, 재정수입의 80%를 차지하는 등 석유산업에 대한 경제의존도가 높아, 국제유가 변동 및 원유 생산량증감이 국가경제 전반에 상당한 영향을 주고 있음.

□ 전력수요 급증으로 공급능력 확충이 정부과제

○ 건설 붐 및 에너지 집약적 산업(알루미늄, 석유화학 등)의 급속한 성장, 그리 고 연평균 6%대의 높은 인구증가율 등의 영향으로 전력 수요가 급격히 증가 하여 왔음.

○ 전력 수요는 2007년은 13,117MW 수준에서 2010년 21,548MW, 2015년 32,814MW, 2020년에는 현재의 2배 수준인 40,858MW까지 대폭 확대될 것으로 전망되 어 전력 공급능력 확충이 시급한 상황임.

○ 이에 따라 정부는 기존 복합화력발전에서 벗어나 태양열, 원자력 등 대체에

너지원 개발에 고심하고 있음.

- 아부다비 정부의 마스다르 시티 프로젝트*의 일부로 추진 중인 10MW 태양열발전소 건립과 2009년 12월에 우리나라가 수주한 1,400MW급 원전 총 4기 건설 프로젝트는 대체에너지원 개발을 통해 급증하는 에너지 수요를 충족시키기 위한 정부계획에 따른 것임.

  * 마스다르 시티 프로젝트(Masdar City Project)는 세계 최초의 탄소 제로, 폐기물 제로의 친환경 도시를 건설하는 프로젝트로서 총 사업 규모가 220억 달러에 달함.

□ 외국인 노동력에 크게 의존

○ UAE는 외국인이 인구의 약 80%(특히, 두바이의 외국인 비중은 약 90%)를 차지하고 있으며, 자국민 노동력이 부족하여 인도, 파키스탄, 스리랑카, 방글라데시, 필리핀, 이집트, 이란 등의 외국인 노동력에 크게 의존하고 있음.

나. 성장 잠재력

□ 풍부한 천연자원을 보유한 자원부국

○ 원유의 확인매장량은 2010년 기준 세계 6위인 978억 배럴(세계 점유율 7.1%)로서, 이는 향후 100년 이상 동안 생산을 지속할 수 있는 규모임. 석유산업에 대한 경제의존도가 매우 높음에도 불구하고, 절대 매장량과 수출규모가 막대하여 석유산업이 지속적인 미래 성장산업으로 각광받고 있음.

○ 천연가스도 매장량이 세계 7위(213조 ft^3, 세계 점유율 3.2%)이며, 구리, 마그네슘, 망간 등 광물자원의 개발 잠재력도 비교적 풍부한 것으로 확인됨.

- 7개 토후국 중 국토의 86%, GDP의 61%를 차지하고 있는 아부다비가 UAE 원유 생산량의 90% 이상, 천연가스 매장량의 95% 이상을 차지하고 있음.

□ 중계무역기지의 이점

○ UAE는 동서양을 연결하는 곳에 위치한 지리적 이점, 낮은 조세부담, 양호한 물류 및 금융 인프라, 정부의 적극적인 개방정책 추진 등에 힘입어 중동, 아프리카, CIS 등 세계 150여 개 국가에 재수출(수입품의 40~70% 수준)을 하는 중계무역의 중심지로서 대표적 물류 거점지의 지위를 확보하고 있음.
- 특히 석유관련 산업, 은행업 및 상업용 부동산 임대업의 3개 산업을 제외하고는 기업과 개인의 모든 소득에 대해 세금을 부과하지 않고 있으며, 수입관세율도 GCC* 공통관세인 5%로 낮은 수준임.
  * 걸프협력회의(Gulf Cooperation Council: GCC)는 바레인, 쿠웨이트, 카타르, 오만, 사우디아라비아, UAE 등 6개국으로 구성된 경제협력체이며, 세계원유 매장량의 36%, 천연가스 매장량의 23%를 차지하고 있음.
- 또한 6개월 이내에 재수출할 경우에는 수입관세를 100% 환급해주고 있어, 세계 각지의 무역상들이 집결하는 중동 최대의 중계무역기지로서 발전하고 있음.

다. 정책성과

□ 산업다각화 정책 적극 추진 중

○ UAE 정부는 석유산업에 대한 경제의존도 분산을 위해 제조업, 금융서비스, 관광 등 비석유산업 분야에 대한 투자를 적극 확대하고 있음.
○ 과거 수년간 도로 개보수, 발전소 건설, 대형 송수관 매설, 주거시설 확대 등

기간산업에 대한 투자를 확대해왔으며, 최근에는 아부다비와 두바이를 중심으로 건설업, 금융, 그리고 관광산업 육성에 박차를 가하고 있음.

□ 적극적인 외국인 투자 유치

○ UAE는 비석유산업 육성을 위한 외국인 투자유치에 적극적임. 석유·가스 산업 및 금융업을 제외하고는 모든 분야의 투자 문호를 개방하였음. 또한 수입대체 의무, 수출 의무, 국산화 의무, 과실송금 제한 등 외화통제, 국내 판매 의무 등의 각종 규제가 없어, 외국인 투자자에게 우호적인 투자환경을 갖추고 있음.

○ 특히 약 30여 개의 자유무역지대 내에서는 외국인의 100% 지분소유가 인정되고, 세금이 없으며, 과실송금이 무제한 보장되고 있어 외국인 투자가 활발히 이루어지고 있음.

○ 이 같은 투자유치 정책에 힘입어, 2003년 43억 달러 규모에 불과했던 외국인투자 규모가 2007년에는 사상 최대치인 142억 달러까지 확대되었으며, 2008년에는 137억 달러를 기록하였음.

○ 최근 금융위기 및 두바이 사태 이후 정부는 외국인 투자유치 강화 정책의 일환으로 자유무역지대를 제외한 지역에서 현재 49%가 상한인 외국인 소유 지분율을 상향 조정하는 것을 검토 중임.

3. 대외거래

□ 경상수지 흑자 지속

○ 상품수지는 국제유가 상승에 따른 원유수출 증가와 중동 및 여타지역으로의
재수출 확대에 힘입어 흑자기조를 유지하고 있고 흑자 규모도 2005년 409
억 달러 수준에서 2008년 640억 달러로 50% 이상 증가하였음. 경상 수지
도 상품수지 흑자 확대에 힘입어 2006~08년 연 150억 달러 이상의 대규모
흑자를 시현하여 왔음.
- UAE의 수출구조(2010년 기준)
  재수출(40.9%), 석유·가스(30.1%), 기타(24.1%)
- UAE의 주요 교역대상국(2010년 기준)
  ·수출: 일본(17.8%), 인도(13.4%), 이란(6.8%), 한국(6.1%), 태국(5.3%)
  ·수입: 인도(16.9%), 중국(14.3%), 미국(7.8%), 독일(5.7%), 일본(4.9%)

○ 2009년에는 세계 경기침체, 국제유가 하락 및 원유 생산량 감축에 따른 수
출 감소로 상품수지 흑자가 420억 달러로 전년보다 대폭 축소되었으며, 이
에 따라 경상수지 흑자도 82억 달러로 크게 감소하였음.

○ 2010년에는 국제유가 상승과 원유 생산량 증대 등에 힘입어 상품수지는
640억 달러, 경상수지는 233억 달러의 흑자를 기록하여 흑자 폭이 전년 대
비 크게 확대된 것으로 추정됨.
- 상품수지: 640억 달러(2008)→420억 달러(2009)→640억 달러(2010)
- 서비스수지: -338억 달러(2008)→-274억 달러(2009)→-281억 달러(2010)
- 소득수지: 39억 달러(2008)→33억 달러(2009)→-8억 달러(2010)
- 경상이전수지: -106억 달러(2008)→-102억 달러(2009)→-114억 달러(2010)

○ 2011년에는 국제유가 상승, 원유 생산량 증가, 비석유제품 수출 증가 등에 힘입어 상품수지의 흑자 폭이 전년 대비 더욱 확대되고 경상수지는 GDP 대비 10%대의 흑자를 기록할 것으로 전망됨.

□ 외환보유액이 비교적 풍부하고 막대한 해외자산 보유

○ 외한보유액은 대규모 오일머니 및 외국인직접투자(FDI) 유입에 힘입어 꾸준히 증가세를 유지하였음. 2008년에는 금융위기로 인하여 전년 대비 대폭 감소한 317억 달러를 기록하였으나, 2010년에는 428억 달러로 증가한 것으로 추정됨.

  - FDI: 128억 달러(2006)→142억 달러(2007)→137억 달러(2008)→40억 달러(2009)

○ UAE는 약 7,500억 달러에 달하는 국부펀드를 운용 중에 있으며, 특히 아부다비투자청(Abu Dhabi Investment Authority: ADIA)은 세계 최대국부펀드로서 자산 규모가 6,270억 달러에 달함.

□ 외채규모는 다소 과중

○ 외채규모는 그동안 석유화학 및 인프라 개발사업 확대의 영향으로 꾸준히 증가하여 왔으며, 2010년 말 기준 GDP의 50% 수준인 1,523억 달러로 다소 과중한 편임.

(단위: 억 달러, %)

구분	2006년	2007년	2008년	2009년	2010e년
경상수지	341	154	233	82	233
경상수지/GDP	15.4	5.9	7.4	3.0	7.7
상품수지	575	466	640	420	64
수출	1,456	1,786	2,400	1,920	2,220
수입	881	1,320	1,760	1,500	1,580
외환보유액	276	772	317	361	428
총 외채 잔액	758	1,124	1,406	1,500	1,523
총 외채 잔액/GDP	34.1	43.5	44.7	55.5	50.4
DSR	5.1	6.9	5.0	8.1	6.8

자료: IMF, EIU.

Ⅲ. 정치·사회동향

1. 정치안정

□ 정치 안정세 지속

○ UAE는 7개 토후국이 연방정부를 구성(1971)하는 연방 대통령 중심제를 갖추고 있음. 수도이자 최대 토후국인 아부다비의 지도자인 할리파 빈 자이드 알 나하얀 대통령과 두바이의 지도자인 모하메드 빈 라시드 알 막툼(Sheikh Mohammed bin Rashid Al Maktoum) 부통령 겸 국무총리의 통치하에 정치 안정세가 지속되고 있음.

○ 왕족 혈통의 장기 집권체제가 지속되고 있음에도 불구하고 왕가에 대한 국민들의 지지와 충성심이 높아 정치 불안 요인은 거의 없음.

2. 사회안정 및 소요/사태

□ 반정부 시위 발생 가능성은 매우 희박

○ 2011년 1월부터 중동 민주화 혁명이 튀니지, 이집트를 거쳐 리비아, 예멘, 요르
단, 모로코를 비롯하여 바레인, 오만 등 선진 GCC 국가로까지 확산되었으며,
사우디아라비아, 쿠웨이트 등도 잠재적 시위발생 가능 국가로 언급되고 있음.

○ 그러나 UAE는 반정부 시위의 무풍지대로서 중동 지역에서 반정부 시위발생
가능성이 가장 낮은 국가로 분석되고 있음.
  - 타 중동 국가에 비해 국민 소득수준이 높고, 다수인 수니파가 집권하고 있
    으며, 전체 인구 중 외국인 비율(약 80%)이 높아서 인근 국가들의 민주화
    시위에 대한 관심이 적음.
  - 또한 국민들의 왕실에 대한 충성도가 높고, 사우디아라비아 및 쿠웨이트
    등 주변 무슬림 국가에 비해 무슬림의 종교적 보수 색채가 덜하며, 정보기
    관·군인·경찰 수뇌부가 왕실 일가로 구성되어 있어 왕실에 대한 충성심
    이 강하고, 의회와 야당 등이 없어 반정부 정치세력이 존재하지 않음.

3. 국제관계

□ 서방 및 주변국가와 원만한 관계 유지

○ UAE는 강대국에 둘러싸인 소국으로 외교정책에 있어서도 안보 문제가 중요
한 이슈가 되고 있으며, 걸프전 이후 미국, 프랑스, 영국 등과 방위 조약을
체결하여 미군 및 프랑스군의 주둔을 허용함으로써 이란 등의 위협에 대비
하고 있음.

○ 또한 서방국가의 자본을 유치함으로써 경제적으로도 서방국가들과 친선관계를 유지하고 있음. 한편, UAE는 GCC 회원국으로 회원국 간 협력강화를 도모하고 있음.

○ 그러나 부라이미 오아시스(Buraimi Oasis), 리와 오아시스(Liwa Oasis) 및 코르 알−아다이드(Khoral−Udaid) 내해(內海) 소유권을 둘러싼 아부다비−사우디아라비아 간 분쟁이 오랜 기간 지속되고 있음.

○ 또한 2009년 5월도 사우디아라비아의 수도 리야드가 향후 걸프 중앙은행 소재지로 채택된 데 불만을 품고 GCC 통화동맹에서 탈퇴함에 따라 이에 따른 갈등도 상존함.

□ 이란의 주요 무역파트너로 부상, 그러나 소유권 분쟁은 지속

○ 2007년도 5월에 이란의 아흐마디네자드(Mahmoud Ahmadinejad) 대통령이 이란 대통령으로는 처음으로 UAE를 방문하였고, 이란은 최근 수년간 UN 안보리의 제재를 회피하는 방안으로 두바이를 주요 무역기지로 활용하며 UAE의 주요 무역파트너로 부상하였음.
  - 2009년 기준 이란의 UAE로부터의 수입금액은 이란 총수입금액의 12.2%를 차지하여 UAE는 이란의 제1위 수입대상국이며, UAE의 이란 앞 재수출은 UAE 전체 재수출의 17%를 차지하고 있음.

○ 그러나 아부 무사(Abu Musa) 등 3개 섬을 둘러싼 소유권 분쟁으로 양국 간 갈등이 지속되고 있음.

IV. 국제신인도

1. 외채상환태도

□ 2009년 11월 두바이월드의 채무상환유예 요청

○ UAE는 석유화학 및 인프라 개발사업 확대에 따라 외채규모가 꾸준히 증가하여 왔으며, 토후국 중 석유자원이 상대적으로 부족한 두바이는 외부투자자금 및 차입금에 의존하여 물류 및 관광업 육성 등의 개발사업을 진행하였음.
  − 두바이의 개발 프로젝트는 두바이 정부 소유의 3대 공기업인 두바이월드(Dubai World), 두바이투자청(Investment Corporation of Dubai: ICD, 두바이 홀딩스(Dubai Holdings)에서 주로 진행하였음.

○ 2008년 하반기부터 본격화된 금융위기로 인해 신용경색이 심화되고 부동산 등 자산가격이 급락함에 따라 외부 투자자금으로 개발사업을 진행했던 두바이의 국영회사들은 유동성 위기를 겪게 되었으며, 결국 2009년 11월에 두바이월드 및 자회사인 나킬(Nakheel)사는 채권단에게 6개월 채무상환유예를 요청하였음.

□ 채무재조정 완료로 안정세 회복, 그러나 시장 불안감은 상존

○ 두바이 정부는 2009년 7월에 설치한 두바이 금융지원펀드(Dubai Financial Support Fund: DFSF)를 통해 두바이 공기업에 대한 금융지원을 강화하고 두바이월드에 대한 강도 높은 구조조정 계획을 발표하였음.

○ 또한 2009년 12월 중순부터 두바이월드와 90여 개 은행으로 구성된 채권단

은 채무상환유예(standstill agreement) 및 채무재조정 합의를 위해 협의를 시작하였음.

- 2009년 12월 14일에 만기도래한 두바이월드 자회사 나킬의 무슬림채권 (Sukuk)은 아부다비 정부의 100억 달러 지원으로 전액 상환되었음.
- 두바이 정부가 발표한 채무재조정 계획안의 내용이 채무 탕감이 아닌 만 기연장을 통한 전액상환 방침이라는 사실이 알려짐에 따라 시장 반응은 긍정적으로 변함.

○ 2010년 5월에 채무액의 60%를 차지하는 HSBC, RBS(Royal Bank of Scotland), SC 등 주요 채권단과 채무상환 기본계획에 대한 합의를 도출하였으며, 2010년 9월에는 전체 채권단의 99%로부터 채무재조정안에 대한 동의를 얻어 채무재 조정을 완료하였음.

- 채무재조정 금액은 총 249억 달러로, 144억 달러는 90여 개 은행에 대한 채무이고 나머지 105억 달러는 두바이 정부에 대한 채무임. 144억 달러는 시장금리 이하로 5~8년간 만기연장 후 상환하며, 나머지 105억 달러의 채무는 DFSF를 통해 출자전환함.

○ 또한 2010년 10월에는 두바이 정부가 두바이 사태 이후 처음으로 12억 5천 만 달러 규모의 채권을 발행한 데 이어 2011년 6월에도 5억 달러의 채권 발 행에 성공하면서 두바이도 어느 정도 안정을 회복한 것으로 평가됨.

- 2010년 10월 두바이 정부의 채권 발행은 모집금액의 4배에 달하는 50억 달러의 투자금이 몰려 성공적이었다는 평가를 받았음. 발행금액 12억 5천 만 달러 중 5억 달러는 5년 만기, 금리는 美국채(Treasury)+543bps의 조 건으로, 나머지 7억 5천만 달러는 만기 10년, 금리 Treasury+527bps로 발행되었음.
- 2011년 6월의 5억 달러 채권발행 조건은 만기 10년(5년 후 풋 옵션조건 포

함)에 금리 Treasury+403bps이고, 5년 후 풋 옵션조건의 금리는 기준금리(mid-swaps)에 375~385bp를 더한 수준임.

 - 한편, 두바이는 2011년 들어 중동지역의 불안에도 불구하고 지역 내 피난처(safe-haven status), 정치적 안정성을 인정받고 있음.

 * 신용부도스와프(Credit Default Swaps: CDS) 프리미엄은 두바이월드가 채무상환유예를 선언(2009년 11월 25일)한 직후인 2009년 11월 27일에 최고치(656bp)를 기록한 이래 2011년 6월 30일 현재 333bp로 개선되었음.

○ 그러나 두바이 정부의 총 채무규모가 GDP 대비 100%를 상회하고 2011~12년 기간 동안 총 310억 달러에 달하는 채무의 만기가 도래함에 따라 단기적으로 만기연장 위험(roll-over risk)에 직면하고 있는 등 시장의 불안감은 상존하고 있음.

□ 아부다비 정부는 필요 시 두바이를 지원한다는 입장

○ 2009년 12월 나킬사의 무슬림채권 상환자금 지원에서 나타났듯이 아부다비 정부는 두바이 사태가 UAE 경제 전체로 확산되는 것을 막기 위해 필요하다면 두바이 정부에 대한 지원을 지속한다는 입장임.

○ 아부다비 정부는 자산규모 6,270억 달러에 달하는 세계 최대 국부펀드인 아부다비투자청을 운용하고 있어 두바이의 채무상황 악화 시 두바이정부에 대한 신속한 지원이 가능할 것으로 예상됨.

2. 국제시장평가

☐ OECD, Moody's의 국가신용등급은 각각 3등급, Aa2 유지

○ 2009년 경제지표 악화와 두바이 사태 등의 영향으로 OECD는 2010년 4월에 UAE의 국가신용도 등급을 종전 2등급에서 3등급으로 1단계 하향 조정하였으며, 2011년 3월 평가 시에도 3등급을 유지함.

○ Moody's 등급은 2007년 7월에 Aa3에서 Aa2로 상향조정된 후 2011년 2월 재평가 시에도 동일한 등급을 유지하였음.

☐ 주요 ECA의 지원태도

○ 미국 EXIM: 최고 부보율 적용
○ 영국 ECGD: 최고 부보율 적용
○ 독일 Hermes: 단기 전액 인수 가능

3. 우리나라와의 관계

☐ 국교수립: 1980년 6월 18일(북한과는 미수교)

☐ 주요협정: 투자증진보호협정(2002), 이중과세방지협정(2003), 경제무역기술협력협정(2006), 군사협력협정(2006), 문화협력협정(2007), 원자력협력협정(2009)

□ 중동지역 제1위의 수출대상국

○ UAE는 우리나라의 중동지역 제1위의 수출대상국이자 사우디아라비아에 이어 제2위의 원유 수입대상국임.

- 2010년 우리나라와의 교역규모는 약 177억 달러로 2009년 143억 달러 대비 23.6% 증가하였음.

- 수출은 선박해양구조물 및 부품, 무선통신기기, 자동차 등을 중심으로 약 55억 달러, 수입은 원유, 석유제품, LPG 등을 중심으로 약 122억 달러를 기록함.

□ 우리나라 해외 건설·플랜트 수주국 중 제2위 국가

○ 2010년 말 누계액 기준 우리나라의 UAE 수주액은 578억 달러로 전 세계 수주총액 4,208억 달러의 13.7%를 차지하였음. 특히 2010년에는 원전수주에 힘입어 수주액이 256억 달러를 기록하여 우리나라가 UAE에 진출한 이후 최대의 수주실적을 달성하였음.

○ 우리나라의 한전 컨소시엄이 2009년 12월에 총 400억 달러 규모의 원자력발전소 건설공사를 수주하는 등 향후 양국 간 원자력 관련 협력이 강화될 전망임.

□ 우리나라의 중동지역 제2위의 직접투자 대상국

○ 우리나라의 대 UAE 해외직접투자는 2011년 3월 말 현재 260건, 6억 189만 달러로 집계되었음. UAE는 예멘이 이어 우리나라의 중동지역 제2위의 직접투자 대상국임(점유율 20%).

○ 주요 투자업종은 건설업(1억 8,572만 달러), 도매 및 소매업(1억 3,579만 달러), 부동산 및 임대업(1억 2,593만 달러), 제조업(1억 1,835만 달러) 등으로, 타 중동 국가와는 달리 다양한 업종을 대상으로 투자가 이루어지고 있음.

〈표 3〉 한·UAE 교역 규모

(단위: 백만 달러)

구분	2008년	2009년	2010년	주요품목
수출	5,749	4,978	5,487	선박해양구조물 및 부품, 무선통신기기 등
수입	19,248	9,310	12,170	원유, 석유제품, LPG 등
합계	24,997	14,288	17,657	-

자료: 한국무역협회.

□ 매장량 10억 배럴 이상의 아부다비 유전개발에 참여

○ 2011년 3월에 우리나라 정부는 UAE 정부와의 MOU 체결 등을 통해 향후 최소 10억 배럴 이상의 아부다비 유전개발에 참여할 수 있는 권리를 확보하였는데, 이는 우리의 해외 유전개발 사상 최대 규모임.

○ 이번 사업이 성공적으로 진행될 경우 우리의 원유 및 가스 자주개발률을 4% 이상 올릴 수 있을 것으로 예상됨에 따라 우리의 에너지 안보에도 크게 기여할 것으로 평가됨.

V. 종합의견

○ 세계 6위의 원유(978억 배럴)를 보유한 자원부국 UAE는 2003년부터 2008년까지 지속된 국제유가의 기록적인 강세 및 비석유산업의 고성장에 힘입어 재정수지, 경상수지, 외환보유액 등 거시경제에 걸쳐 호조세를 나타내었음.

○ 2009년에는 세계 경기침체, 국제유가 하락 및 원유 생산량 감소, 두바이사태 등의 영향으로 마이너스 경제성장을 시현하였고, 재정수지 적자전환 및 경상수지 흑자규모 축소 등 전반적인 경제지표가 악화되었으나, 2010년에는 국제유가 상승 및 확대 재정정책으로 경제는 3%대의 성장을 시현한 것으로 추정됨.

○ 두바이월드의 채무상환유예 요청 이후 2010년 9월에 채권단의 99%로부터 채무재조정안에 대한 동의를 얻어 채무재조정을 완료하였고 2010년 10월과 2011년 6월에 연이어 채권 발행에 성공하면서 두바이도 어느 정도 안정을 회복한 것으로 판단됨.

○ 그러나 두바이 정부의 총 채무규모가 GDP 대비 100%를 상회하고 2011~12년 기간 동안 총 310억 달러에 달하는 채무의 만기가 도래함에 따라 단기적으로 만기연장 위험(roll-over risk)에 직면하고 있는 등 시장의 불안감은 상존하고 있음.

○ 왕정에 대한 국민들의 지지가 높아 정치 안정세를 지속하고 있으며, GCC 주변국 및 미국 등 서방 선진국들과 친선관계를 유지하고 있어 국제관계가 비교적 양호함.

부록

국별 리포트

2. 사우디아라비아
국가신용도 평가리포트

Ⅰ. 일반개황

면적	2,150천 ㎢	GDP	4,347억 달러(2010)
인구	2,625만 명(2010년)	1인당 GDP	16,559달러(2010)
정치체제	왕정(정교일치)	통화단위	Saudi Riyal(SR)
대외정책	친서방	환율(달러당)	3.75(달러 페그제)

○ 사우디아라비아는 2010년 말 기준 세계 확인매장량의 19.1%에 달하는
  2,645억 배럴의 원유(세계 1위)와 4.3%에 해당하는 8조 ㎥의 천연가스(세계
  5위)를 보유하고 있는 세계 최대 에너지 부국임.

○ 경제의 석유산업 의존도가 매우 높은 최대 약점이 있으나, 2003년 이후 고
  유가에 힘입어 안정적인 경제성장을 지속해오고 있음.

○ 정교일치의 국왕 중심 정치체제를 유지하고 있는 사우디아라비아는 성지인
  메카와 메디나를 보유하고 있는 무슬림의 발상지로서 중동 국가 중에서도
  가장 엄격한 무슬림 관습을 유지하고 있는 국가 중 하나임.

○ 2005년 8월에 왕위를 계승한 압둘라 국왕은 안정적으로 국정을 운영하고 있고
  산업다변화, 일자리 창출 등을 위한 점진적 개혁 프로그램을 추진하고 있음.

○ 2011년 1월부터 중동 민주화 혁명이 튀니지, 이집트를 거쳐 바레인, 오만 등
  선진 GCC 국가로까지 확산되었으나, 사우디아라비아는 풍부한 오일머니를
  바탕으로 경제적 유화 정책을 통해 국민들의 불만을 해결할 능력이 충분하
  다는 점을 감안할 때 대규모 시위가 발생할 가능성은 낮은 것으로 평가됨.

II. 경제동향

1. 국내경제

□ 유가상승으로 경제성장 회복

○ 세계 최대의 원유 부존·수출국*으로서, 석유산업이 GDP의 55%, 재정수입의 90%, 수출의 90%를 차지하고 있어 경제성장은 국제 유가의 등락과 원유 생산량의 증감에 크게 좌우되고 있음.

  * 원유 매장량과 수출량은 각각 2,645억 배럴, 3.6억 톤으로 전 세계의 19.1%, 18.2%를 차지하고 있음.

○ 경제는 2003~08년에 고유가에 힘입어 연평균 4.9%의 성장률을 기록하며 호조를 보였으나, 2009년에는 세계 경기침체의 영향으로 국제 유가(두바이유 기준)가 2월에 배럴당 평균 43달러 수준까지 하락하고 산유량도 감소*하면서 성장률이 0.6%에 그치는 등 성장세가 크게 둔화되었음.

  * 연도별 원유생산량(백만 배럴): 9.2(2006)→8.8(2007)→9.2(2008)→8.4(2009)→8.6(2010)→9.9(2011)

    국제 유가(두바이유 기준)는 2009년에 배럴당 61.39달러로 2008년의 94.34달러에 비해 크게 하락하였으나, 2010년에는 12월 20일에 89.34달러까지 상승하는 등 평균 78.06달러를 기록하였음.

○ 2010년에는 유가가 다시 상승하고 산유량도 증가하면서 경제가 3.7% 성장한 것으로 추정되며, 2011년에는 유가 상승, 서비스 부문 성장, 정유·석유화학 플랜트와 산업단지 조성 등 정부의 대규모 투자계획에 힘입어 7%대의 경제성장률을 기록할 것으로 전망됨.

<표 1> 주요 국내경제 지표

구분	2007년	2008년	2009년	2010e년	2011f년
경제성장률	2.0	4.2	0.6	3.7	7.5
재정수지/GDP	15.8	34.4	-4.7	7.7	12.8
소비자물가상승률	4.1	9.9	5.1	5.4	6.0

자료: IMF.

□ 소비자물가상승률은 최근 연 5~6% 수준

○ 소비자물가상승률은 정부의 광범위한 보조금 지급을 통한 생필품 가격 안정, 외국인 근로자 대거 유입을 통한 임금 인하 등에 힘입어 2~4%대의 낮은 수준을 유지하였음.

○ 2008년에는 수입물가 상승, 부동산 임대료 급등, 임금 인상 등의 영향으로 9.9%로 급등하였음. 그러나 2009년에는 세계 경기의 침체에 따른 식료품 가격 하락 등으로 소비자물가 상승률이 5%대로 다시 하락하였고, 2010년에도 비슷한 수준을 기록한 것으로 추정됨.

○ 2011년에도 소비자물가는 정부의 보조금 지급을 통한 물가안정 노력에 힘입어 큰 폭의 오름세는 보이지 않을 것이나, 식료품과 비석유제품의 가격 상승과 주택 임대료의 상승, 정부의 대규모 재정지출 계획 등의 영향으로 상승률이 6%대를 기록하면서 전년보다 소폭 상승할 것으로 전망됨.

□ 재정수지 흑자 확대 전망

○ 재정수지는 2003년 이후 꾸준히 흑자 기조를 유지하였으며, 2008년에는 원

유증산과 국제 유가 상승세에 힘입어 흑자 규모가 GDP 대비 34.4%까지 대폭 확대되기도 하였음.

○ 2009년에는 국제 유가 하락 및 원유 생산량 감소로 재정수입이 감소한 반면, 재정지출이 증가하여 GDP 대비 4.7%의 재정 적자를 기록하였음. 그러나 2010년에는 재정수입의 약 90%를 차지하는 석유산업의 회복에 힘입어 재정수지가 GDP 대비 7.7% 수준의 흑자를 시현한 것으로 추정됨.

○ 재정수지는 국제유가 상승에 힘입어 흑자 기조를 이어갈 것으로 예상되며, 2011년에는 공무원 임금의 인상, 교육·보건부문의 지출 증가 등에도 불구하고 GDP 대비 12%대의 흑자를 기록할 전망임.

2. 경제 구조 및 정책

가. 구조적 취약성

□ 석유의존적 경제구조

○ 정부의 산업다변화 노력에도 불구하고, 아직까지 석유산업이 GDP의 55%, 재정수입의 90%, 수출의 90%를 차지하고 있을 정도로 산업구조가 편중되어 있어, 유가 등락과 원유 생산량 증감에 경기가 급격히 변동되는 석유 의존적 경제구조를 가지고 있음.

□ 세계 최대의 에너지 부국이자 중동의 정치·경제 중심국

ㅇ 사우디아라비아는 2010년 말 기준 세계 확인매장량의 19.1%인 2,645억 배
   럴의 원유(세계 1위)와 4.3%인 8조 ㎥의 천연가스(세계 5위)를 보유하고 있
   는 세계 최대의 에너지 부국이며, 한반도의 10배가 넘는 광대한 국토와
   2,625만 명에 달하는 인구를 보유한 중동의 정치·경제 중심국임.
   - 원유는 대부분 동부지역에 매장되어 있으며, 대표적인 유전으로는 세계
     최대 규모인 가와르(Ghwar, 700억 배럴) 유전과 세계 최대 해상유전인 사
     파니야(Safaniyah, 190억 배럴) 유전을 비롯하여 압카이크(Abqaiq) 유전,
     베리(Berri) 유전 등이 있음.
   - 금, 구리, 인광석, 보크사이트 등 광물자원도 풍부함.

ㅇ 여전히 에너지 산업에 편중된 취약한 경제구조를 가지고 있으나, 세계 최대
   규모의 에너지 자원이 가장 큰 성장 잠재력이 되고 있음.

다. 정책성과

□ 비석유·민간부문 경제 육성을 통한 일자리 창출과 경제구조의
   탈석유화 도모

ㅇ 정부는 경제 구조 다원화를 위해 5대 경제신도시 개발, 석유화학산업 육성, 국
   영광업공사(MAADEN) 중심의 광업개발, 기타 제조업 및 관광산업* 등 민간부
   문 육성을 통한 실업문제 해결 및 교육 프로그램 개혁 등을 추진하고 있음.
   * 무슬림 성지순례(하지) 기간에만 메카(Mecca)를 방문하는 무슬림 수가 매

년 3백만 명에 달하고, 관광수입은 GDP의 1.8%에 이르는 것으로 추정됨. 향후 성지순례를 위해 사우디를 방문하는 무슬림 수가 증가할 것으로 예상됨에 따라 사우디 정부는 순례객을 위한 호텔, 교통(철도, 공항, 도로 등) 등의 인프라 확충을 진행 중임.

□ 적극적인 외국인 투자 유치

○ 압둘라 국왕은 적극적인 외국인 투자 유치를 통해 제조업 기반을 확충하고 일자리 창출을 도모함으로써 석유산업 위주의 산업을 다각화하기 위해 노력하고 있음.

- 주요 성과로는 총 270억 달러 규모의 킹 압둘라 경제도시(King Abdullah Economic City: KAEC) 개발을 들 수 있으며, 중북부 지방의 물류 중심 경제도시(Prince Abdul Aziz Ibn Musaed Economic City: PABMEC) 개발 프로젝트(총 80억 달러), 에너지 및 노동력 기반 산업 중심의 지잔경제도시(Jizan Economic City: JEC) 개발 프로젝트(총 300억 달러), IT·지식기반 도시인 메디나 경제도시(Medinah Knowledge Economic City: MKEC) 건설 프로젝트(총 70억 달러) 등이 진행 중임.

○ 또한 2003년부터 시작된 고유가 행진에 힘입어 정유석유화학, 전력 등 대규모 프로젝트 발주가 크게 확대되었음.

○ 이에 따라 2004년 19억 달러에 불과했던 외국인 투자 규모가 2008년에는 사상 최대치인 382억 달러까지 확대*되었음.

* 연도별 외국인 직접투자(억 달러): 19(2004)→121(2005)→183(2006)→228(2007)→382(2008)→355(2009)

□ 민영화 정책 적극 추진

○ 압둘라 국왕은 경제의 효율성 제고를 위해 국영기업의 민영화를 적극 추진 중에 있음.

  ─ 주요 성과로는 ① 2002년 사우디전력공사(SEC)의 민영화, ② 2002년 사우디 텔레콤(STC)의 증권시장 상장, ③ 2006년 사우디 국영광업공사(MAADEN) 지분 매각, ④ 2010년 사우디항공(Saudi Arabian Airlines) 민영화를 들 수 있음.

  ─ 또한 현재 사우디 국영석유회사(ARAMCC)와 담수청(SWCC) 등의 민영화 작업도 추진 중에 있음.

3. 대외거래

□ 경상수지 흑자 지속

○ 상품수지 흑자는 고유가에 힘입어 2003년 594억 달러에서 2008년 2,120억 달러로 대폭 증가하였음. 2009년에는 유가 하락으로 흑자 규모가 전년의 절반수준인 1,052억 달러로 크게 축소되었으나, 2010년에는 유가 상승으로 전년대비 42% 증가한 1,495억 달러를 기록한 것으로 추정됨.

○ 경상수지는 서비스수지와 경상이전수지의 적자에도 불구하고, 대규모 상품수지의 흑자에 힘입어 흑자기조를 유지하고 있음. 경상수지 흑자규모는 2009년에 GDP대비 5.6% 수준으로 2008년 27.8%보다 크게 축소되었으나, 2010년에는 8.9% 수준으로 확대된 것으로 추정됨.

  ─ 상품수지: 1,052억 달러(2009)→1,495억 달러(2010)→2,296억 달러(2011)
  ─ 서비스수지: −652억 달러(2009)→ 648억 달러(2010)→730억 달러(2011)

- 소득수지: 86억 달러(2009)→122억 달러(2010)→124억 달러(2011)
- 경상이전수지: −277억 달러(2009)→ −269억 달러(2010)→ −293억 달러(2011)

□ 풍부한 외환보유액, 낮은 DSR 등 외채상황은 양호

○ 외환보유액은 고유가로 인한 오일머니 유입과 2005년부터 본격화된 대규모 FDI유치에 힘입어 꾸준히 증가하고 있으며 2010년 말에 4,451억 달러를 기록한 것으로 추정됨.

○ 외채 규모는 외자도입을 동반한 대규모 인프라 건설사업 추진으로 증가하는 추세이나, 2010년 말 기준 GDP 대비 18%대 수준으로 비교적 크지 않으며 총수출 대비 외채 상환액 비율도 2%대를 유지하고 있어, 외채상환부담은 낮은 것으로 평가됨.

〈표 2〉 주요 대외거래 지표

(단위: 백만 달러, %)

구분	2007년	2008년	2009년	2010e년	2011f년
경상수지	93,380	132,314	20,955	38,800	114,400
경상수지/GDP	24.3	27.8	5.6	8.9	20.5
상품수지	150,716	212,026	105,229	149,506	229,564
수출	233,311	313,480	192,307	237,855	334,258
수입	82,595	101,454	87,078	88,349	104,694
외환보유액	305,709	442,664	410,109	445,137	517,800
총 외채 잔액	70,521	79,003	72,398	80,951	100,217
총 외채 잔액/GDP	18.3	16.6	19.4	18.6	17.9
DSR	2.1	1.8	2.7	2.4	2.2

자료: IMF, EIU.

Ⅲ. 정치·사회동향

1. 정치안정

□ 압둘라 국왕의 안정적 국정 운영 및 점진적 개혁 프로그램 추진

○ 사우디아라비아는 무슬림교 경전인 꾸란에 바탕을 둔 회교 율법인 샤리아 (Shariah)를 국법으로 하는 정교일치의 절대군주국으로, 국왕은 입법, 사법, 행정의 3권을 행사하며, 종교 수장의 역할을 겸하고 있음.
   - 사우디아라비아는 알 사우드 가(Al Saud family)에 의해 통치*되고 있으며, 1932년 압둘 아지즈(Abdel-Aziz bin Abdel-Rahman al-Saud) 초대 국왕 이후 압둘 아지즈의 아들이 현재까지 왕위를 계승하고 있음.
      * 2005년에 즉위한 압둘라(Abdullah bin Abdel-Aziz al-Saud) 국왕이 총리를 겸임하고 있고, 술탄(Sultan bin Abdel-Aziz al-Saud) 왕세제가 제1부총리 및 국방부 장관직을 겸직하고 있으며, 내무부장관, 각 주지사 (13개 주), 군부 및 경찰을 포함한 주요 요직을 알 사우드 가문의 왕자들이 장악하고 있음.
   - 의회나 정당은 없으며, 국왕이 임명한 150명으로 구성된 자문위원회가 있음.

○ 압둘라 국왕은 막대한 오일머니를 활용하여 국민의 생활수준을 향상시키고 고질적 청년 실업문제를 해결하기 위해 민간 경제 육성, 경제 인프라 건설, 교육체계 개편 등 점진적인 경제개혁 프로그램을 추진하고 있음.

□ 국왕승계절차에 대한 개혁 추진

○ 압둘라 국왕은 국왕승계절차 개혁의 일환으로 2006년 10월에 국왕 및 왕세

제의 유고 시에 왕실위원회(Allegiance Institution)에서 국왕을 선출하도록
하는 국왕승계법안을 제정하였음. 이는 사우디 지배가문 내의 갈등을 완화
하고 공정한 왕권 승계를 통해 정치 안정을 도모하기 위한 조치임.

□ 후계 구도에 대한 불확실성 지속

○ 현 압둘라 국왕과 술탄 왕세자 모두 80대 후반의 고령이고, 특히 압둘라 국
  왕에 이어 왕위 계승권이 있는 술탄 왕세자는 암으로 추정되는 지병을 앓고
  있어 후계자에 대한 불확실성이 지속되고 있음.

○ 현재 제2부총리이자 내무부 장관으로 재직 중인 나예프(Nayef bin Abdel-Aziz
  al-saud) 왕자가 후계자로서 가장 유력한 것으로 알려져 있는 가운데 리야드
  (Riyadh) 주지사인 살만(Salman bin Abdel-Aziz al-Saud) 왕자도 거론되고 있음.

2. 사회안정 및 소요/사태

□ 강력한 무슬림 근본주의 국가

○ 사우디아라비아는 강력한 무슬림 근본주의 국가로, 중동의 선진 GCC 6개국
  중에서도 가장 무슬림적, 금욕적, 보수적 사회 문화를 가지고 있음.

○ 특히 교육 분야의 종교적 편중은 매우 심각하여 초등학교부터 대학교까지
  모든 교과과정의 60% 이상이 무슬림 종교교육으로 구성되어 있으며, 박사
  학위 소지자의 60% 이상이 무슬림 종교학 박사임.
  ─ 9·11 테러 주범 중 사우디 국민이 다수 포함*된 것으로 알려지자, 미국과
    사우디는 지나친 종교교육이 무슬림 근본주의자를 양성하고 테러 문제를

야기한 것으로 판단하고 교육시스템에 대한 개혁을 추진하자는 일부 의견
이 제시되기도 하였으나, 보수적인 왕족과 종교지도자들의 반대로 별 진
전이 없는 상태임.

* 19명 중 15명이 사우디 국민인 것으로 판명됨.

□ 부의 왕족일가 편중에 대한 불만 증가

○ 철저한 무슬림 교육을 받고 자란 청년층을 중심으로 왕족의 부와 권력 독점
을 비판하는 정서가 확산되고 있음.

○ 그러나 그 불만이 정부 전복을 노리는 테러 단체에 대한 지지로까지 표출될
정도는 아니며, 정부는 경제성장과 실업문제 해결을 목표로 하는 경제개발
계획을 통해 이러한 불만들을 해결하고자 노력하고 있음.

□ 높은 실업률

○ 총 인구의 50%가 21세 미만의 젊은 층으로 구성되어 있으며, 청년층의 실업
률이 높아 사회불안 요소로 작용하고 있음. 공식 실업률은 12% 수준이나, 실
제로는 15~20%에 달하는 것으로 추정되고 있음.

○ 정부는 2005년에 자국민 의무고용비율을 75%로 높이는 등 산업인력 자국
화(Saudization) 정책*을 시행하고 있으나, 인구증가율이 연평균 2.5%를 상
회하는 데다 민간 기업들이 임금 수준이 낮고 숙련도가 높은 외국 인력을 선
호**하고 있어 실업률 문제는 당분간 지속될 것으로 전망됨.

* 1970년대 경제개발 초기 단계부터 자국의 숙련인력이 부족하여 외국의 인
력에 크게 의존해왔으나, 외국 인력을 사우디 인력으로 대체하기 위해 기업

의 사우디인 고용 의무제를 도입하여 시행 중임. 청년층의 실업 증가추세에 따라 의무고용 비율은 점점 높여져 왔으며, 정부는 2005년 9월의 노동법 개정을 통해 사우디인 의무고용 비율을 75%로 확대하였음.

** 교육은 아직까지 종교 교육에 편중되어 있어 실제로 사회에 투입될 수 있는 전문인력은 매우 부족한 형편임.

□ 소수 시아파 차별 문제 상존

○ 국민의 약 10% 정도로 추산되는 시아파는 동부의 주요 유전지대에 밀집하여 거주하고 있음. 이들은 병역 의무가 없고, 정치·외교 분야의 공직 참여, 여행, 거주 등에 제한을 받는 등 정부의 차별을 받고 있으며, 일부가 사우디 왕정 전복을 노리는 알-카에다 등과 연계되어 있다는 의심을 받고 있음.

  − 정부는 시아파 국민에 대한 불신과 우려를 지속적으로 표명하여 왔으며, 특히 1979년 이란 회교혁명 후에 시아파 밀집지역에서 다수의 폭동이 발생하여 불신과 우려를 증폭시키는 계기가 되었음.

□ 대규모 반정부 시위사태 발생 가능성은 희박

○ 반정부 시위사태가 중동 전역으로 확산되고 있는 가운데 시아파 거주지역인 동부에서 소규모 반정부 시위가 발생하고 홍수 피해를 입은 제다(Jeaddah)에서 거리 시위가 발생한 바 있음.

○ 그러나 정교일치의 국왕 중심 체제를 채택하고 있는 사우디아라비아에서 정부권력에 대한 항의는 무슬림에 대한 도전으로 받아들이는 분위기가 형성되어 있고 국민들의 국왕 및 왕가에 대한 애정과 신뢰도가 높음.

○ 또한 사우디아라비아는 세계 최대 산유국으로서 튀니지, 이집트와는 달리 재정상
   황이 양호하여 경제적 유화 정책을 통해 국민들의 불만을 해결할 능력이 충분하다
   는 점을 감안할 때 대규모 시위가 발생할 가능성은 크지 않은 것으로 판단됨.
   - 정부는 중동 민주화 혁명이 자국으로 확산되는 것을 막기 위해 2011년 2월
     과 3월에 1,300억 달러 규모(2010년 GDP의 30%)의 재정지출 패키지 프로
     그램을 실시할 예정이라고 발표하였음. 이 프로그램은 주택공급, 공무원
     임금인상, 실업수당을 포함한 사회복지 강화 등으로 구성됨.

3. 국제관계

□ 중동 국가 중 유일한 G20 회원국

○ 사우디아라비아는 중동 국가 중 유일한 G20 회원국가로서 국익을 추구하고
   원유수출국들의 이해관계를 대변하고 있음.

□ 긴밀한 대미 관계 유지

○ 미국은 사우디아라비아의 가장 중요한 동맹국임. 미국은 원유의 안정적 공
   급원을 확보한다는 면에서, 사우디아라비아는 이란 등 외부의 위협세력에
   대한 군사적 지원을 받는다는 면에서 양국의 긴밀한 관계가 지속되고 있음.
   - 9·11 테러에 사우디 국민이 대거 가담한 것으로 드러나면서, 양국 관계가
     악화될 조짐이 있었으나, 이후 이라크 전쟁 수행 과정에서 사우디아라비
     아가 미국 정부의 요구에 전적으로 협력하였고 왕정 전복을 노리는 2003
     년의 리야드 테러사건 이후 극단 무슬림 저항세력을 척결하기 위해 미국
     과 협조하면서, 양국은 긴밀한 외교 관계를 지속하고 있음.

- 그러나 사우디아라비아 왕정은 국민 대다수의 반미감정 부응 필요성과 왕정존 속을 위한 현실적인 대미관계 유지 필요성 사이에서 상충되는 이해관계에 얽혀 있음.

□ 이란과의 갈등 심화

○ 이란과 수니-시아파 문제를 둘러싼 정치적 갈등이 지속되는 가운데 이란에서 2005년에 강경보수파인 마무드 아흐마디네자드(Mabmoud Ahmadinejad) 대통령이 취임한 이후 핵 프로그램을 활발하게 추진하면서 이란과의 관계는 크게 악화되었음.
- 수니파가 국민 대다수인 사우디아라비아는 이란을 중심으로 한 시아파 세 력의 확산을 우려하고 있음.

○ 바레인 시위사태 진압을 위해 2011년 3월 14일에 사우디아라비아가 1,000명, UAE가 500명의 병력을 바레인에 파견하자, 이란 정부가 이를 비난하면서 양 국 간 갈등은 심화되었음.

□ GCC 국가와 원만한 관계 유지

○ 사우디아라비아는 GCC(걸프협력회의)* 회원국으로서 역내 협력체제 강화 를 도모하고 있음.
* 걸프협력회의(Gulf Cooperation Council: GCC)는 바레인, 쿠웨이트, 카타 르, 오만, 사우디아라비아, UAE 등 6개국으로 구성된 경제협력체이며, 세 계 원유 매장량의 36%, 천연가스 매장량의 23%를 차지하고 있음.
- GCC는 2003년부터 공동관세제도를 시행하여 역내 교역상품에 대한 관세를 폐지하였고, 역외 교역물품에 대해서는 5%의 공통관세를 부과하고 있음.

- 이에서 진일보하여 GCC는 2009년 12월의 정상회의에서 연합군의 창설에 합의하고 단일통화 출범을 위한 통화협정을 발효시켰는데, UAE와 오만은 통화협정에서 제외되었음.
- UAE는 2009년 5월에 사우디아라비아 리야드가 향후 걸프 중앙은행의 소재지로 채택된 데 불만을 품고 통화동맹에서 탈퇴하였고, 오만은 단일통화 체제의 가입을 위한 자국의 준비 부족을 이유로 참여하지 않았음.
- 이후 2010년 3월에는 단일통화가 출범할 경우에 걸프 중앙은행의 역할을 담당할 합동통화위원회(Joint Monetary Council)가 설치되었고 사우디아라비아 중앙은행 총재가 위원회 의장으로 선출되었음.
- 그러나 다양한 기술적 문제에 대해 회원국의 합의가 필요한 데다, 최근 유로존 재정위기로 단일통화에 대한 경계심리가 크게 작용하면서 단일통화 출범이 단기간 내 이루어지기는 어려울 것으로 전망됨.

IV. 국제신인도

1. 외채상환태도

□ 외채상환태도는 매우 양호

∘ 리스케줄링 경험이 없고 2010년 말 기준으로 정부부채를 크게 초과하는 4,450억 달러 수준의 외환보유액을 보유하고 있어 외채상환능력도 충분함.

2. 국제시장평가

☐ 세계 3대 국제신용평가기관으로부터 AA급, OECD 2등급 유지

○ Moody's는 2010년 2월에 양호한 재정상태, 경상수지 흑자 지속, 풍부한 외환보유액 등을 주된 이유로 사우디아라비아의 신용등급을 기존의 A1에서 Aa3로 1단계 상향조정하였으며, 2011년 3월 재평가 시에도 Aa3를 유지함.

○ S&P의 사우디아라비아 신용등급은 2007년 7월에 A+에서 AA-로 상향조정한 후 지금까지 유지되고 있음. Fitch 등급은 2008년 7월에 A+에서 AA-로 상향조정된 후, 2011년 4월 재평가 시에도 동일한 등급을 유지하였음.

○ OECD는 2005년 10월에 사우디아라비아의 신용등급을 3등급에서 2등급으로 상향조정한 이후 현재까지 유지하고 있음.

○ 한편, 세계 금융위기로 큰 영향을 받았던 사우디아라비아 금융시장도 안정을 회복하였음.

〈표 3〉 주요 기관별 평가등급

평가기관	최근 평가 등급	종전 평가 등급
수출입은행	B1(2011. 7.)	B1(2010. 12.)
OECD	2등급(2011. 3.)	2등급(2010. 4.)
S&P	AA-(2007. 7.)	A+(2006. 4.)
Moody's	Aa3(2011. 3.)	Aa3(2010. 2.)
Fitch	AA-(2011. 4.)	AA-(2010. 1.)

- 주식시장에서는 2008년 8월에 8,400 수준이던 주가지수가 글로벌 금융위

기에 따른 자금이탈로 2009년 3월에는 4,130까지 50% 이상 폭락하였음. 그러나 이후 국제유가 상승으로 주가지수도 오름세로 전환되어 꾸준히 상승하여 2011년 6월 말에는 6,576으로 전년 동기 대비 7.9% 상승하였음.

- ○ 사우디아라비아의 5년 만기 국채에 대한 신용부도스와프(Credit Default Swap: CDS) 프리미엄은 2009년 2월에 335bp까지 상승하였으나, 이후 경기회복 조짐과 국제유가의 완만한 상승세에 힘입어 지속적으로 하락하였음.
  - 2009년 11월 말 두바이월드의 채무상환유예 요청으로 사우디아라비아의 CDS 프리미엄이 111bp로 상승하였으나, 2011년 6월 말 현재 90~95bp 수준을 유지하고 있음.

□ 주요 ECA의 지원태도

- ○ 미국 EXIM: 최고 부보율 적용
- ○ 영국 ECGD: 최고 부보율 적용
- ○ 독일 Hermes: 단기 전액 인수 가능

3. 우리나라와의 관계

□ 국교수립: 1962년 10월 16일(북한과는 미수교)

□ 주요협정: 문화협력협정(1975), 경제·기술협력협정(1975), 항공협정(1984), 항공 운수·소득면제협정(1990), 투자협력협정(2012), 조세이중과세회피 및 탈세방지협약(2007)

□ 우리나라의 최대 원유 수입국

○ 사우디아라비아는 우리나라의 최대 원유수입국으로, 우리나라 원유 총수입
량의 30% 이상을 차지하고 있음.
- 2010년에 우리나라는 총 687억 달러의 원유를 수입하였는데 이 중에서 사
우디아라비아가 229억 달러로 33.3%를, GCC 국가 전체는 459억 달러로
66.9%를 각각 차지하였음.

○ 우리나라와의 2010년 교역규모는 약 314억 달러에 달함, 수출은 자동차, 전
기전자, 철강을 중심으로 약 46억 달러, 수입은 원유 및 석유화학제품을 중
심으로 약 268억 달러를 기록하였음.

□ 우리나라 해외 건설·플랜트 수주국 중 제1위 국가

○ 2010년 말 누계액 기준으로 우리나라의 사우디아라비아 수주액은 846억 달
러로 전 세계 수주총액 4,208억 달러의 20.1%를 차지하였음. 특히 2010년
에는 사우디아라비아 수주액이 105억 달러를 기록하여 우리나라가 사우디
아라비아에 진출한 이후 최대의 수주실적을 달성하였음.

○ 2011년에도 우리 기업의 사우디아라비아의 개발사업 수주가 계속되는 가운
데 6월 말까지 95억 달러의 수주실적을 기록하였음. 이에 따라 연간 기준으
로 2010년의 105억 달러를 훨씬 능가하는 사상 최대 실적을 달성할 것으로
전망됨.

〈표 4〉 한·사우디아라비아 교역규모

(단위: 백만 달러)

구분	2008년	2009년	2010년	주요품목
수출	5,253	3,857	4,557	자동차, 전기전자, 철강, 섬유류 등
수입	33,781	19,737	26,820	원유, 석유화학제품 등
합계	39,034	23,594	31,377	

자료: 한국무역협회.

○ 또한 사우디 정부는 2011년 6월에 향후 20년에 걸쳐 3,000억 달러 규모의 원전 16기 건설 계획을 발표함에 따라 우리 기업의 참여 가능성도 기대됨.

  - 사우디 정부는 연간 7~8%씩 증가하는 전력수요에 대응하고자 원전 건설을 계획 중으로 전력생산의 20%를 원자력이 담당할 것으로 예상하고 있음.

□ 해외직접투자 규모는 상대적으로 미미한 수준

○ 우리나라의 대 사우디아라비아 해외직접투자는 2011년 3월 말 현재 156건, 2억 402만 달러로 집계되었음. 주요 투자업종은 제조업(1억 276만 달러)과 건설업(9,076만 달러)으로, 이들이 전체 투자금액의 약 95%를 차지하였음.

V. 종합의견

○ 세계 1위의 원유매장량을 보유한 에너지 부국 사우디아라비아는 2003년 이후 지속된 국제유가의 기록적인 강세에 힘입어 재정수지, 경상수지, 외환보유액 등 거시 경제 전반에 걸쳐 호조세를 이어 왔음.

○ 2009년 유가하락과 원유생산량 감소 등으로 경제성장이 둔화되고 재정수지 적자를 기록하였으나, 2010년에는 유가상승 등에 힘입어 경제회복과 재정수지가 흑자 전환한 것으로 추정되고 2011년에는 7%대의 높은 경제성장을 달

성할 것으로 전망됨.

○ 2005년 왕위를 계승한 압둘라 국왕이 전통적인 친미관계를 지속하고 점진
  적인 경제개혁을 추진하면서 경제성장 및 실업문제 해소를 목표로 산업다각
  화, 민간부문 경제 육성, 대규모 경제 인프라 건설 추진 등 경기 활성화를 위
  한 노력을 기울이고 있음.

○ 그러나 국민에게 전반적으로 퍼져 있는 반미감정과 정부의 친미 정책 간의
  괴리, 높은 실업률과 왕족 일가로의 극심한 부의 편중 등을 비판하는 청년계
  층의 확대, 소외받는 소수 시아파 국민의 민심 이반 등은 사회 안정을 위해
  사우디 정부가 해결해야 할 과제로 남아 있음.

3. 리비아 국가신용도 평가리포트

Ⅰ. 일반개황

면적	1,760천 ㎢	GDP	538억 달러(2009)
인구	6.41백만 명(2009)	1인당 GDP	8,394달러(2009)
정치체제	무슬림 사회주의 인민공화제	통화단위	Libyan Dinar(LD)
대외정책	친서방 개방정책 전환 중	환율(달러당)	1.25(2009)

○ 1969년 쿠데타로 정권을 장악한 카다피(Qadhafi) 국가원수는 집권 후 '무슬림–사회주의'의 슬로건하에 의회 및 정당 제도를 인정하지 않고 1인 지도체제를 유지하며 리비아 정치·경제에 절대적인 영향력을 행사하고 있음.

○ 리비아의 원유 추정매장량은 437억 배럴 수준으로 전 세계 원유 매장량의 약 3.5%(전 세계 8위, 아프리카 1위)를 점하고 있으며, 천연가스 매장량 또한 약 1조 5천억 입방미터로 세계 천연가스 매장량의 0.8%(전 세계 20위, 아프리카 4위)를 점하고 있어, 아프리카 최대의 자원부국으로 커다란 성장 잠재력을 가지고 있음.

○ 석유부문이 전체 GDP의 69%, 정부 재정수입의 90% 및 총 수출의 98%를 차지하는 등 석유에 대한 경제의존도가 높아 국제유가 등락에 따라 국가경제의 변동 폭이 큼.

Ⅱ. 경제동향

1. 국내경제

<표 1> 주요 국내경제 지표

(단위: %)

구분	2005년	2006년	2007년	2008년	2009e년
경제성장률	5.6	5.8	10.2	6.0	3.7
재정수지/GDP	25.1	37.6	37.9	33.2	-2.8
소비자물가상승률	2.7	1.5	6.3	10.4	2.5

자료: IMF, EIU.

□ 유가 하락 및 원유 생산량 감소로 경제성장률 소폭 하락

○ 2004년 미국의 경제제재 해제 조치 이후 리비아의 석유 및 천연가스 개발을 위한 외국인 투자가 본격적인 증가세를 기록하고, 고유가로 인해 늘어난 재정수입을 바탕으로 리비아 정부가 대규모 인프라개발 프로젝트를 추진하면서 리비아의 경제성장률은 2005년 이후 5% 이상을 기록하며 건실한 경제성장을 시현하였음.

○ 2008년 세계적인 경기 침체의 영향으로 경제성장이 둔화되기 시작하였으며, 2009년 유가의 급격한 하락과 OPEC의 감산조치로 경제성장률은 3.7%를 기록하였음.

○ 그러나 2010년 유가 상승 및 원유 생산량 증가, 건설 등 비석유 부분의 성장으로 경제성장률은 4.7%를 기록하며 소폭 상승할 전망임.

□ 재정수지 적자 반전

○ 고유가로 인한 재정수입 증가로 재정흑자 규모가 큰 폭으로 늘어나면서 리비아의 재정수지는 2007년 GDP의 37.9%, 2008년 33.2%를 기록하였음.

○ 2009년에는 국제 원유가가 급격히 하락하여 재정수입 규모가 급락하면서 10년 만에 처음으로 GDP 대비 2.8% 수준의 재정적자를 기록한 것으로 추정됨.

○ 2010년에는 낙후된 인프라 개선 및 물가통제를 위한 보조금 지급 등으로 재정지출이 전년 대비 32% 증가하여 사상 최대의 재정지출 규모를 기록할 것으로 예상되나, 유가 상승 및 원유 생산량 증가로 인하여 재정수입 또한 큰 폭으로 증가하여 재정수지는 흑자로 전환, 흑자규모는 GDP의 2.9%를 기록할 것으로 전망됨.

□ 소비자 물가 통제를 위한 보조금 지급

○ 2008년에는 곡물을 비롯한 상품의 국제거래가가 인상되고 오일머니의 유입에 따라 유동성이 증가하였으며, 카다피 정부가 연료와 전기에 지급되는 보조금 규모를 축소하면서 물가상승률은 10.4%를 기록함.

○ 2009년에는 주요 생필품에 대한 가격통제를 시행하는 한편 재정지출 규모를 축소하여 시중 유동성이 감소하였으며, 식품 등의 국제거래 가격이 하락하면서 물가상승률은 2.5% 수준으로 안정되었음.

○ 2010년에는 국제유가 및 상품 가격의 상승 등의 영향으로 물가상승이 예상되나, 리비아 정부의 물가 통제를 위한 보조금 지급이 예정되어 있어 물가상

승률은 5.3%로 상승폭이 크지 않을 전망임.

2. 경제구조 및 정책

□ 국제사회의 제재 조치 등으로 인한 기반시설 부족

○ 1986년 이후 약 20년에 걸쳐 지속된 미국 및 유엔의 경제제재로 인하여 기
  반시설에 대한 신규 투자 및 기존 시설의 유지보수가 이루어지지 않아 리비
  아의 기반시설은 급속도로 악화되었음.

○ 경제제재 해제 이후 리비아 정부는 수조 달러 규모의 인프라 개발계획을 세
  우고 공항, 도로, 철도 등 기반시설 확충을 위하여 노력하고 있음.

□ 석유에 대한 의존도가 높은 경제구조

○ 2007년 기준 리비아 석유부문의 경제기여도는 총 수출의 98%, 정부 재정수
  입의 90%, GDP의 69%를 차지, 석유에 극도로 편중된 경제구조를 보여주고
  있음.

○ 리비아 정부는 석유산업에 대한 경제의존도를 낮추기 위해 산업다각화 정책
  을 추진하고 있지만 경제제재 해제 이후 석유부문은 더욱 급격히 증대하여
  석유부문이 2000년 GDP의 39%에서 2007년 69%로 확대됨.

○ 반면, 동기간 농업 및 제조업의 GDP 비중은 각각 5%, 8.1%에서 1.1% 및

2.1%로 축소되었으며, 최근의 고유가 추세로 인한 해외 석유개발 기업들의 투자 증대로 인해 리비아 경제의 석유 의존도는 더욱 심화될 전망임.

□ 고질적인 용수 부족

○ 리비아는 사하라사막의 일부인 리비아사막이 전 국토에 걸쳐 있어, 2005년 기준 경작 가능지 1.03%, 농경지 0.19%, 사막 등 기타 98.78%로 국토가 구성되어 있으며, 사람이 거주할 수 있는 땅은 총면적의 6.8%에 불과할 정도로 전 국토에 걸쳐 용수 부족 문제가 심각한 상황임.

○ 리비아 정부는 고질적인 용수 부족 문제를 해결하기 위하여 남부 사하라 사막의 지하수를 끌어올려 북부 지중해안 도시들에 하루 650만t의 물을 공급하기 위한 대수로 건설 계획을 세워 공사를 진행 중임.
 ▬ 1983년 우리나라의 동아건설이 리비아 대수로 공사를 수주하여 공사를 진행하였으며, 현재 5단계 공사가 예정되어 있음.

나. 성장 잠재력

□ 천연자원이 풍부한 자원 부국

○ 아프리카 최대 산유국인 리비아의 원유 추정 매장량은 437억 배럴로, 전 세계 원유 매장량의 약 3.5%를 점하고 있으며, 세계 8위, 아프리카 1위의 원유 보유국임.
 ▬ 현재 리비아 영토의 약 25% 정도만 탐사를 마친 상태이기 때문에 향후 개발가능성이 더욱 클 것으로 전망됨.
 ▬ 리비아는 OPEC* 회원국으로 2009년 OPEC 감산조치로 155만 배럴/일의

석유를 생산하여 전년 대비 10% 감소하였으나, 2010년에는 석유수요 증가 등의 영향으로 석유 생산량이 증가하여 166만 배럴/일의 석유를 생산할 것으로 예상됨.

* OPEC 회원국(12개국): 알제리, 앙골라, 나이지리아, 리비아, 베네수엘라, 에콰도르, 이란, 이라크, 쿠웨이트, 사우디아라비아, 카타르, 아랍에미리트

○ 리비아의 천연가스 추정 매장량은 1조 5천억 입방미터로 전 세계 천연가스 매장량의 약 0.8%를 차지하고 있으며, 확인되지 않은 추가 매장량은 현재 발견된 규모의 2배 이상에 달할 것으로 전망됨.

- 2007년 리비아의 천연가스 생산량은 152억 입방미터 규모로 전 세계 생산량의 0.5%를 차지하고 있으나, 서부리비아가스계획(the West Libya Gas Project: WLGP) 2단계의 완공에 따라 천연가스 생산량은 더욱 증가할 것으로 예상됨.

- 특히, 리비아는 유럽과의 근접성을 바탕으로 유럽에 직접 연결할 수 있는 파이프라인 구축과 천연가스 개발 및 정제 인프라 구축에 박차를 가하고 있음.

다. 정책성과

□ 지지부진한 산업다각화 및 민간경제 활성화 정책

○ 산업인프라, 정보통신 및 관광업 부문에 외국인 투자유치를 통한 산업 다각화 정책을 추진하고 있으나 최근 고유가 분위기 속에 리비아 정부는 에너지 부문 인프라 구축 및 개발에 더욱 전념하여 산업다각화 추진은 현재 지지부진한 상황임.

- 특히 정부 소유의 농장 설립 등을 통해 의욕적으로 추진하던 자급자족형

농업체제 구축은 리비아 정부의 에너지 부문 집중 투자로 인해 실효를 거두지 못해 현재 식료품 수요의 80%가량을 수입에 의존하고 있음

○ 기득권층의 저항으로 공공부문 축소와 민간경제 활성화 정책의 시행은 지지부진한 실정임.

　－ 카다피 정부는 비효율적인 정부소유 기업들의 매각으로 공공부문을 축소하고 민간경제를 활성화시킬 계획이나, 신뢰성이 현저히 떨어지는 리비아의 정책추진 사례를 고려할 때 카다피의 민간경제 활성화 정책이 착실히 수행될지의 여부는 미지수임.

□ 오일머니를 바탕으로 대규모 건설프로젝트 추진

○ 전체 재정지출의 10% 이상이 소요되는 리비아 대수로 공사뿐만 아니라 자원개발 인프라 구축, 상업 및 관광단지 개발 목적의 대규모 건설 프로젝트가 추진 중임.

○ 리비아의 건설부문은 가장 성장이 빠른 산업 중의 하나로, 현재 정유시설 등 다수의 건설 프로젝트가 예정되어 있어 성장세는 향후 최소 10년 이상 지속될 것으로 전망됨.

□ 2010~13년 경제개발계획 발표

○ 리비아 정부는 2010~13년간 고용 창출, 생산성 향상, 산업 다각화, 인적자원 개발 등의 분야에 33억 디나르를 지출하는 경제개발계획을 발표함.

　－ 동 계획으로 231개의 식료품 생산 공장, 56개의 화학 공장 등 2,191개의 프로젝트가 진행될 예정이며, 25,167개의 일자리가 창출될 것으로 기대됨.

3. 대외거래

〈표 2〉 주요 대외거래 지표

(단위: 백만 달러, %)

구분	2005년	2006년	2007년	2008년	2009e년
경상수지	14,945	22,170	28,510	35,702	5,931
경상수지/GDP	34.9	42.5	52.9	52.5	11.0
상품수지	17,675	24,254	29,269	40,292	9,798
수출	28,849	37,473	46,970	61,950	32,539
수입	11,174	13,219	17,701	21,658	22,741
외환보유액	38,235	57,907	77,898	90,803	99,220
총 외채 잔액	4,291	4,456	4,957	5,611	5,982
총 외채 잔액/GDP	10.0	8.6	9.2	8.3	11.1
DSR	3.1	2.7	2.3	1.9	3.5

자료: IMF, EIU.

□ 상품수지 및 경상수지 흑자 규모 축소

○ 석유 수출이 수출액의 98%에 달하는 등 석유에 대한 의존도가 높아 국제 유가 및 석유 생산량이 상품수지 및 경상수지에 막대한 영향을 미치고 있음.

○ 2004년 경제제재 해제 이후 원유 수출 증가 및 고유가의 영향으로 상품수출이 꾸준히 증가하면서 경상수지는 2008년 357억 달러를 기록하며 최고점을 찍었으나, 2009년 유가의 급격한 하락과 OPEC의 감산조치로 인해 상품수출이 크게 감소하면서 경상수지는 59억 달러 수준을 기록한 것으로 추정됨.

○ 2010년에는 유가 상승 및 원유 수출량 증가 등의 영향으로 경상수지 흑자규모가 확대되어 2005년 수준인 156억 달러를 기록할 것으로 전망됨.

□ 외환 보유액 증가 추세

  ○ 경제제재 해제 이후 국제적 고유가에 따른 석유수출 증가로 외환보유액은
    지속적으로 증가세를 나타내어 2005년 382억 달러에서 2009년 992억 달
    러로 대폭 증가하였음.

[외채상환능력]

□ 외채 상황 양호

  ○ 리비아의 외채규모는 최근 석유화학 및 인프라 개발 사업 확대의 영향으로
    꾸준히 증가하여 2009년 전년 대비 6% 증가한 60억 달러를 기록한 것으로
    추정됨.

  ○ 2009년 GDP 감소로 GDP 대비 외채 비중이 11.1%를 기록하여 전년 대비 소
    폭 증가하였으나, 최근 5년간 10% 수준을 유지하고 있으며 2009년 DSR이
    3.5%를 기록하는 등 전반적으로 양호한 외채상황을 보여주고 있음.

Ⅲ. 정치·사회동향

1. 정치 및 국제관계

□ 카다피(Qadhafi) 일인 지도체제

  ○ 1969년 쿠데타로 정권을 장악한 카다피(Qadhafi) 국가원수는 집권 이후 '무
    슬림-사회주의'를 표방하고 경제 전반의 국유화를 추진하였으며 의회 및 정

당 제도를 인정하지 않고 일인지도체제를 유지하며 리비아 정치·경제에 절
대적인 영향력을 행사하고 있음.

○ 2009년 카다피가 차남 사이프 알이슬람(Saifal-lslam)에게 개혁 조치를 이
행할 수 있도록 공식적으로 국가 최고위 자리를 마련해주면서 사이프 알이
슬람은 아버지 카다피에 이은 2인자 지위를 누리게 되었음.

□ UN의 경제제재 해제 후 유럽 국가들과의 경제교류 활성화

○ 1988년 미국 팬암기의 스코틀랜드 로커비 상공 폭발과 1989년 프랑스 UTA
기 폭발사건에 리비아가 연루했다는 혐의로 1992년 미국, 영국 및 프랑스 3
국 주도로 UN의 경제제재가 시행되었으나, 리비아가 테러 용의자를 UN에
인도하고 희생자들에게 배상을 약속하면서 2003년 11년 만에 UN 경제제재
가 해제됨.

○ 유럽 국가들은 UN의 경제제재 해제 후 리비아산 원유의 높은 품질 및 지리
적 근접성을 바탕으로 리비아를 상대로 본격적인 투자에 나섰으며, 2007년
기준 리비아의 총 수출 중 이탈리아가 40.8%, 독일이 12.2% 및 스페인이
7.4%를 차지하는 등 유럽 국가들이 리비아의 주요 수출국으로 부상하였음.

□ WMD 폐기를 통한 미국과의 관계 개선

○ 미국은 1996년 이란과 리비아의 에너지 부문에 자국 기업의 투자를 규제하
는 '이란 및 리비아 제재법(ILSA, 일명 D'Amato Act)'을 제정하였으며,
2003년 UN의 경제제재 해제 이후에도 D'Amato Act를 해제하지 않았음.

○ 적대적 관계가 지속되던 미국과 리비아의 관계는 2003년 12월 카다피의 대량살상무기(Weapons of Mass Destruction: WMD) 폐기 선언과 2004년 4월 미국의 D'Amoto Act 해지 선언 및 리비아에 대한 경제제재완화조치 발표로 관계가 개선되기 시작하였음.

○ 2006년 6월 미국이 리비아를 '테러지원국' 명단에서 제외하고 수도 트리폴리에 미국 대사관을 개설하는 등 양국 외교관계를 전면 복원하기로 발표하였으며, 2009년 미국 정식 대사 부임으로 양국 관계는 완전 회복되었음.

○ 2003년 리비아의 대미 수출비중은 전무하였으나, D'Amoto Act 해제 후 엑손모빌을 비롯한 미국 석유 메이저 기업의 본격 진출로 인하여 2007년 기준 미국은 이탈리아, 독일에 이어 3대 교역국으로 급부상함.

□ 아랍 국가들과 불편한 관계 속 사하라 이남 아프리카 국가들과의 유대 강화 노력

○ 사우디아라비아를 비롯한 걸프 지역 아랍권 국가들과의 관계 강화 노력에도 불구, UN의 리비아 경제제재 조치에 대해 아랍 국가들이 아무런 항의조치를 취하지 않자, 카다피는 유대강화 노력을 청산하고 사하라 이남 아프리카 지역 통합 및 역내 자국 지위 강화에 노력함.

○ 2009년 2월 카다피는 아디스아바바에서 열린 아프리카연합(AU) 정상회의에서 키크웨테 탄자니아 대통령의 후임 의장으로 선출돼 1년간 아프리카연합을 이끌었음.

□ 스위스 등 서방과의 외교 대립 촉발

○ 2008년 7월 스위스를 방문 중이던 카다피의 아들 한니발과 그 부인이 호텔 종업원에 대한 폭행 혐의로 스위스 경찰에 체포되면서 촉발된 리비아와 스위스의 갈등은 최근 리비아의 스위스에 대한 무슬림 지하드(성전)* 선포, 스위스와의 전면적인 교역금지 선언 등으로 악화되었음.

  * 무슬림교의 성전기구로 지하드의 기치를 내걸고 많은 무슬림교 단체들이 이란, 팔레스타인, 레바논, 아프가니스탄 등지에서 이스라엘, 러시아, 서방 국가 등에 대항하여 투쟁하고 있음. 그들 단체는 모두 게릴라전을 수행하고 있으며 일부는 테러활동을 전개하기도 함.

○ 리비아와 스위스 등 서방의 갈등이 악화된 배경에는 2009년 11월 스위스 국민투표에서 무슬림 사원의 첨탑 건설 금지법안이 통과되고 프랑스에서는 무슬림 여성들의 히잡 착용을 제한하는 등 유럽권의 이슬라모 포비아(무슬림 혐오증) 확산에 대한 반감이 작용한 것으로 보임.

2. 사회 및 소요사태

□ 높은 실업률

○ 리비아의 실업률은 최소 30%에 달할 것으로 추정되고 있으며, 청년 실업률의 수치는 더욱 높을 것으로 보임.

○ 리비아는 고급기술을 요하는 직군과 자국민이 꺼리는 일을 해외 고급 및 숙련 노동자로 대체하고 있어 리비아 내 백만 명 상당의 해외 노동자가 일하고 있는 것으로 추정되고 있으며, 리비아 국민들의 해외 노동자에 대한 반감 분

위기가 조성되어 있음.

□ 강력한 통제로 사회 불안 가능성은 낮음

○ 경찰 조직을 효율적으로 활용한 강력한 권위주의 체제 유지로 타 중동국가에 비해 범죄, 테러의 위협은 물론 시위 등의 사회 불안 가능성은 높지 않음.

Ⅳ. 국제신인도

1. 주요 기관별 신용도 평가순위

〈표 3〉 주요 기관별 신용도 평가 순위

기관명	현행	종전
OECD	6등급(2007.9)	6등급(2006.10)
S&P	A-(2009.3)	-
Fitch	BBB+(2009.5)	-
Euromoney	81/186(2010.3)	87/186(2009.9)
ICRG	32/140(2010.2)	29/140(2010.1)
I.I	71/178(2009.9)	71/177(2009.3)

2. 주요 ECA의 지원태도

- 미국 EXIM: 공공부문 및 민간부문 제한적으로 인수 가능

- 영국 ECGD: 최고 부보율 적용

- 독일 Hermes: 단기 인수 가능하나 제약 조건이 있을 수 있음

3. 외채상환태도

□ 외채 부담은 낮은 수준

○ 풍부한 오일머니 및 20여 년간 지속된 경제제재 조치에 따라 리비아는 외채 규모는 미미한 수준임.

○ 2009년 말 리비아의 총 외채규모는 60억 달러 규모로 총 GDP의 11.1%에 불과하나, UN 및 미국의 경제제재 해제 이후 대규모 에너지 부문 투자 및 건설 프로젝트를 추진하고 있어 리비아의 외채규모는 향후 점증할 것으로 전망됨.

□ 일관성 없는 외채상환태도 지속

○ 불량한 외채상환태도를 보여 온 리비아는 2003년 UN의 경제제재 해제 이후 대외채무 원리금 상환금액을 늘리는 등 외채 상환에 있어 개선되는 모습을 보이고 있으나, 공공재정의 미숙한 운영으로 인해 일관성 없는 외채상환 태도가 지속되고 있음.

○ 2009년 9월 말 기준 OECD 회원국 앞 연체현황
  - 단기: 총 지원 잔액 1.6억 달러(연체금액: 0.4백만 달러, 0.3%)
  - 중장기: 총 지원 잔액 1.6억 달러(연체금액: 15.6백만 달러, 9.6%)

4. 우리나라와의 관계

〈표 4〉 한·리비아 교역규모

(단위: 백만 달러)

구분	2007년	2008년	2009년	주요품목
수출	402	821	1,235	자동차, 건설광산기계
수입	6	12	3	어류, 어육 및 어란
합계	408	833	1,238	

자료: KOTIS, 한국무역통계.

□ 국교수립: 1980. 12. 29(북한과는 1974. 1. 수교)

□ 주요협정: 경제과학기술협정(1999), 무역협정(2006), 투자보장협정(2006)

□ 2009년 대 리비아 수출액은 12억 달러로 리비아는 아프리카 국가 중 우리나라의 제2위의 수출국이 되었으며, 우리나라와의 2009년 교역규모는 전년 대비 49% 증가하여 12억 달러를 기록하였음.

o 주요 수출품은 자동차, 건설중장비, 철구조물, 변압기 등 건설 관련 품목을 중심으로 약 12억 달러, 수입은 어류 등을 중심으로 약 3백만 달러를 기록함.

o 2009년 SK 컨소시엄이 리비아에서 55억 달러(약 6조 8,000억 원)에 달하는 정유 플랜트 사업을 수주하는 등 우리나라 기업들의 리비아 건설 프로젝트 수주가 활발히 진행되고 있음.

o 2009년 9월 리비아 정부가 한국을 비롯해 독일과 일본의 자동차와 기계제품 등에 강도 높은 수입규제 제도*를 도입하여 국내 기업들의 수출에 차질이

우려되고 있음.

* 리비아 정부는 한국과 일본, 독일에서 자동차와 건설 중장비, 농업용 중장비 등 5대 품목을 수입하는 리비아 에이전트의 경우 정부투자 기관이 51%의 지분을 갖는 합작사를 설립하도록 하고 수입 및 유통 시 애프터서비스를 의무화하도록 규정하는 '신 에이전트법'을 공포, 발효하였음.

□ 해외직접투자(2009년 12월 말 누계, 총 투자 기준): 35건, 319백만 달러

V. 종합의견

○ 아프리카 최대 자원부국인 리비아는 미국의 경제제재 해제, 국제 유가상승, 원유 생산 증대를 바탕으로 2003년 이래 5% 이상의 고도 성장세를 유지하였으나, 세계 경제 위기로 인한 유가 하락과 생산 감축으로 인해 2009년 경제성장률은 3.7%로 하락하였음.

○ 2010년에는 유가 상승 및 원유 생산량 증가, 건설 등 비석유 부분의 성장으로 경제성장률은 4.6%를 기록하며 소폭 상승할 전망임.

○ 리비아는 2008년 기준 전 세계 원유 매장량의 약 3.5%(세계 8위, 아프리카 1위), 천연가스 매장량의 0.8%(세계 20위, 아프리카 4위)를 점하고 있는 아프리카 최대의 자원부국으로 커다란 성장잠재력을 가지고 있음.

○ 카다피(Qadhafi)는 리비아 내 절대적인 영향력을 행사하면서 사실상 사회주의식 통제경제체제를 유지해왔으나, 1997년 해외투자촉진법의 제정 및 2002년 동법 개정을 통해 외국인 투자유치를 강화하였으며, 2001년 2002

년 각각 IMF 조사단을 맞이하여 거시경제 전반에 걸친 협의를 거쳐 WTO 가입을 추진하였고, 공기업 특혜철폐 및 사기업 진작 등 경제자유화 시책을 가속화하고 있어 개방사회로의 변화를 지향하고 있음.

○ 지나친 석유 의존적 경제구조와 비대한 공공부문으로 인해 발전이 더딘 민간경제, 미숙한 공공재정 운영은 향후 개선해야 할 과제로 남아 있음.

○ 2009년 우리나라의 대 리비아 수출은 12억 달러로 아프리카 국가 중 우리나라의 제2위의 수출국이 되었으며, 우리나라 기업들의 건설 프로젝트 수주가 활발히 진행되고 있어 향후 우리나라와의 교역 규모는 더욱 확대될 것으로 전망됨.

국별 리포트

4. 이라크 국가신용도 평가리포트

Ⅰ. 일반개황

면적	442천 km²	GDP	915억 달러(2008)
인구	30.1백만 명(2008)	1인당 GDP	3,040달러(2008)
정치체제	내각책임제	통화단위	New Iraqi Dinar(ID)
대외정책	비동맹, 친미노선	환율(달러당)	1,193(2008)

○ 이라크는 중동에서 이란, 사우디아라비아, 요르단, 시리아와 접경하고 있으며, 한반도의 2배에 달하는 국토면적과 30백만 명의 인구를 보유한 무슬림 국가임.

○ 세계 3위의 석유(확인매장량 1,150억 배럴) 및 12위의 천연가스(확인매장량 112조 입방피트) 자원을 보유한 세계적인 자원부국으로 아직 미탐사 유전지역이 많아 자원개발 면에서 커다란 성장잠재력을 가지고 있음.

○ 2003년 이라크 전쟁 이후 재건복구 계획 및 세계 각국의 지원 등을 통해 경제 회복을 추진하여 왔으나, 빈번한 테러 및 저항활동으로 인한 치안 불안과 외국인 투자 부족 등으로 뚜렷한 성과를 시현하지 못하고 있음.

○ 또한, 2010년 3월 7일 실시된 총선에서 현 말리키 총리의 법치국가연합(State of Law Alliance)이 다수당 달성에 실패한 후 총선결과 불복을 선언함에 따라 새 정부 출범 지연 등 정국혼란이 예상되고 금년부터 시작되어 2011년 완료될 미군의 철수 계획으로 인해 체제불안정은 당분간 지속될 전망임.

II. 경제동향

1. 국내경제

〈표 1〉 주요 국내경제 지표

(단위: %)

구분	2006년	2007년	2008년	2009e년	2010f년
경제성장률	6.2	1.5	9.5	4.3	5.8
재정수지/GDP	14.2	8.8	1.5	-4.0	-8.8
소비자물가상승률	53.2	30.8	2.7	-2.8	6.0

자료: IMF 및 EIU.

□ 불안한 치안상황이 이라크의 경제성장을 억제

○ 이라크의 쿠웨이트 침공으로 1990년 시작된 유엔의 12년간의 경제제재로 이라크의 경제는 위축되었음. 2003년 이라크전쟁 발발에 따른 석유 생산량 감소와 체제 붕괴, 내부 혼란의 여파로 2003년 이라크 경제는 33.1%의 마이너스 성장을 기록한 후, 2004년에는 재건 복구 수요 및 투자 증가로 23.0%의 급성장세를 시현하였음.

○ 2005년 이후 정정 불안에 따라 많은 이라크 국민들이 시리아, 요르단 등 주변 국가로 탈출하면서 내수가 감소하고 원유 생산량도 축소되면서 2007년에는 경제성장률이 1.5%를 기록하는 데 그쳤음.

○ 2008년에는 치안 상황이 개선되면서 경제 활동이 비교적 활기를 되찾고 원유 생산량도 증가하면서 경제성장률은 9.5%로 급등하였으나, 2009년에는 세계 경기침체 및 유가 하락의 영향으로 성장률이 4.3%로 하락한 것으로 추정됨.

- OPEC은 글로벌 금융위기 이후 국제유가 하락을 막기 위해 회원국의 원유 생산 쿼터를 축소하였으나, 이라크는 1990년 쿠웨이트 침공으로 인한 유엔의 경제제재 조치로 OPEC의 생산량 쿼터 배정에서 제외되어 왔음.

○ 2010년에는 석유 및 기반시설에 대한 외국인 직접투자가 증가할 것으로 기대되고, 국제유가 상승, 원유 생산량 증가 및 국내 소비수요 증대 등이 전망되면서 경제성장은 5% 후반대로 소폭 상승할 것으로 예상됨.

□ 재정수지 악화

○ 2004년 이라크의 재정수지는 원유 생산량 감소로 인한 정부 수입 축소 및 전후 복구재건 사업으로 인한 지출 증가로 GDP 대비 40%가 넘는 적자를 기록하기도 하였으나, 2005년 이후 유가 상승 및 원유 생산량 증가로 인한 재정수입 증가, 치안불안에 따른 정부의 예산집행 저조 등으로 2008년까지 흑자기조를 유지하였음.

○ 2009년에는 유가 하락으로 재정수입이 줄어들면서 재정수지가 GDP 대비 4.0%에 달하는 적자로 전환되었음. 2010년에도 재정수지는 적자를 기록할 것으로 예상되는데, 치안강화와 원유, 수자원, 전력 부문에 대한 정부지출 증가 등으로 인하여 적자규모는 GDP의 8% 후반대로 확대될 전망임.

○ 앞으로 기반시설 재건, 공공부분 고용확대 등을 위한 정부지출 증대로 재정수지는 당분간 적자기조를 유지할 것으로 전망됨.
  - 이라크의 2010년 예산은 전년 대비 25% 증가한 724억 달러 규모로 그중 개발투자 프로젝트에 203억 달러가 배정되었음.
  - 그러나 과거 수년간 이라크 정부의 집행력 부족이 문제가 되어왔음에 비

추어 2010년에도 정부의 예산집행 정도와 총선 후 신정부의 신속한 구성 여부가 이라크의 재정수지에 큰 영향을 미칠 것으로 전망됨.

□ 소비자물가 상승세 둔화

○ 소비자물가 상승률은 보조금 축소로 인한 유류 관련 교통요금 상승, 생필품 부족으로 인한 가격 급등, 수입물가 상승 등의 영향으로 2006년에는 53.2%나 급등하였으나, 이라크 중앙은행이 이라크 디나르화 절상과 이자율 인상 조치 등의 긴축정책을 시행함으로써 물가 급등세가 둔화되어 2007년 소비자물가 상승률은 30.8%를 기록하였음.

○ 2008년에는 이라크 디나르의 통화가치 상승 지속, 생필품 수급 개선, 국제 상품가격 하락 등의 영향으로 소비자물가 상승률은 2.7%로 대폭 하락하였으며, 2009년에는 연료 및 식품가격 하락세 등의 영향으로 소비자물가가 −2.8%의 전년 대비 하락세를 기록한 것으로 추정됨. 그러나 2010년에는 세계경기 회복 및 국제 상품가격 상승이 전망됨에 따라 소비자 물가 상승률은 6%대 수준의 상승세로 다시 돌아설 것으로 예상됨.

2. 경제구조 및 정책

가. 구조적 취약성

□ 국제사회의 제재 조치 및 전쟁 등으로 인한 기반시설 부족

○ 1970년대까지 이라크는 중동국가 중 기반시설이 가장 발달된 국가 중 하나였으나, 수십 년간의 투자 부족 및 1990년 쿠웨이트 침공에 따른 국제사회

의 제재 조치, 전쟁으로 인한 각종 시설 파괴 등으로 이라크의 기반시설은 급속도로 악화되었음.

○ 전후 복구 사업 및 이라크 정부의 기반시설 확충을 위한 재정지출에도 불구하고, 불안정한 정국 및 종파 간의 갈등으로 인한 테러 등으로 기반시설 파괴는 계속되고 있으며 이는 이라크 경제회복에 심각한 걸림돌로 작용하고 있음.

□ 석유에 대한 의존도가 높은 경제구조

○ 이라크는 석유 부문이 GDP의 60%, 수출의 98%, 정부 재정수입의 90% 이상을 차지할 정도로 석유에 대한 경제의존도가 높아 국제유가 등락이 국가경제 전반에 지대한 영향을 미치고 있음.

○ 이라크는 1990년 걸프전 이전까지 제조업 육성에 가시적인 성과를 이루고 있었으나 걸프전 이후 UN 경제제재하에서 제조업이 위축되기 시작하였으며, 2003년 이라크전쟁 이후 많은 산업시설이 파괴되는 등 제조업 위축이 가속화되어 현재 석유산업 및 농업을 제외한 여타 산업은 크게 위축된 상황임.

○ 전후 계속되는 보복성 테러 및 저항활동으로 인하여 각종 기반시설의 복구에는 상당한 시간이 소요될 것으로 예상되어 제조업 등 기타 산업의 회생 및 발전 또한 더디어질 것으로 전망되는 가운데, 이라크는 대부분의 소비재, 자본재를 수입에 의존하고 있는 등 취약한 산업구조를 가지고 있음.

나. 성장 잠재력

□ 천연자원이 풍부한 자원 부국

○ 사우디아라비아, 이란에 이어 세계 3위인 이라크의 원유매장량은 2008년
말 기준 약 1,150억 배럴로 석유산업은 정부재정 및 외화수입원의 90% 이상
을 차지하고 있는 이 나라 최대 산업이며, 이라크 경제성장의 주 동력원임.
- 이라크에는 아직 미탐사 유전이 많아 현재 전체의 약 10% 정도만 탐사되
어 개발된 것으로 추정됨.
- 원유 매장량의 3분의 2가 이라크 남부지역에 매장되어 있으며, 대부분의
천연가스도 남부지역에 매장되어 있음.

○ 이라크는 2009년 240만 배럴/일의 원유를 생산, 190만 배럴/일의 원유를
수출하였으며, 이라크 정부는 2010년 215만 배럴/일의 원유를 수출할 계획
이라고 밝힘.

○ 이라크 정부는 2009년 ExxonMobil(미국), Royal Dutch Shell(네덜란드),
Statoi(노르웨이), Lukoil(러시아) 등의 석유회사와 유전개발에 대한 장기계
약을 맺었으며, 정부는 이러한 계약을 통해 현 240만 배럴의 일산능력을
2016년까지 1,200만 배럴로 증대하고자 함.

○ 이라크는 천연가스 매장량도 세계 12위권인 112조 입방피트이며, 그 밖에 인
산염, 황 등의 비석유 천연자원과 티그리스 강 및 유프라테스 강 등으로 인
해 주변국에 비해 풍부한 수자원도 보유하고 있음.

□ 자유 시장경제원리 확산 및 규제 철폐

○ 2003년 종전 후 출범한 이라크 정부는 30년간의 후세인 정권에 의한 사회주의 경제정책을 철폐하고, 경제관련 법규를 대폭 개편하여 자유 시장경제를 채택하였음.

○ 이라크의 신경제정책은 USAID의 '경제회복 및 개혁계획(Economic Recovery and Reform Plan)'에 의거, 컨설팅 기업인 베어링포인트(Bearing Point)가 주도하고 있으며, 중앙은행, 재무부, 무역부, 상공부와 더불어 무역, 투자, 민영화 등에 관한 전반적인 조직체계, 법령의 정비를 주요 내용으로 하고 있음.

○ 이라크 정부는 기업법, 은행법, 증권법, 외국인 투자법, 중앙은행 관리법 등 자유 시장경제 전환을 위한 법적, 제도적 개혁을 시행하였으며, 단일 관세율 제정 및 관세율 인하, 누진 소득세 도입, 균형예산 편성, 국채 발행 등 새로운 경제체제 구축을 위한 다양한 정책을 도입·시행하였음.
  - 금융·통화 부문: 신권 발행, 변동 환율제 정착, 이자율 자유화, 중앙은행 독립 등의 정책 시행
  - 석유 부문: 3개 국영 석유공사 통합 진행
  - 통신 부문: 위성방송 허용, 휴대전화 서비스 개시, 유선 전화망 정비 시행

□ 고용창출 확대 노력 강화

○ 이라크 정부는 2007년 시멘트, 섬유, 제약, 석유화학 등 21개 국영기업을 선정, 국영은행인 Rasheed은행과 Rafidain은행*의 대출을 통하여 정상운영을

도모하는 등 전후 폐쇄된 공장을 재가동하여 일자리 창출을 추진하고 있음.

* 이라크에는 Rasheed와 Rafidain의 2개 국영은행이 있으며, 이들 2개 국영 은행이 이라크 총 은행 예금의 90% 이상을 차지하고 있음.

□ 적극적인 외국인 투자 유치

○ 2006년 12월 이라크는 신 투자법을 제정하여 내·외국인 간 차별을 철폐하고 외국인의 100% 단독투자를 허용하는 등 외국인 투자유치를 위한 기반을 마련하였음.

○ 2007년 11월에는 외국인 투자유치를 위하여 국가기관인 국가투자위원회 (National Investment Commission)를 설립하고 주정부별로 투자위원회를 설치하여 투자관련 조직을 갖추는 등 외국인 투자유치 노력을 가속화하고 있음.

○ 이라크는 계속되는 테러 및 저항활동으로 인한 치안 및 정정 불안으로 아직 투자 위험도가 매우 높지만, 최근 외국인 투자유치에 유리한 석유법에 관한 논의가 진행되고 있고 미군 철수 후 이라크의 독립적인 재건 및 투자 활동이 예상됨에 따라 세계 각국의 이라크에 대한 관심이 높아지고 있음.
  - 이라크는 2009년 두 차례에 걸쳐 10개 유전지역에 대한 입찰을 실시하는 등 원유 및 인프라 분야를 중심으로 외국인 투자 유치에 박차를 가하고 있음.

3. 대외거래

〈표 2〉 주요 대외거래 지표

(단위: 억 달러, %)

구분	2006년	2007년	2008년	2009e년	2010f년
경상수지	13	141	137	17	61
경상수지/GDP	3.0	22.5	161.1	2.2	6.1
상품수지	118	230	216	52	100
수출	305	396	588	409	525
수입	187	166	372	358	426
외환보유액	194	310	498	448	461
총 외채 잔액	992	1,023	677	503	521
총 외채 잔액/GDP	235.1	164.1	80.0	67.3	56.8

자료: IMF및 EIU.

□ 상품수지 및 경상수지 흑자기조 지속

○ 이라크는 원유 수출이 수출액의 98%에 달하는 등 원유에 대한 의존도가 높아 국제 유가 및 원유 생산량이 상품수지 및 경상수지에 막대한 영향을 미치고 있음.

○ 이라크의 상품수지와 경상수지는 2006년부터 원유 수출이 회복세를 보이면서 흑자기조를 지속하고 있음.

- 2009년에는 세계 경기침체 및 유가 하락의 영향으로 수출이 전년 대비 30%나 축소되면서 경상수지 흑자규모는 17억 달러 수준으로 크게 감소한 것으로 추정됨. 2010년에는 유가 상승 및 원유 생산량 증가로 흑자폭은 전년 대비 확대될 것으로 전망됨.

□ 외환보유액 증가, 외채감소 등 외채상황 개선

○ 국제 고유가에 따른 석유수출 증가로 외환보유액은 2003년 종전 이후 지속
  적으로 증가세를 나타내어 왔으며, 2009년 말 외환보유액은 450억 달러 수
  준으로 비교적 풍부한 편임.

○ 2004년 11월 파리클럽과 쿠웨이트 등이 이라크 채무 중 80%를 3년에 걸쳐
  탕감해주기로 결정한 후 2008년 세 번에 걸친 채무 탕감이 마무리되어 외채
  잔액은 2007년 말 1,023억 달러에서 2008년 말 677억 달러로 대폭 감소하
  였음. 또한, 최근 수년간 GDP의 지속적인 증대로 인해 GDP 대비 총 외채
  잔액 비율은 가파른 감소세를 보여, 2009년 67.3%를 기록하였음.

III. 정치·사회동향

1. 정치 및 국제관계

□ 이라크 정식정부 출범

○ 2004년 6월 연합당국(Coalition Provincial Authority)의 통치로부터 이라크
  국민들에게로 주권이 이양된 이래 임시국회 구성을 위한 총선(2005. 1. 30),
  영구헌법 승인을 위한 국민투표(2005. 10. 15), 정식국회 구성을 위한 총선
  (2005. 12. 15), 대통령위원회, 국회의장단 구성 및 총리지명(2006. 4. 22)
  등 2년여에 걸친 이라크 정치 정상화 과정이 완료되었음.

○ 이라크 정부는 대통령과 부통령 2명으로 구성된 대통령 위원회와 실질적으

로 정부를 대표하는 총리 및 2명의 부총리, 그리고 34명의 부처장관으로 구성되어 있음.

○ 행정부 수반인 탈라바니(Jalal Talabani) 대통령은 쿠르드계로 국가를 대외적으로 대표하긴 하나 각 부처의 행정에 대한 실권은 총리가 관장하고 있어 대통령의 권한은 제한적이며, 총선에서 승리한 무슬림 시아파 연합당소속 말리키(Nourial-Maliki) 총리가 내각을 실질적으로 관장하고 있음.

○ 새 정부의 공식 출범에 따라, 후세인 시절 인구의 20%에 불과하면서도 30년간 지배세력이었던 수니파가 몰락하고 인구의 60%를 차지하는 시아파가 국정 운영의 중심으로 부상하였으며, 자치권 요구로 중앙정부와 갈등을 빚어왔던 쿠르드족이 선거에 적극 참여하여 새로운 정치세력으로 대두되었음.

□ 정파, 종파 간 첨예한 대립 지속

○ 무슬림교의 양대 종파인 시아파와 수니파는 이라크에서 정치 이념과 지역 기반을 바탕으로 독자적 정파를 형성하고 있고, 북부 쿠르드지역에는 쿠르드 지방정부가 상당한 자치권을 갖고 독자세력을 형성하고 있으며, 이들은 연방제, 석유법 등의 정치현안을 두고 이해관계에 따라 첨예하게 대립하고 있음.

○ 말리키 정권은 시아파와 쿠르드의 연정으로 내각이 정파별 지분에 따라 구성되어 있어 강력한 지도력을 행사하지 못하고 있으며, 2009년 1월 실시된 지방선거에서 말리키 총리가 이끄는 법치국가연합이 승리를 거두었으나, 쿠르드 정당 및 타 시아파 지도자와의 긴장관계는 지속되고 있음.

○ 2006~07년 초와 같은 극심한 종파 분쟁이 발생할 가능성은 낮으나, 2010년 3월 7일 총선을 앞두고 시아파와 수니파의 갈등이 고조되고 치안상황이 악화되었음. 또한 3월 26일 발표된 총선 결과 말리키 총리가 이끄는 법치 국가연합이 다수당 달성에 실패하면서 총선 결과에 대한 불복을 선언함에 따라 앞으로 정파, 종파 간 분쟁이 더욱 심해질 가능성이 큼.

□ 주변국가 및 서방국가와의 관계 개선

○ 이라크는 새 정부 출범 이후에도 친미 외교노선을 유지하여 미국의 지속적인 군사 및 경제원조를 받고 있으며, 이라크전에 반대했던 프랑스, 러시아, 독일 등과도 외교관계가 개선되고 있음.

○ 또한 주변 아랍국과의 관계 개선 및 정상화를 추진하고 있고, GCC 회원국, 요르단, 시리아, 이란 등과의 관계도 호전되고 있는 추세로서, 요르단과는 2009년 9월 자유무역협정을 체결하였음.

2. 사회 및 소요사태

□ 치안 불안 양상 지속되고 있으나, 과거에 비해 다소 개선

○ 2003년 이라크전쟁 종료 후에도 테러 및 저항활동이 끊임없이 발생하고 있으며, 바그다드의 치안 상황이 특히 심각한 수준임. 이라크는 국가 위험도가 가장 높은 국가로 분류되며, 외국 기업인에 대한 빈번한 납치활동으로 정상적인 기업 활동이 크게 위축되어 있음.

○ 계속되는 테러 및 저항활동으로 원유의 채굴·정제설비 및 파이프라인, 전

력, 상하수도, 도로, 교통 등 기간산업 인프라가 크게 손실되어 민생여건이 크게 악화되었음.

○ 수니파와 시아파의 종파 간 보복성 테러가 지속되고 있는 가운데 2006년 말 리키 정식정부 출범 이후 사회 교란을 노린 저항 세력들의 공격이 격화되고, 정파 간 이해관계에 따른 충돌이 심화되어 왔음.

○ 또한 시리아 등에서 유입된 알카에다의 테러활동 등이 격화되면서 2006년 말까지 이라크의 치안 상황은 악화 추세였으나, 2007년 2만 명 미군 증파, 바그다드를 중심으로 한 미군의 치안 안정화 노력과 다국적군의 지역중심 치안 확보 전략이 소기의 성과를 거두면서 2007년 하반기부터 테러 건수와 사망자 수가 급격히 감소하고 치안 상황이 개선되었음.

□ 불확실한 정국 상황으로 인한 치안 불안 심화 가능성

○ 2009년 6월 미군은 이라크 도심으로부터 지방으로 철수하였으며, 미국정부 는 2010년 8월까지 8만 명의 전투 병력을 본국으로 철수시킨 뒤, 2011년까지 잔여인력을 모두 철수시킬 계획임.
 - 2009년 미군의 도심 철수 이후 6월부터 테러가 급증하기 시작하여 2009년 8월 바그다드 시내에서 700명의 사상자를 낸 대형 폭탄테러가 발생하였음

○ 2009년 1월에는 연기되어왔던 지방선거가 실시되어 현 말리키 총리가 이끄 는 법치국가연합이 승리를 거두었으나 정국 안정은 크게 개선되지 않았음. 또한 2010년 3월 총선 결과 법치국가연합이 알라위 전 총리가 이끄는 이라 키야에 이어 2위를 기록*하면서 총선결과 불복을 선언함에 따라 신정부 출 범이 지연되는 등 정국혼란은 심화될 것으로 예상됨.

* 총 325석 중 이라키야 91석, 법치국가연합 89석 획득

□ 높은 실업률 및 인력 유출 지속

ㅇ 이라크의 실업률은 2003년 전쟁발발 이후 지속적으로 증가하고 있음. IMF 자료에
따르면 2005년 이라크의 실업률은 18.5%를 기록하였으나, 실제 실업률은 30~
50%에 달하여 심각한 사회 문제로 대두되고 있음.

ㅇ 1990년대 이후 요르단, 사우디아라비아 등 주변국으로 이라크의 고급인력이 유출
되기 시작하였고, 2003년 후세인 정권이 붕괴된 이후 인력 유출이 가속화되어
2003년부터 이라크 의사의 50%가 해외로 유출되는 등 고급인력 유출이 이라크
경제발전에 걸림돌이 되고 있음.

IV. 국제신인도

1. 주요 기관별 신용도 평가순위

〈표 3〉 기관별 신용도 평가 순위

기관명	현행	종전
수출입은행	E	E
OECD	7등급(2009.4)	7등급(2007.10)
Euromoney	167/186(2009.9)	167/186(2009.3)
ICRG	119/140(2010.1)	116/140(2009.1)
I.I	144/178(2009.9)	157/177(2009.3)

2. 주요 ECA의 지원태도

- 미국 EXIM: 제약조건이 있음
- 네덜란드 Atradius: 보증 적용 불가능
- 영국 ECGD: 제한적 보증 적용 가능
- 독일 Hermes: 제약조건이 있음

3. 외채상환태도

□ 외채탕감으로 외채상환부담 감소

○ 2004년 11월 파리클럽은 이라크 채무 420억 달러 중 80%에 해당하는 336억 달러를 3년에 걸쳐 탕감해주기로 결정하였으며, 쿠웨이트도 파리클럽과 동일한 방식으로 80% 탕감안을 확정함.

- 2004년 말 1,200억 달러로 추산되는 이라크의 외채 중 약 67%가 GCC 국가에 대한 채무(쿠웨이트 284억 달러, 사우디아라비아 250억 달러)*이며, 19개의 파리클럽 회원국들에 대한 이라크의 채무는 약 420억 달러임.

  * GCC 국가에 대한 채무는 주로 1980~88년 동안 진행된 이라크-이란 전쟁 시에 이란의 전쟁 승리를 원하지 않는 사우디, 쿠웨이트, UAE 등으로부터 지원받은 것에 기인함. 이들 GCC 국가들은 1979년 이란의 회교혁명 이후 혁명 확산 및 시아파 확대를 우려하여 이라크를 지원하였음.

○ 이라크는 2008년 2월 러시아와 120억 달러 채무탕감에 합의하였고 2008년 7월 UAE는 이라크 채무 70억 달러 탕감 계획을 발표하였음. 2010년 2월에는 중국이 85억 달러에 달하는 이라크 채무 중 80%를 탕감하는 데 동의하였음.

o 한편, 제1차 걸프전 직후 UN안보리 결의안에 의하여 쿠웨이트에 지불하도록 결정된 배상금(이라크 석유 및 가스 수출액의 5%) 및 총 외채의 12%로 추정되는 민간 상업차관에 대해서는 탕감 가능성이 낮은 편임.

□ 국제사회 지원동향

o 2003년 미국 주도의 서방국가들은 이라크 재건에 대한 지원 필요성에 의견을 같이하였으며, 일본 15억 달러, 미국 200억 달러, 유럽연합 2억 달러, 영국 9억 달러 등 세계 각국은 이라크에 대한 지원 대책을 발표하였음.

o 우리나라 또한 2억 6천만 달러의 무상원조 지원을 발표하였으며, 일본정부는 무상지원 15억 달러 이외에 30억 달러의 유상 차관 지원을 약속하였음.

o 미국, 일본, 영국 등은 지지성명을 발표하고, 2003년 원조공여국 회의에서 약속한 총 330억 달러 상당의 원조 시행 및 확대를 추진하고 있는 등 국제사회의 지원이 지속되고 있음.

□ 2010년 2월 IMF, 이라크에 대한 대기성 차관 36억 달러 승인

o 2010년 2월 IMF는 이라크에 대한 대기성 차관 36.4억 달러를 승인하였는데, 이는 정치적·경제적으로 가장 중요하고 불확실성이 높은 시기에 이라크의 경제발전 및 구조개혁을 지원하기 위한 것임.

o IMF차관 승인으로 2010년 이라크 정부의 개발 프로젝트 투자 확대 등에 큰 도움이 될 것으로 전망되며, 36.4억 달러 중 4.6억 달러는 IMF 승인 즉시 이라크 정부가 이용 가능함.

4. 우리나라와의 관계

〈표 4〉 한·이라크 교역규모

(단위: 백만 달러)

구분	2007년	2008년	2009년	주요품목
수출	210	368	785	수송기계, 농산물 등
수입	3,080	4,228	3,812	원유
합계	3,290	4,596	4,597	

자료: KOTIS, 한국무역통계.

□ 국교수립: 1989. 7. 9(북한과는 1968. 1. 30. 수교 후 1980. 10. 10. 단교)

□ 주요협정: 무역, 경제기술 과학협력협정(1983), 항공협정(1985), 평화협정(1985), 체육협력의정서(1987), 외교공관 부지교환 협정(1987)

□ 이라크는 우리나라의 제5위의 원유도입선으로 2007년 이후 이라크로부터의 원유 수입이 급속도로 증가하였으며, 우리나라와의 2009년 교역규모는 전년 수준인 약 46억 달러를 기록하였음.

○ 주요 수출품은 수송기계(자동차), 농산물 등을 중심으로 약 7.9억 달러, 수입은 원유 수입으로 약 38억 달러를 기록함.

○ 2009년 대 이라크 수입액 38억 달러 모두 원유 수입에 의한 것으로, 2008년에는 원유 이외에 가죽 및 모피제품도 수입하였으나 이라크의 빈약한 산업기반으로 인해 여타 상품 수입은 제한적임.

□ 해외직접투자(2009년 12월 말 누계, 총 투자 기준): 7건 86,735천 달러

V. 종합의견

○ 유엔의 오랜 경제제재와 이라크전에 따른 산업 기반시설 파괴로 이라크 경
제는 크게 위축된 상태이나, 전쟁종결 후 자유시장 개방경제를 채택한 신정
부의 경제재건 추진과 고유가 및 원유생산 증가로 인하여 경제회복을 위해
노력하고 있으나, 정파 및 종파 간 충돌과 치안 불안의 영향으로 경제성장의
기복이 심함.

○ 이라크는 수출의 대부분을 원유 수출에 의존하고 있으며, 전쟁에 따른 피해
로 기타 산업기반이 취약하여 대부분의 공산품을 수입에 의존하고 있는 등
취약한 산업구조를 가지고 있음. 그러나 세계 3위의 원유 및 12위의 천연가
스 보유국이며, 아직 미탐사 유전지역이 많이 남아 있어 커다란 성장 잠재력
을 보유한 자원부국임.

○ 미군과 이라크군이 이라크 안정화 노력을 통해 테러를 진압하면서 2007년
중반 이후 치안상황이 많이 개선되었으나, 아직 수니파와 시아파 간 보복성
테러가 끊이지 않고 있음.

○ 또한 2010년 3월 실시된 총선 결과 현 말리키 총리가 이끄는 법치국가연합
이 총선결과 불복을 선언하면서 정국혼란이 심화될 것으로 예상되고 2011년
미군이 계획대로 완전 철수하면 국내 체제 불안정이 악화될 가능성도 상존
하고 있음.

국별 리포트

5. 터키 국가신용도 평가리포트

Ⅰ. 일반개황

면적	780천 ㎢	GDP	6,300억 달러(2009)
인구	72.60백만 명(2009년)	1인당 GDP	8,678달러(2009)
정치체제	의원내각제	통화단위	신터키 리라 (Yeni Turkish Lira)
대외정책	친서방 및 친아랍의 균형외교	환율(달러당)	1.55(2009, 평균)

○ 터키는 유럽과 아시아의 접경지역인 흑해, 마르마라 해, 에게 해를 연결하는
보스포러스 해협과 다다넬즈 해협을 아우르는 전략적 요충지에 위치하고 있
으며, 한반도의 3.5배에 달하는 국토면적과 7,260만 명의 인구를 보유하고
있음.

○ 터키는 2004년부터 EU 가입협상을 본격적으로 시작한 후 2015년 EU 가입
을 목표로 하고 있으나, 사이프러스 문제 및 경제개혁 부진 등의 사유로 EU
가입은 아직 요원한 상황임.

○ 최근 터키는 지정학적 중요성, 시장잠재력, 거대시장 인접성 등 유망시장 조
건을 두루 갖추고 있어 post-BRICs군에 빠짐없이 언급되는 국가이고, 우리
나라와는 2010년 4월부터 FTA 협상을 본격 추진할 계획임.

II. 경제동향

1. 국내경제

<표 1> 주요 국내경제 지표

(단위: %)

구분	2005년	2006년	2007년	2008년	2009e년
경제성장률	8.3	6.9	4.5	2.3	-5.3
재정수지/GDP	-1.3	-0.6	-1.6	-1.8	-5.3
소비자물가상승률	10.1	10.5	8.8	10.4	6.3

자료: IMF, EIU.

□ 경제성장률은 2009년 마이너스 성장에서 2010년 플러스 성장으로 전환 예상

○ IMF 지원 프로그램에 따른 각종 경제개혁 과제의 착실한 이행으로 터키는 2004~07년 평균 7.4%대의 고성장세를 기록함.

○ 2008년에는 주요 수출시장인 유로존의 경기침체, 내수 및 투자 위축 등으로 경제성장률은 2.3%를 기록하였으며, 2009년에는 유럽지역 전반에 걸친 경기침체, FDI 유입 감소, 여신 축소 등으로 경제성장률이 -5.3%로 크게 위축된 것으로 추정됨.

○ 2009년 4분기부터 산업생산 증가 및 투자심리 개선으로 경제상황이 호전되었고 2010년 들어서는 국내외 경제여건이 개선됨에 따라 연중 경제성장률은 플러스 성장(3%대 예상)으로 반전될 것으로 전망됨.

□ 2010년 총선 이전에는 긴축재정정책 시행 가능성 낮음

○ 터키 정부는 여러 차례에 걸친 총선 및 지방선거를 통해 선심성 재정지출을 확대해 왔는데, 2007년에는 부가가치세율 인하(18→8%), 조기총선 관련 재정지출 등으로 GDP 대비 1.6%의 재정수지 적자를 기록하였고, 2009년에는 지방선거 관련 재정지출 지속, 경기침체로 인한 세수 감소, 실업률 상승에 따른 사회보장 관련 지출증가 및 인프라 확충을 위한 투자지출 증가로 재정수지 적자가 GDP 대비 -5.3%로 크게 악화됨.

○ 터키 정부는 2010년부터 휘발유, 담배, 주류 등 품목에 대한 간접세 비율을 높이는 등 세수 확보를 위하여 노력하는 한편, 재정지출 증가율(전년 대비 7% 증가)을 재정수입 증가율(전년 대비 10% 증가)보다 낮게 책정하여 2010년 터키의 재정수지 적자는 개선될 것으로 전망됨.

□ 세계 경기 회복에 따른 원자재 가격 인상 등으로 소비자물가 상승세 지속

○ 터키 경제에서 소비자물가상승률은 경제위기 상황에서 항상 거론되었던 사안이었으며, 두 자릿수의 고인플레이션이 경제성장의 주요 장애요인이 되어 왔음.

○ 2008년에는 식료품(음료), 에너지(원유, 전기) 및 교통비 등 공급 측면의 가격 급등으로 소비자물가 상승이 진정되지 않았으며, 2009년에는 연중 소비자물가상승률이 원자재 가격의 하향 안정세 및 국내외 수요 감소로 중앙은행의 목표치인 7.5%보다 낮은 6.3%로 안정된 것으로 추정되며, 2010년에는 국제 원자재 가격 상승, 간접세율 인상 및 내수 회복 등으로 물가는 상승추세를 나타낼 것으로 전망됨.

2. 경제 구조 · 정책

가. 구조적 취약성

□ 경제 구조적 취약성 개선

○ 터키는 해외차입 의존도가 높아 글로벌 금융위기가 발생할 때마다 외환 및 금융 시장이 불안한 양상을 보였던 대표적인 신흥투자시장이었으나, 2008년 하반기 이후 금융위기 상황을 비교적 잘 극복한 국가로 평가됨.

○ 터키 정부는 경제위기를 극복하기 위해 IMF 대기성차관을 빈번히 지원받았는데, 2008년 5월 IMF 대기성차관 지원이 종료된 이후에는 과거와는 달리 IMF에 추가 지원을 요청하지 않았고 국제적인 신용도평가 기관 등도 터키의 경제 체질이 개선된 것으로 평가하고 있음. 또한 2009년 글로벌경쟁력지수 (WEF 발표) 평가에서도 터키의 제도(정책) 등이 다소 악화된 점을 제외하고는 기업발전 수준 등 대부분의 영역이 개선된 것으로 분석됨.

□ IMF, 터키에 대한 대기성차관 추가지원 불필요 시사

○ 2010년 3월 9일, 터키 정부는 경제상황이 급격히 악화되지 않은 한 금년 7월 총선 이전에는 IMF 차관을 적극적으로 지원받지 않을 것임을 시사한 데 이어 3월 10일에는 IMF가 터키에 대한 대기성차관 추가지원 협상을 당분간 하지 않을 것임을 발표함. 이 같은 배경에는 터키 경제펀더멘털이 개선되어 IMF지원 없이도 터키가 최근의 경제상황을 잘 극복한 국가로 평가한 데서 비롯됨.

○ 터키는 2008년 5월 IMF 대기성차관(100억 달러) 프로그램의 종료 이후 IMF 와 2~3년간 200억~250억 달러 규모의 차관 추가지원에 관한 논의가 진행 되었으나 지원조건 등에 대한 이견으로 합의가 지연되어 왔음.

□ 2008년 하반기 글로벌 금융위기 이후 리라화 환율은 비교적 안정적 수준 유지

○ 2008년 9월 미국발 금융위기로 신흥투자시장도 영향을 받기 시작하면서 달 러 대비 리라화 환율은 2008년 9월 1.24에서 12월 1.54, 2009년 3월 1.71 수준으로 일시 급등하는 등 리라화도 불안장세를 나타내었음. 그러나 2009 년 상반기 이후 글로벌 금융시장이 안정화되면서 리라화도 다시 강세로 돌 아서며 2009년 9월 말 이후 달러 대비 1.48내외 수준에서 안정적으로 유지 되고 있음.

나. 성장 잠재력

□ 풍부한 인적자원 보유 등의 안정적인 성장기반 형성

○ 터키 인구는 2009년 기준 7,260만 명으로 유럽 국가 중에는 독일(8,280만) 다음으로 많은 인구를 보유한 내수시장을 형성하고 있으며, 35세 이하의 젊 은 계층이 전체의 63%로 노동력이 매우 풍부한 편임.

○ 또한 근로자의 숙련도, 교육 수준, 근로의욕 및 노동생산성 등 터키 노동시 장에 대한 외국인투자 기업들의 평가도 대체적으로 만족도가 높은 것으로 조사됨.

□ 경제상황 개선을 위한 중기경제계획(MTP) 운용

○ 터키 정부는 경제상황을 개선하기 위해 중기경제계획(MTP)을 매년 수정하
여 발표하는 등 향후 3년간 취하게 될 구체적인 경제재정조치를 경제정책에
반영하고 있어 국제사회로부터 시의 적절한 조치였다는 평가를 받고 있음.

○ 터키가 2005년 10월부터 EU 가입협상을 본격화하면서 외국인직접투자(FDI)
유입이 급증하였고 2007~13년 제9차 경제개발계획을 시행하고 있으며, 현
재 G-20국가로서 세계 경제에서도 중요한 위상을 차지하고 있음.

다. 정책성과

□ 수출지향 대외경제정책 시행

○ 1970년대 경제위기 이후 터키 정부는 수입대체 산업정책을 포기하는 대신,
당시 국제경제 환경변화에 부합하는 대외 개방형 수출드라이브 산업정책을
지향하였음. 수출지향 전략을 심화, 발전시키기 위해 1980년대에는 무역자
유화와 수출촉진 정책을 채택하고 법인세 감면, 세금 환급, 수출보조금 지급
등의 지원조치를 취하였음.

○ 1990년대 들어서는 국제경제 환경변화에 맞추어 WTO 및 여타 국제규율에
상응하도록 수출입제도를 정비하여 시행하였음. 2003년에도 수입제도의 투
명성 확보 차원에서 WTO 및 EU 관련 규정과 합치하는 수입제도 시행령을
발표한 바 있음.
 ─ 터키는 EU 가입을 위해 1996년 1월, EU와 관세동맹을 체결함으로써 수출
 입제도를 전반적으로 EU의 관련 규정에 맞추어 정비하기 시작함.

○ 수출지향의 투자 증대, 외국자본과 기술의 유입 촉진을 목적으로 1985년 최초의 자유무역지대를 지정한 이후 총 21개의 자유무역지대가 운영되고 있음.

□ 2008년 10월 이후 기준금리 10.25%포인트 인하

○ 터키 중앙은행은 리라화 가치하락 및 물가상승을 막기 위해 2006년 중반 이후 기준금리를 17.5% 수준에서 유지하여 왔으며, 2008년 10월까지 16.75%의 금리수준을 유지하였음.

○ 이후 터키는 글로벌 금융위기에 따른 경제성장 둔화에 선제적으로 대응하기 위해 단기차입 기준금리를 지속적으로 인하하였으며, 2009년 12월에는 역대 최저 수준인 6.5%로 인하함(2010년 3월 기준 6.5% 유지).

□ 2005년 이후 민영화 단계적 추진

○ IMF는 2005년의 터키 경제위기 회복을 위한 방편으로 민영화를 터키 정부에 강력 권고하였으나 터키 정부는 민영화에 소극적인 태도를 보이면서 민영화 추진실적은 다소 저조한 편이었으나, 2005년 이후 국영기업 민영화를 단계적으로 추진하고 있음.
  – 주요 민영화 기업으로는 프랑스 Alcatel에 지분 40%를 매각한 Teletas(전력업체), 이탈리아 Fiat에 지분 17%를 매각한 Tofas(자동차업체), 러시아 Tatneft 자회사인 Efremov Kautschuk에 지분 66%를 매각한 Tupras(정유업체), 네덜란드 ING Bank에 매각된 Oyak Bank 등임.

○ 2008년 주요 민영화 실적으로는 Socar-Turkcas-Injaz 컨소시엄 앞 Petkim (국영정유회사) 지분 51%(20.4억 달러) 및 Turk Telekom의 이스탄불 주식시장 기

업공개(IPO)를 통한 15%(19.2억 달러) 지분 매각임.

– Turk Telekom은 2005년 11월, 사우디–레바논 계열의 통신회사인 Oger
  Telekom에 대하여 65.5억 달러의 지분(55%)을 매각함.

3. 대외거래

<표 2> 주요 대외거래 지표

(단위: 백만 달러, %)

구분	2005년	2006년	2007년	2008년	2009e년
경상수지	-22,137	-31,893	-37,697	-41,289	-13,854
경상수지/GDP	-4.6	-6.0	-5.8	-5.7	-2.2
상품수지	-32,988	-40,941	-46,669	-52,844	-24,729
수출	78,365	93,611	115,356	140,999	109,672
수입	111,353	134,552	162,025	193,843	134,401
외환보유액	50,402	60,710	73,156	70,231	69,178
총 외채 잔액	169,269	207,773	251,477	278,326	275,613
총 외채 잔액/GDP	35.1	41.9	40.7	40.6	42.5
DSR	38.0	32.9	32.6	30.1	28.3

자료: IMF, EIU.

□ 경상수지 적자는 GDP 대비 2~3% 수준으로 개선

○ 터키 경상수지는 상품수출에 비해 중간재 및 원자재 수입증가로 인해 만성적
  인 적자구조가 지속되었으며, 2008년에도 리라화 가치하락에 따른 수입물가
  부담, 외국인투자 관련 배당금 지급 등으로 GDP 대비 5.7%를 기록하였음.

○ 2008년 하반기 글로벌 금융위기로 인해 국제무역 규모가 급격히 위축됨에
  따라 터키의 수출입실적도 급감하였음. 상품수출이 감소하였으나 산업생산
  감소로 인한 원부자재 수입 감소, 외국인투자 송금 감소 등으로 경상수지 적

자(139억 달러로 2003년 이후 최저치)는 GDP 대비 2.3%로 오히려 개선되었으며, 2010년에는 내수 경기 회복 및 원자재 가격 상승에 따라 경상수지 적자폭이 다소 증가하여 GDP 대비 경상수지 적자는 3%대를 기록할 것으로 전망됨.

□ 외환보유액은 관리 가능한 수준 유지

○ 터키의 외환보유액은 2008년 말 702억 달러, 2009년 말 692억 달러에서 2010년 2월 말 677억 달러 수준을 기록하면서 큰 폭으로 변동하지 않은 가운데, 2009년 말 기준 월평균 수입 대비 외환보유액은 5.2개월 수준으로 비교적 양호한 것으로 평가됨.

○ 외국인직접투자(FDI) 유입실적은 2006~08년 연평균 200억 달러를 기록하였으나 2009년에는 76억 달러 수준으로 급감한 것으로 추정되며, 터키 정부는 2010년 1월 5일, 20억 달러의 정부채권(30년 만기, USTB+225bp)을 성공적으로 발행한 것으로 알려짐.

[외채상환능력]

□ 외채구조는 전반적으로 악화

○ 2009년 총 외채 잔액은 해외차입 수요가 줄어들면서 전년과 비슷한 수준(2,756억 달러)을 유지한 것으로 추정되며, GDP 대비 총 외채 잔액 비중은 2009년 말 기준 42.5%로 전년 대비 상승한 것으로 나타남.

○ 공적 채무(국내외 포함)는 2008년 말 2,515억 달러(GDP 대비 40%), 2009

년 말 2,931억 달러(46%)를 기록하였으며 GDP 대비 공적 채무가 2010년에는 50% 수준으로 상승할 것으로 전망됨. 다만, IMF 차관 상환 등으로 외채 비중은 낮아질 것으로 예상되나 터키 정부의 재정수지 적자 누증, 국영기업 자산매각 부진 등으로 대내채무 비중은 낮아지지 않을 것으로 분석됨.

○ 한편, 외채원리금상환비율(Debt Service Ratio: DSR)은 2008년 30.1%, 2009년의 28.3%로 여전히 높은 수준을 나타내고 있으며, 주요 수출시장인 유로존의 경기침체로 수출이 감소하며 당분간 DSR이 크게 개선되기는 어려울 것으로 전망됨.

III. 정치 · 사회동향

1. 정치 및 국제관계

[정치 안정]

□ 정부여당은 2002년 이후 비교적 안정적인 국정운영

○ 무슬림계 정의개발당(AKP)은 과거 복지당(Welfare Party)에서 활동하였던 자유우익 노선의 에르도안(Recep Tayyip Erdogan)에 의해 2001년 8월에 창당되었으며, 2002년 11월 조기총선에서 34%의 득표로 550석 재적의원 중 363석을 차지하면서 승리함. AKP는 2007년 7월 총선, 2009년 3월 지방선거에도 승리를 거두어 비교적 안정적으로 국정이 운영되고 있으며, 무슬림정책을 고집하지 않고 친서구화(EU)정책을 추진함.

□ 2007년 이후 주요 선거에서 AKP가 승리하였으나 지지율은 하락

○ 2007년 7월 22일 조기총선에서 AKP는 47%의 득표율로 전체 550석의 과반수를 초과하는 340석을 차지하여 재집권에 성공함.

○ 2009년 3월 29일 실시된 지방선거에서도 AKP는 39%의 득표율을 기록하며 승리하였으나 2004년 지방선거에서의 42%, 2007년 총선에서의 47%와 비교 시 지지율은 크게 하락하였음. 반면, 야당인 공화당(CHP)과 국가행동당(MHP)은 각각 23%, 16%의 득표율을 차지하며 상대적으로 선전하였음.

○ 2009년 지방선거의 승리에도 불구하고 에르도안 총리는 지지율 하락에 대해 공식적으로 실망감을 표시하였으며, 향후 안정적인 경제정책 운용으로 만회하겠다는 입장이나, 2010년 초 여론조사에 의하면 집권여당에 대한 지지율은 32%로 낮아진 상태임.

□ 2009년 말 이후 집권여당과 군부 간 갈등 심화

○ 2009년 말 군부 및 검찰간부 등의 쿠데타 기도 혐의로 2010년 2월에 군간부를 포함한 50여 명이 체포되면서 친 무슬림계인 집권여당(AKP)과 검찰 및 군부 간 긴장이 고조되고 있음. 군부, 검찰 등의 쿠데타 시도는 집권여당의 여러 차례에 걸친 개헌(집권여당의 정부기관 통제 강화 등) 추진으로 터키를 친무슬림 국가로 만들려는 시도에 반발한 것으로서 2008년 초 AKP의 해산(동년 7월 부결)을 헌법재판소에 요청한 것에 대한 집권여당의 보복 조치로 분석됨.

○ 현 정부 전복의 의도를 가진 민족주의자(Ergenekon)와 집권여당 간의 갈등관계가 지속됨에 따라 터키 정치안정성이 다소 우려되며, 2011년 7월에 예정된 차기 총선

에서 집권여당에 대한 국민들의 지지여부가 주요 정치현안으로 대두되고 있음.

[국제관계]

□ 친서방, 친아랍의 균형외교 지향

o 무슬림 국가 중 유일한 NATO 회원국인 터키는 유럽, 중동, 아시아를 연결하는 지
  정학적 중요성을 바탕으로 서방 및 중동 국가들과의 조정자 역할을 자임하며 친서
  방, 친아랍 균형외교를 지향함.

o 미국과의 우호관계는 1947년 3월 터키가 트루먼 독트린을 지지함으로써 본격화되
  어 1980년 미국과 국방경제협력협정(DECA)을 체결한 이후 1991년 진보된 협력관
  계를 거쳐 1999년 전략적 동반자 관계로 발전함.
  - 오바마 대통령 취임 이후 미국은 터키를 활용하여 중동국가들과의 관계 개선을
    도모하고 있으나 2010년 3월, 미 하원이 1915~18년 터키의 아르메니아인 학살
    사건을 인종살상(genocide)으로 규정하면서 양국 간 외교관계는 일시 악화됨

o 터키는 중앙아시아 국가들과의 천연가스 및 석유 자원개발 분야에서도 미국과의
  상호협력을 강화하고 있으며, 중동(이란, 시리아, 레바논, 요르단) 및 러시아와 구
  소연방 국가와도 비교적 양호한 관계를 유지하고 있음.

□ 사이프러스 문제는 여전히 답보 상태

○ 전통적으로 긴장관계를 유지하고 있는 그리스와도 최근 해빙무드가 조성되고 있으나 사이프러스 문제는 그리스와의 관계 정상화에 여전히 걸림돌로 남아 있음. 사이프러스 문제해결을 위한 터키계 및 그리스계 주민 간 협상은 물론 UN 등 국제사회의 중재노력이 계속되고 있으나, 정부통합에 관한 양측의 합의도출에는 실패함.
  − 2004년 5월에는 남부 사이프러스가 단독으로 EU에 가입하였고, 동년 12월 EU 정상회의에서 EU는 남부 사이프러스를 정식국가로 승인함.

□ EU 가입협상에 대해 대외정책 역점

○ 1999년 EU 집행위원회는 터키에 가입자격을 부여하였으며, 정치 경제적 기준(Copenhagen Criteria) 충족으로 2004년 12월 EU 이사회 결정에 따라 2005년 10월부터 EU 가입협상을 시작함.

○ 터키는 사형제도, 국가안보법 및 군부의 의원선출권 폐지 등의 인권관련 법안 통과 등 성공적인 협상을 위해 EU가 요구하는 개혁조치를 단행하였으나, 2006년 12월 터키의 사이프러스발 선박 및 항공기 입항 금지를 주된 이유로 EU 가입협상 항목 중 상품 및 서비스의 역내 자유이동 등과 관련된 8개 항목에 대한 협상이 중단된 바 있음.

○ EU는 터키 인권 부문이 일부 개선되었음을 인정하나, 언론·종교의 자유, 여권, 소수민족 및 노동자 권리, 군부에 대한 민간 통제 부문에서는 여전히 개혁이 필요하다고 보고 있으며, 터키는 2015년 EU 가입을 목표로 하고 있으나 사이프러스가 독립국 지위를 인정하지 않을 경우 터키의 EU 가입을 저지하겠다는 강경한 의지를 표출하고 있고 국민의 EU 가입 지지율도 하락하고 있어 향후 EU 가입협상 과

정에서 상당한 진통이 예상됨.

- 터키의 EU 가입에 대해 영국, 스페인 및 이탈리아 등은 지지하고 있지만, 프랑스, 오스트리아 및 독일 등은 반대 입장을 표명하고 있음.

□ 가스관 건설 관련, 터키는 유럽과 러시아의 입장을 모두 지지

○ 나부코(Nabucco) 가스관 프로젝트는 러시아와 우크라이나를 거치지 않고 중앙아시아와 유럽을 직접 연결하는 가스관이며, 터키, 불가리아, 루마니아, 헝가리, 오스트리아가 참여하고 있음. 이를 통해 러시아에 대한 가스 의존도를 낮추고자 하는 유럽과 미국의 지지를 받고 있음.

○ 이에 대응하여 러시아(가즈프롬)와 이탈리아(Eni)는 사우스 스트림(South Stream) 가스관 프로젝트를 진행 중임. 터키와 우크라이나를 우회하는 가스관 건설(불가리아를 기점으로 그리스-이탈리아 연결 사업과 세르비아-헝가리-오스트리아-슬로베니아-이탈리아 연결 사업)을 통해 러시아는 미국과 유럽의 영향력을 견제하고 유럽시장을 더 확고히 장악할 수 있을 것으로 기대하고 있음.

○ 터키는 나부코 가스관 프로젝트에 참여하고 있으나, 유럽의 암묵적인 반대에도 불구하고 사우스 스트림 가스관이 자국의 영해인 흑해를 통과하는 것을 러시아와 공식적으로 합의(2009년 8월)함에 따라 유럽과 러시아의 입장을 모두 지지하는 태도를 보이고 있음. 2009년 이후에는 유럽 에너지 공급망의 중심국가가 되려는 터키의 구상과 터키를 경유하여 유럽에 공급하는 에너지 공급망을 다양화하려는 러시아의 입장이 맞아떨어지면서 양국 간 원유 및 천연가스 등의 에너지 분야 협력 증진을 모색하고 있음.

2. 사회 및 소요사태

[사회안정 및 소요사태]

□ 쿠르드족에 대한 평화적인 해결책 모색 노력

○ 2005년 2월, 이라크총선에서 쿠르드족이 27%를 득표해 주요 정치세력으로 부상함에 따라 세계 쿠르드족의 절반이 거주하고 있는 터키 남동부 지역에서 쿠르드족 분리 운동이 발생할 가능성이 잠재되어 왔음.

　－2006년 9월 쿠르드족 분리주의자들의 폭탄 테러, 2007년 9월 Simak 지방에서의 터키 정부와 쿠르드족 간의 무력충돌, 2007년 12월 터키 무장군인의 쿠르드족 반군기지 공습, 2008년 2월 터키 지상군의 이라크 지역 침입 등의 충돌사태가 발행하였으며, 터키 정부는 쿠르드족 반군, 이라크 등과의 평화적인 협상에 적극 대처하고 있음.

　－특히, 터키의 쿠르드족 반군에 대한 군사적인 대응 등이 EU 가입의 걸림돌이 됨에 따라 터키 정부는 쿠르드족 문제에 대한 평화적인 해결책을 다방면으로 모색하여 왔음. 2009년 7월 베시르 아탈레이(BesirAtalay) 내무장관은 쿠르드족 문제에 대한 민주적인 해결책 도입을 공식적으로 표명하였으며, 동년 8월 에르도안 총리는 쿠르드민주사회당(DTP) 총제 아멧 투르크(Ahmet Turk)와의 이례적인 회동을 통해 쿠르드족과 관련된 최근 현안에 대해 폭넓게 논의한 바 있음.

○ 2009년 12월 터키 헌법재판소가 쿠르드노동자당(PKK) 반군 연계혐의로 DTP에 대한 해산을 결정함에 따라 터키 전역에서 폭력시위가 발생하는 등 여전히 사회 안정성을 저해하는 불안 요소로 잠재하고 있음.

Ⅳ. 국제신인도

1. 주요 기관별 신용도 평가순위

- OECD: 5등급(2004. 1)→4등급(2008. 1)
- S&P: BB−(2004. 8)→BB(2010. 2)
- Moody's: Ba3(2005. 12)→Ba2(2010. 1)
- Fitch: BB−(2005. 1)→BB+(2009. 12)
- ICRG: 105/140(2009. 9)→100/140(2010. 1)
- I.I: 67/186(2009. 9)→59/186(2010. 3)
- Euromoney: 70/177(2008. 9)→67/178(2009. 9)

2. 주요 ECA의 지원태도

- 미국 수은: 최고 부보율 적용
- 영국 ECGD: 최고 부보율 적용
- 독일 Hermes: 단기 인수 가능하나, 제약조건이 있을 수 있음.

3. 외채상환태도

□ IMF 대기성차관 수혜자금의 상환 지속

- 터키는 1979년 및 1982년 외채 리스케줄링 경험이 있으며, 만성적인 경상수지 및 재정수지 적자로 인해 잦은 유동성 위기를 경험하며 1984~2005년간 IMF로부터 총 520억 달러(승인기준) 규모의 구제금융을 지원받았음. 2010년 3월 기준으로 터키의 IMF 대기성차관 잔액(상환부담분)이 80억 달러 상당이고, 따라서 터키 정부

는 IMF의 사후모니터링을 받고 있는 상태임.

□ OECD 회원국의 ECA에 대한 연체실적 미미

○ 2009년 11월 말 기준 OECD 회원국의 ECA(Export Credit Agency) 인수승인 잔액
은 단기 23억 달러, 중장기 201억 달러로 총 224억 달러이며 이 중 연체금액은
1,920만 달러로 전체의 0.09%에 그쳐 공적 수출신용에 대한 연체금액은 거의
없음.
- OECD CRAM(Country Risk Assesment Model)의 ECA 거래실적에 대한 모델등
급은 0등급으로서 최상위 수준임.

4. 우리나라와의 관계

〈표 3〉 한·터키 교역규모

(단위: 천 달러)

구분	2007년	2008년	2009년	주요품목
수출	4,087,436	3,772,570	2,660,688	자동차(부품), 산업용 전자제품
수입	281,570	361,913	434,435	광물성 연료, 섬유제품, 농산물

자료: KOTIS, 한국무역통계.

□ 2008년 이후 양국 간 교역규모 감소

○ 글로벌 금융위기에 따른 세계경기 침체의 여파가 지속되어 양국 간 교역규모가 감
소하였는데, 2007~09년 양국 간 교역규모는 2007년 43.7억 달러(우리나라의 대
터키 수출 40.9억 달러), 2008년 41.4억 달러(수출 37.7억 달러), 2009년 31.0억
달러(수출 26.6억 달러)로 감소함.

○ 2007~09년 중 터키는 우리나라의 25대 수출국(2007)에서 32대 수출국(2009)으로 하락하였고, 우리나라의 대 터키 무역수지 흑자규모도 축소되어 동 기간 중 대 터키 무역수지 흑자폭이 2007년 38.1억 달러에서 2009년 22.3억 달러로 축소되었으나 무역불균형 현상은 지속됨.

□ 대 터키 직접투자는 2009년에 다시 급증

○ 우리나라의 대 터키 직접투자는 2007년 연중 1억 달러를 상회하면서 증가하기 시작하였는데, 2008년 하반기에 일시적인 투자위축 현상이 있었으나 2009년에는 2억 달러를 상회하는 투자실적을 기록함.

– 대 터키 직접투자(투자금액 기준)는 2006년 1,590만 달러에서 2007년 1.1억 달러로 급증한 데 이어 2008년 0.7억 달러, 2009년에는 2.1억 달러로 사상최고치를 기록하였으며, 2009년 말 누계기준으로는 4.1억 달러를 기록함.

□ 한-터키 FTA 금년 4월 중 협상 개시 예정

○ 한-EU FTA 발효가 임박함에 따라 EU와 관세동맹을 체결한 터키와의 FTA 체결을 추진하게 됨.

○ 터키가 기존에 체결한 FTA의 대다수가 상품 분야이고 우리나라도 상품분야에서의 체결을 우선 목표로 하여 금년 4월부터 양국 간 본격 협상에 들어가 금년 내 동 협상이 체결될 예정임.

V. 종합의견

○ 2008년 하반기 들어 글로벌 금융위기로 인해 경제성장률이 둔화되고, 2009년 1분기에는 1945년 이후 최저치인 전년 동기 대비 -14.3%의 경제 성장률을 기록하는 등 경기침체가 심화되었음. 그러나 동년 4분기부터 경제가 호전되면서 2010년 경제 성장률이 플러스로 전환될 것으로 예상되는 등 경기가 회복추세에 있는 것으로 분석됨.

○ 터키는 글로벌 금융위기 발생 시 외환 및 금융시장이 불안하였던 대표적 신흥투자시장이었으나 터키 정부의 효과적인 경제정책 시행 등으로 2008년 이후의 글로벌 금융위기 상황을 잘 극복한 국가로 평가되며, 경제상황 개선을 위한 중기경제계획을 시의 적절히 추진하고 있음. 또한 국제적인 신용도 평가 기관들도 터키에 대한 국가신용등급을 2009년 말 이후 상향 조정하는 등 터키의 국제신인도도 점진적으로 개선 추세에 있음.

○ 다만, 정치사회적으로는 아직도 해결해야 할 난제가 산적해 있는데, 터키 정부는 2015년 EU 가입을 목표로 하고 있으나 사이프러스 문제 등으로 EU 가입이 순조롭지 않을 것으로 보이며, 2009년 말 이후에는 집권여당과 군부 등 민족주의자 간 갈등이 심화되면서 2010년 7월 총선 이전에는 정치상황이 복잡하게 전개될 것으로 예상됨.

– 여기 부록으로 수록된 다섯 나라 국가신용도 평가 리포트는 한국수출입은행과 해외경제연구소가 발표한 자료임을 거듭 밝혀둡니다.

임은모 ─────────────────────────────

글로벌 마케터
한국문화콘텐츠학회 부회장
Al Ahmed Green Forum 공동대표
한일마케팅포럼 기획위원
한세대학교 광고홍보과 겸임교수 역임

□Global Green Growth Report□(2011)
□아부다비 투자청 대해부□(2011)
□스위트 그린머니□(2010)
□그린에너지 원자력□(2010)
□탄소제로도시 마스다르의 도전□(2009)
□아부다비의 힘□(2009)
□글로벌 그린마켓 승자의 길□(2009)
□글로벌 브랜드 두바이□(2007)
□문화 콘텐츠 비즈니스론□(2003)
□디지털 콘텐츠 입문론□(2002)
□모바일 콘텐츠 게임 개발론□(2002)
□짐 클라크의 수익모델 엿보기□(2001)
□취해도 광고는 바로간다□(1995)
□성공기업 광고전략□(1992)

「광고전략에서 케이스스터디 영역과 역할에 관한 연구」(1997)
「모바일콘텐츠에서 기술적 특성과 게임프로듀싱에 관한 연구」(2000)

월간 <팝사인> 광고칼럼 연재
월간 <디지털콘텐츠> 콘텐츠개론 연재
브레이크 뉴스(www.breaknews.com) '아부다비 通信' 연재

'탄소제로도시 마스다르의 도전' 강연
'중동시장에서 국부창조(國富創造)의 지름길' 강연

이메일: adimo@hanmail.net

중동시장에서
국부창조의 지름길

초 판 인 쇄 | 2012년 5월 9일
초 판 발 행 | 2012년 5월 9일

지 은 이 | 임은모
펴 낸 이 | 채종준
펴 낸 곳 | 한국학술정보㈜
주   소 | 경기도 파주시 문발동 파주출판문화정보산업단지 513-5
전   화 | 031) 908-3181(대표)
팩   스 | 031) 908-3189
홈 페 이 지 | http://ebook.kstudy.com
E - m a i l | 출판사업부 publish@kstudy.com
등   록 | 제일산-115호(2000. 6. 19)

ISBN   978-89-268-3382-7 93320 (Paper Book)
          978-89-268-3383-4 98320 (e-Book)

이담 books 는 한국학술정보(주)의 지식실용서 브랜드입니다.